……这句话，我也一直记住的。赤子便是不知道孤独的，孤独了，会创造一个世界，创造许多心灵的朋友！永远保持赤子之心，到老也不会落伍，永远能够与普天下的赤子之心相接相契相……！你那位朋友说得不错，艺术表现的动人，一定是从心灵的纯洁来的！不是纯洁到像明镜一般，怎能体会到前人的心灵？怎能打动……人的心灵？

常在矛盾与快乐之中，但我相信艺术家没有矛盾不会进步，解决一个矛盾便是前进一步！矛盾是解决不完的，所以艺术没有止境，没有完美的一天，人生也没有完美的……演变，不会深入。有矛盾正是生机蓬勃的明证。眼前你感到的……过是技巧与理想的矛盾，将来你还有反复不已更大的矛盾，……与内容的枘凿，自己内心的许许多多不可预料的矛盾，都在前……着你。别担心，

……！惟其如此，才需要我们日以继夜，终生的追求、苦练；要不

孤独了，会创造一个世界，创造许多心灵的朋友！永远保持赤子之心，到老也不会落伍，永远能够与普天下的赤子之心相接相契。

你那位朋友说得不错，艺术表现的动人，一定是从心灵的纯洁来的！不是纯洁到像明镜一般，怎能体会到前人的心灵？怎能打动听众的心灵？

你说常在矛盾与快乐之中，但我相信艺术家没有矛盾不会进步，不会演变，不会深入。有矛盾正是生机蓬勃的明证。眼前你感到的还不过是技巧与理想的矛盾，将来你还有反复不已更大的矛盾呢：形式与内容的枘凿，自己内心的许许多多不可预料的矛盾，都在前途等着你。别担心，解决一个矛盾，便是前进一步！矛盾是解决不完的，所以艺术没有止境，没有完美的一天，人生也没有完美的

那么，所以我们日以继夜，牺牲的追求、苦练；惟其如此，才需要我们日以继夜……大家教了义皇上人，垂手而天下治，故人也太贱了

傅雷家书

傅 雷 朱梅馥/著
周 楠/编

当代世界出版社
THE CONTEMPORARY WORLD PRESS

图书在版编目（CIP）数据

傅雷家书 / 傅雷，朱梅馥著；周楠编 . -- 北京：当代世界出版社，2017.1

ISBN 978-7-5090-1163-8

Ⅰ.①傅… Ⅱ.①傅…②朱…③周… Ⅲ.①傅雷（1908-1966）—书信集 Ⅳ.① K825.6

中国版本图书馆 CIP 数据核字 (2016) 第 276481 号

书　　名：	傅雷家书
出版发行：	当代世界出版社
地　　址：	北京市复兴路 4 号（100860）
网　　址：	http://www.worldpress.org.cn
编务电话：	（010）83908456
发行电话：	（010）83908409
	（010）83908455
	（010）83908377
	（010）83908423（邮购）
	（010）83908410（传真）
经　　销：	全国新华书店
印　　刷：	北京毅峰迅捷印刷有限公司
开　　本：	710 毫米 × 1000 毫米 1/16
印　　张：	22
字　　数：	215 千字
版　　次：	2017 年 1 月第 1 版
印　　次：	2017 年 1 月第 1 次
书　　号：	978-7-5090-1163-8
定　　价：	35.00 元

如发现印装质量问题，请与承印厂联系调换。
版权所有，翻印必究，未经许可，不得转载！

> 赤子便是不知道孤独的。赤子孤独了，会创造一个世界，创造许多心灵的朋友！
>
> ——傅雷

目录

上篇 一九五四年至一九五八年

一九五四年（35封）· 003

一九五五年（14封）· 054

一九五六年（14封）· 097

一九五七年（9封）· 119

一九五八年（5封）· 132

下篇　一九五九年至一九六六年

一九五九年（2封）·143

一九六〇年（13封）·148

一九六一年（15封）·171

一九六二年（16封）·245

一九六三年（7封）·278

一九六四年（6封）·290

一九六五年（12封）·308

一九六六年（5封）·333

上篇

一九五四年至一九五八年

讲述父母对儿子的离别之情和教育引导，探讨音乐、学习、恋爱、师友、理想、为人处世，等等。

一九五四年

一九五四年

一月十八日晚至十九日晚

在昨夜一上床，又把你的童年温了一遍。可怜的孩子，怎么你的童年会跟我的那么相似呢？我也知道你从小受的挫折对于你今日的成就并非没有帮助；但我做爸爸的总是犯了很多很重大的错误。自问一生对朋友对社会没有做什么对不起的事，就是在家里，对你和你妈妈做了不少有亏良心的事（傅雷家教严格，有时难免与妻子产生争论而伤感情）——这些都是近一年中常常想到的，不过这几天特别在脑海中盘旋下去，像噩梦一般。可怜过了四十五岁，父性才真正觉醒！

今儿一天精神仍未恢复。人生的关是过不完的，等到过得差不多的时候，又要离开世界了。分析这两天来精神的波动，大半是因为：我从来没爱你像现在这样爱得深切，而正在这爱得最深

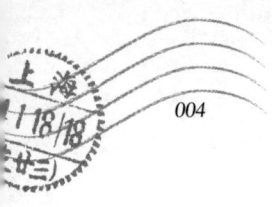

切的关头,偏偏来了离别!这一关对我,对你妈妈都是从未有过的考验。别忘了妈妈之于你不仅仅是一般的母爱,而尤其因为她为了你花的心血最多,为你受的委屈——当然是我的过失——最多而且最深最痛苦。园丁以血泪灌溉出来的花果迟早得送到人间去让别人享受,可是在离别的关头怎么免得了割舍不得的情绪呢?

跟着你痛苦的童年一齐过去的,是我不懂做爸爸的艺术的壮年。幸亏你得天独厚,任凭如何打击都摧毁不了你,因而减少了我一部分罪过。可是结果是一回事,当年的事实又是一回事:尽管我埋葬了自己的过去,却始终埋葬不了自己的错误。孩子,孩子!孩子!我要怎样地拥抱你才能表示我的悔恨与热爱呢!

一月三十日晚

你走后第二天,就想写信,怕你嫌烦,也就罢了。可是没一天不想着你,每天清早六七点就醒,翻来覆去的睡不着,也说不出为什么。好像克利斯朵夫的母亲独自守在家里,想起孩子童年一幕幕的形象一样,我和你妈妈老是想着你二三岁到六七岁间的小故事——这一类的话我们不知有多少可以和你说,可是不敢说,你这个年纪是一切向前望的,不愿意回顾的;我们啰哩啰唆地抖出你尿布时代的往事，会引起你的憎厌。孩子，这些我都很懂得，妈妈也懂得。只是你的一切终身会印在我们脑海中，随时随地会浮起来，像一幅幅的小品图画，使我们又快乐又惆怅。

　　真的，你这次在家一个半月，是我们一生最愉快的时期；这幸福不知应当向谁感谢，即使我没宗教信仰，至此也不由得要谢谢上帝了！我高兴的是我又多了一个朋友；儿子变了朋友，世界上有什么事可以和这种幸福相比的！尽管将来你我之间离多别少，但我精神上至少是温暖的，不孤独的。我相信我一定会做到不太落伍，不太冬烘，不至于惹你厌烦。也希望你不要以为我在高峰的顶尖上所想的，所见到的，比你们的不真实。年纪大的人终是往更远的前途看，许多事你们一时觉得我看得不对，日子久了，现实却给你证明我并没大错。

　　孩子，我从你身上得到的教训，恐怕不比你从我得到的少。尤其是近三年来，你不知使我对人生多增了几许深刻的体验，我从与你相处的过程中学得了忍耐，学到了说话的技巧，学到了把感情升华！

　　你走后第二天，妈妈哭了，眼睛肿了两天：这叫作悲喜交集的眼泪。我们可以不用怕羞地这样告诉你，也可以不担心你憎厌而这样告诉你。人毕竟是感情的动物。偶然流露也不是可耻的事。何况母亲的眼泪永远是圣洁的，慈爱的！

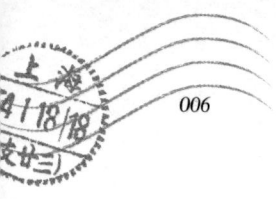

一月三十日晚　（母亲信）

自昨天起我们开始等你的信了，算起日子来，也该有信来了。你真不知道为娘的牵肠挂肚，放怀不开。你走后，忙着为你搬运钢琴的事，今天中午已由旅行社车去，等车皮有空，就可装运。接着阴历年底快要到了，我又忙着家务，整天都是些琐碎事儿，可是等到空下来，或是深夜，就老是想着你，同爸爸两人谈你，过去的，现在的，抱着快乐而带点惆怅的心情，忍不住要流下泪来，不能自已。你这次回来的一个半月，真是值得纪念的，因为是我一生中最愉快、最兴奋、最幸福的一个时期。看到你们父子之间的融洽，互相倾诉，毫无顾忌，以前我常常要为之担心的恐惧，扫除一空，我只有抱着欢乐，静听你们的谈论，我觉得多幸福、多安慰，由痛苦换来的欢乐，才是永恒的，虽是我们将来在一起的时候不会多，但是凭了回忆，宝贵的回忆，我也会破涕而笑了。我们之间，除了"爱"之外，没有可说的了。我对你的希望和前途是乐观的，就是有这么一点母子之情割舍不得。只要常常写信来，只要看见你写着"亲爱的爸爸妈妈"，我已满足了。

一九五四年

二月二日除夕

昨晚七时一刻至八时五十分电台广播你在"市三"（原上海市立第三女子中学）弹的四曲 Chopin（肖邦），外加 encore（加奏）的一支 Polonaise（《波洛乃兹》），效果甚好，就是低音部分模糊得很；琴声太扬，像我第一天晚上到小礼堂空屋子里去听的情形。以演奏而论，我觉得大体很好，一气呵成，精神饱满，细腻的地方非常细腻，tone colour（音色）变化的确很多。我们听了都很高兴，很感动。好孩子，我真该夸奖你几句才好。回想一九五一年四月刚从昆明回沪的时期，你真是从低洼中到了半山腰了。希望你从此注意整个的修养，将来一定能攀登峰顶。从你的录音中清清楚楚感觉到你一切都成熟多了，尤其是我盼望了多少年的你的意志，终于抬头了。我真高兴，这一点我看得比什么都重。你能掌握整个的乐曲，就是对艺术加增深度，也就是你的艺术灵魂更坚强更广阔，也就是你整个的人格和心胸扩大了。孩子，我要重复 Bronstein（勃隆斯丹，原上海音乐学院钢琴系苏联籍教师，曾教过傅聪）信中的一句话，就是我为了你而感到骄傲！

今天是除夕了，想到你在远方用功、努力，我心里说不尽的欢喜。别了，孩子了，我在心中拥抱你！

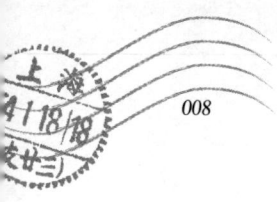

二月四日

好孩子，你忙，你提笔远不如弹琴那么容易。好吧，我们不再要求你多写信。我也忙，可是十分钟一刻钟就能给你写上一张纸。只要你不嫌烦琐，我可以常常跟你谈天，譬如听我独白。只要你的静默不是为了病，我绝不多操心。

二月五日

二月二日的信收到。第一次的明信片始终没有着落，所以我们自以为耐着性子等了一星期，才得到你的消息。倘若要买乐谱或是唱片，尽管来信，我可以寄钱。在我有能力的时候，你要是喜欢我帮你一些忙，这是对我莫大的安慰。倘若精神上思想上我已经无能为力，至少别拒绝我物质方面的助力！前信已说过，你忙，少写信不打紧，决不怨怪。只是饮食务须有度，营养必须充分。

一九五四年

二月十日

　　读俄文别太快,太快了记不牢,将来又要重头来过,犯不上。一开头必须从容不迫,位与格必须要记忆,像应付考试般临时强记是没用的。现在读俄文只好求一个概念,勿野心太大。主要仍须加功夫在乐理方面。外文总是到国外去念进步更快。目前贪多务得,实际也不会如何得益,切记切记!望主动向老师说明,至少过二三月方可加快速度。

　　……上海这两天忽然奇暖,东南风加沙土,很像昆明的春天。阿敏和恩德一起跟我念"诗",敏说你常常背"朝回日日典春衣,每日江头尽醉归"二句,现在他也背得了。我正在预备一样小小的礼物,将来给你带出国的,预料你一定很欢喜。再过一星期是你妈妈的生日,再过一个月是你的生日,想到此不由得悲喜交集。

　　这几日开始看服尔德(伏尔泰)的作品,他的故事性不强,全靠文章的若有若无的讽喻。我看了真是栗栗危惧,觉得没能力表达出来。那种风格最好要必姨(杨必)、钱伯母(钱锺书夫人杨绛,杨必之姐)那一套。我的文字太死板,太"实",不够俏皮,不够轻灵。

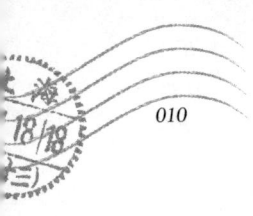

二月二十四日　（母亲信）

你的信今天终于收到了，很快慰。你走后，我们心里的矛盾真是无法形容，当然为你的前途，我们应该庆幸，你有那么好的机会，再幸运也没有了；可是一想到那么长的别离，总有些不舒服，但愿你努力学习，保重身体，我相信你决不会辜负国家对你的期望，我们的一番苦心。你在国外，千万多些家信，把什么都告诉我们，不论琐碎的重大的，我们都乐意知道，有机会拍了照片，也不时寄来。你的信我们看得多宝贵，我们虽然分离了，可是心永久在一起，这是你给我们的唯一的安慰。

在京洗的衣服成绩怎么样？希望你慢慢地仔仔细细整理东西，妈妈不能代你理东西，真是件遗憾的事。今天冒雨为你添印了一打派司（上海话，指身份证）照片，现在附上，希望你收到后就放在黑包内，以备将来派用场。维他命B一定要吃，以后生活一定要有规律，你现在懂事了，我也不再操心了。不过空下来老念着你，很高兴会常常梦见你，孩子，妈妈多疼你，只愿你多多来信，我们才感谢不尽呢！不多谈了，要说的话，爸爸已写了许多，望你多多保重！祝快乐！

三月十三日深夜　（母亲信）

……川剧在沪公演，招待文艺界时送来一张票子，我就去看了，看后很满意。爸爸很想去观摩一下。到上星期公开售票，要排队购票，我赶着去买票，一看一条长蛇阵，只有望洋兴叹，就回家，总算文联帮忙，由唐弢替我们设法弄了二张，又有必姨送来二张，碰巧都是三月十日的，我们就请牛伯母及恩德一起去，他们大为高兴，那天正是你生日，牛伯母特为请我们到新雅吃饭吃面，他们真是周到，饭后就去观剧。一共有五出，《秋江》《赠绨袍》《五台会兄》《归舟投江》《翠香记》。我们看得很有味，做功非常细腻，就是音乐单调，那是不论京剧昆剧，都是一样的毛病；还有编剧方面，有些地方不够紧凑，大体上讲，这种地方戏是值得保存的。《秋江》里的老头儿，奇妙无比，《五台会兄》里的杨五郎，唱做都很感动人。本来爸爸这几天要写信给你，同你谈谈戏剧问题，尤其看了川剧后，有许多意见。可惜病了，等他好了会跟你谈的。

三月十九日

……你近来忙得如何？乐理开始没有？希望你把练琴时间抽一部分出来研究理论。琴的问题一时急不来，而且技巧根本要改。乐理却是可以趁早赶一赶，无论如何要有个初步概念。否则到国外去，加上文字的困难，念乐理比较更慢了。此点务要注意。

川戏中的《秋江》，艄公是做得好，可惜戏本身没有把陈妙常急于追赶的心理同时并重。其余则以《五台会兄》中的杨五郎为最妙，有声有色，有感情，唱做俱好。因为川戏中的"生"这次角色都差。唱正派的尤其不行，既无嗓子，又乏训练。倒是反派角色的"生"好些。大抵川戏与中国一切的戏都相同，长处是做工特别细腻，短处是音乐太幼稚，且编剧也不够好；全靠艺人自己凭天才去咂摸出来，没有经作家仔细安排。而且 tempo（节奏）松弛，不必要的闲戏总嫌太多。

三月二十四日上午

在公共团体中，赶任务而妨碍正常学习是免不了的，这一点我早料到。一切只有你自己用坚定的意志和立场，向领导婉转而有力的去争取否则出国的准备又能做到多少呢？特别是乐理方面，我一直放心不下。从今以后，处处都要靠你个人的毅力、信念与意志——实践的意志。

……

另外一点我可以告诉你：就是我一生任何时期，闹恋爱最热烈的时候，也没有忘却对学问的忠诚。学问第一，艺术第一，真理第一——爱情第二，这是我至此为止没有变过的原则。你的情形与我不同：少年得志，更要想到"盛名之下，其实难副"，更要战战兢兢，不负国人对你的期望。你对政府的感激，只有用行动来表现才算是真正的感激！我想你心目中的上帝一定也是 Bach（巴赫）、Beethoven（贝多芬）、Chopin 等第一，爱人第二。既然如此，你目前所能支配的精力与时间，只能贡献给你第一个偶像，还轮不到第二个神明。你说是不是？可惜你没有早学好写作的技术，否则过剩的感情就可用写作（乐曲）来发泄，一个艺术家必须能把自己的感情"升华"，才能于人有益。我决不是看了来信，夸张你的苦闷，因而着急；但我知道你多少是有苦闷的，我随便和你谈谈，也许能帮助你廓清一些心情。

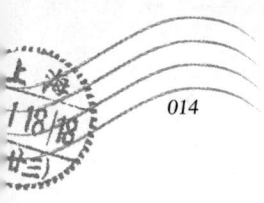

三月二十九日

感情问题能自己想通,我们听了都很安慰,你还该想到,目前你一切都已"如愿以偿",全中国学音乐的青年,没有一个人有你那么好的条件。你冬天回沪前所担心的事都迎刃而解,顺利出乎你的意料。你也该满足了。满足以后更当在别方面多多克制。人生没有一桩幸福不要付代价的。东边占了便宜,西边就得吃亏些。何况如我前信所云,这也不是吃亏的事,而是"明哲"的举动。

三月三十一日 (母亲信)

聪!我心里有一件事,已经放在肚里嘀咕了好久,一直想跟你谈谈。牛恩德这次开刀,吃了很多苦,开刀时的痛苦,比去年加了十倍,去年开刀你是知道的,而且你常常陪着她,念书给她听,解了她不少病中的苦闷。这次医生说她眼睛的肌肉非常弱,恢复的时期会更长,要她耐心静养,真要极大的克制功夫及努力,要三四个月不能弹琴,想她这样的性格,真是相当苦闷的,而且后果如何,谁也不知道。我们只有安慰她,鼓励她,叫她耐心等待。你与她一度感情非常深,为了友谊,你也应该给她写封信,至少站在朋友的立场上,也应该给她一些精神上的帮助。

……这孩子,心地厚道,天真,坦白,我很同情她。她对你非常关心,从无怨言。这次在医院里住了九天,出院的前一天,牛伯母突然眼睛发炎,很厉害,不能去接她出院,于是由我们去接她出的院。

……聪!你们既然是很好的朋友,你在百忙中终得写封信给她,安慰安慰她,鼓励鼓励她!给她一些勇气。现在她们母女两人,都是瞎眼睛,此情此景,也够可怜的了!她常常跟我们谈起你,你这次回来,给她不少启发,她很需要你在音乐方面的帮助。可怜她眼睛将来就是复原,我想受了伤,终要打折扣,这是她天生的缺陷,谁也没有办法。她记忆力很好,爸爸教了她六十几首诗歌,她都能背诵,闭着眼睛想想诗歌,想想音乐,就这样过日子。这几天可以听听唱片了,否则日子的确很不容易过。好了,谈得很多了,抽空给她一封信,不一定要长信,给她一些精神上的安慰够了!

四月七日

记得我从十三岁到十五岁,念过三年法文;老师教的方法既

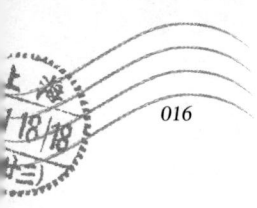

有问题,我也念得很不用功,成绩很糟(十分之九已忘了)。从十六岁到二十岁在大同改念英文,也没念好,只是比法文成绩好一些。二十岁出国时,对法文的知识只会比现在的俄文程度差。到了法国,半年之间,请私人教师与房东太太双管齐下补习法文,教师管读本与文法,房东太太管会话与发音,整天地改正,不用上课方式,而是随时在谈话中纠正。半年以后,我在法国的知识分子家庭中过生活,已经一切无问题。十个月以后开始能听几门不太难的功课。可见国外学语文,以随时随地应用的关系,比国内的进度不啻一与五六倍之比。这一点你在莫斯科遇到李德伦时也听他谈过。我特意跟你提,为的是要你别把俄文学习弄成"突击式"。一个半月之间念完文法,这是强记,决不能消化,而且过了一晌大半会忘了的。我认为目前主要是抓住俄文的要点,学得慢一些,但所学的必须牢记,这样才能基础扎实。贪多务得是没用的,反而影响钢琴业务,甚至使你身心困顿,一空下来即昏昏欲睡——这问题希望你自己细细想一想,想通了,就得下决心更改方法,与俄文老师细细商量。一切学问没有速成的,尤其是语言。倘若你目前停止上新课,把已学的从头温一遍,我敢断言你会发觉有许多已经完全忘了。

你出国去所遭遇的最大困难,大概和我二十六年前的情形差不多,就是对所在国的语言程度太浅。过去我再三再四强调你在京赶学理论,便是为了这个缘故。倘若你对理论有了一个基本概念,那么日后在国外念的时候,不至于语言的困难加上乐理的困难,使你对乐理格外觉得难学。换句话说:理论上先略有门径之后,在国外念起来可以比较方便些。可是你自始至终没有和我提过在京学习理论的情形,连是否已开始亦未提过。我只知道你初到时因罗君患病而搁置,以后如何,虽经我屡次在信中问你,你也没复过一个字——现在我再和你说一遍:我的意思最好把俄文学习的时间分出一部分,移作学习乐理之用。

  提早出国,我很赞成。你以前觉得俄文程度太差,应多多准备后再走。其实像你这样学俄文,即使用最大的努力,再学一年也未必能说准备充分——除非你在北京不与中国人来往,而整天生活在俄国人堆里。

  自己责备自己而没有行动表现,我是最不赞成的。这是做人的基本作风,不仅对某人某事而已,我以前常和你说的,只有事实才能证明你的心意,只有行动才能表明你的心迹。待朋友不能如此马虎。生性并非"薄情"的人,在行动上做得跟"薄情"一样,是最冤枉的,犯不着的。正如一个并不调皮的人要调皮而结果反吃亏,一个道理。

  一切做人的道理,你心里无不明白,吃亏的是没有事实表现;希望你从今以后,一辈子记住这一点。大小事都要对人家有交代!

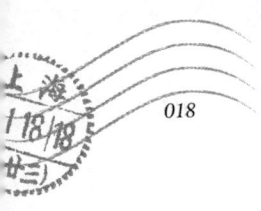

其次,你对时间的安排,学业的安排,轻重的看法,缓急的分别,还不能有清楚明确的认识与实践。这是我为你最操心的。因为你的生活将来要和我一样的忙,也许更忙。不能充分掌握时间与区别事情的缓急先后,你的一切都会打折扣。所以有关这些方面的问题,不但希望你多听听我的意见,更要自己多想想,想过以后立刻想办法实行,应改的应调整的都应当立刻改立刻调整,不以任何理由耽搁。

四月二十一日

接十七日信,很高兴你又过了一关。人生的苦难,theme(主旋律)不过是这几个,其余只是variations(变奏曲)而已。爱情的苦汁早尝,壮年中年时代可以比较冷静。古语说得好,塞翁失马,未始非福。你比一般青年经历人事都更早,所以成熟也早。这一回痛苦的经验,大概又使你灵智的长成进了一步。你对艺术的领会又可深入一步。我祝贺你有跟自己斗争的勇气。一个又一个的筋斗栽过去,只要爬得起来,一定会逐渐攀上高峰,超脱在小我之上。辛酸的眼泪是培养你心灵的酒浆。不经历尖锐的痛苦的人,不会有深厚博大的同情心。所以孩子,我很高兴你这种蜕变的过程，但愿你将来比我对人生有更深切的了解，对人类有更热烈的爱，对艺术有更诚挚的信心！孩子，我相信你一定不会辜负我的期望。

我对于你的学习（出国以前的）始终主张减少练琴时间，俄文也勿太紧张；倒是乐理要加紧准备。我预言你出国以后两年之内，一定要深感这方面的欠缺。故出去以前要尽量争取基本常识。

三四月在北京是最美的季节（除了秋天之外）；丁香想已开罢，接着是牡丹盛放。有空不妨上中山公园玩玩。中国的古代文物当然是迷人的，我也常常缅怀古都，不胜留恋呢。

六月二十四日下午

终于你的信到了！联络局没早告诉你出国的时期，固然可惜，但你迟早要离开我们，大家感情上也迟早要受一番考验；送君十里终须一别，人生不是都要靠隐忍来撑过去吗？你初到的那天，我心里很想要你二十以后再走，但始终守法和未雨绸谬的脾气把我的念头压下去了，在此等待期间，你应当把所有留京的琴谱整理一个彻底，用英文写两份目录，一份寄家里来存查。这种工作也可以帮助你消磨时间，省却烦恼。孩子，你此去前程远大，这

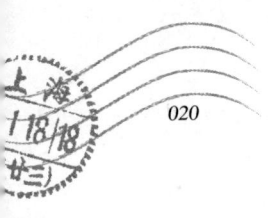

几天更应当仔仔细细把过去种种做一个总结,未来种种做一个安排;在心理上精神上多做准备,多多锻炼意志,预备忍受四五年中的寂寞和感情的波动。这才是你目前应做的事。孩子,别烦恼。我前信把心里的话和你说了,精神上如释重负。一个人发泄是要求心理健康,不是使自己越来越苦闷。多听听贝多芬的第五,多念念克利斯朵夫里几段艰苦的事迹(第一册末了,第四册第九卷末了),可以增加你的勇气,使你更镇静。好孩子,安安静静地准备出国罢。一切零星小事都要想周到,别怕天热,贪懒,一切事情都要做得妥帖。行前必须把带去的衣服什物记在"小手册"上,把留京及寄沪的东西写一清账。想念我们的时候,看看照相簿。为什么写信如此简单呢?要是我,一定把到京时罗君来接及到团以后的情形描写一番,即使借此练练文字也是好的。

近来你很多地方像你妈妈,使我很高兴。但是办事认真一点,却望你像我。最要紧,不能怕烦!

七月四日晨

希望你对实际事务多注意些,应办的即办,切勿懒洋洋地拖宕。夜里摆龙门阵的时间,可以打发不少事情呢。宁可先准备好了再玩。

　　也许这是你出国以前接到的最后一信了，也许连这封信也来不及收到，思之怆然。要嘱咐你的话是说不完的，只怕你听得起腻了。可是关于感情问题，我还是要郑重告诫。无论如何要克制，以前途为重，以健康为重。在外好好利用时间，不但要利用时间来工作，还要利用时间来休息，写信。别忘了杜甫那句诗："家书抵万金"！

七月十五日　（母亲信）

　　你临走前七日发的信，到十日下午才收到，那几天我们左等右等老不见你来信，焦急万分，究竟怎么回事？走了没有？终于信来了，一块石头落了地。原来你是一个人走的，旅途的寂寞，这种滋味我也想象得出来。到了苏联、波兰，是否都有人来接你！我们只有等你的消息了。

　　关于你感情的事，我看了后感到无限惶惑不安。对这个问题我总觉得你太冲动，不够沉着。这次发生的，有些出乎人情之常，虽然这也是对你多一次教训，但是你应该深深地自己检讨一番，对自己应该加以严厉地责备。我也不愿对你多所埋怨，不过我觉得你有些滥用感情，太不自爱了，这是不必要的痛苦……得到这

次教训后,千万要提高警惕,不能重蹈覆辙。你的感情太多了,对你终身是个累。所以你要大彻大悟,交朋友的时候,一定要事先考虑周详,而且也不能五分钟热度,凭一时冲动,冒冒失失地做了。我有句话,久已在心里嘀咕:我觉得你的爱情不专,一个接着一个,在你现在的年龄上,不算少了。我是一个女子,对这方面很了解女人的心理,要是碰到你这样善变,见了真有些寒心。你这次出国数年,除了努力学习以外,再也不要出乱子,这事出入重大,除了你,对爸爸的前途也有影响的。望你把全部精力放在研究学问上,多用理智,少用感情,当然,那是要靠你坚强的信心,克制一切的烦恼,不是件容易的事,但是非克服不可。对于你的感情问题,我向来不参加任何意见,觉得你各方面都在进步,你是聪明人,自会觉悟的。我既是你妈妈,我们是休戚相关的骨肉,不得不要唠叨几句,加以规劝。

回想我跟你爸爸结婚以来,二十余年感情始终如一,我十四岁上,你爸爸就爱上了我(他跟你一样早熟),十五岁就订婚,当年冬天爸爸就出国了。在他出国的四年中,虽然不免也有波动,可是他主意老,觉悟得快,所以回国后就结婚。婚后因为他脾气急躁,大大小小的折磨终是难免的,不过我们感情还是那么融洽,那么牢固,到现在年龄大了,火气也退了,爸爸对我更体贴了,更爱护我了。我虽不智,天性懦弱,可是靠了我的耐性,对他无形中或大或小多少有些帮助，这是我觉得可以骄傲的，可以安慰的。我们现在真是终身伴侣，缺一不可的。现在你也长大成人，父母对儿女的终身问题，也常在心中牵挂，不过你年纪还轻，不要操之过急。以你这些才具，将来不难找到一个满意的对象。好了，唠唠叨叨写得太多了，你要头痛了。

七月二十七日深夜至二十八日午夜

你车上的信写得很有趣，可见只要有实情、实事，不会写不好信。你说到李、杜的分别，的确如此。写实正如其他的宗派一样，有长处也有短处。短处就是雕琢太甚，缺少天然和灵动的韵致。但杜也有极浑成的诗，例如"风急天高猿啸哀，渚清沙白鸟飞回，无边落木萧萧下，不尽长江滚滚来……"那首，胸襟意境都与李白相仿佛。还有《梦李白》《天末怀李白》几首，也是缠绵悱恻，至情至性，非常动人的。但比起苏、李的离别诗来，似乎还缺少一些浑厚古朴。这是时代使然，无法可想。汉魏人的胸怀比较更近原始，味道浓，苍茫一片，千古之下，犹令人缅想不已。杜甫有许多田园诗，虽然受渊明影响，但比较之下，似乎也"隔"（王国维语）了一层。回过来说：写实可学，浪漫底克不可学；故杜

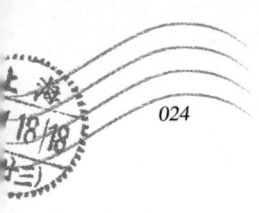

可学，李不可学；国人谈诗的尊杜的多于尊李的，也是这个缘故。而且究竟像太白那样的天纵之才不多，共鸣的人也少。所谓曲高和寡也。同时，积雪的高峰也令人有"琼楼玉宇，高处不胜寒"之感，平常人也不敢随便瞻仰。

词人中苏、辛确是宋代两大家，也是我最喜欢的。苏的词颇有些咏田园的，那就比杜的田园诗洒脱自然了。此外，欧阳永叔的温厚蕴藉也极可喜，五代的冯延巳也极多佳句，但因人品关系，我不免对他有些成见。

……在外倘有任何精神苦闷，也切勿隐瞒，别怕受埋怨。一个人有个大二十几岁的人代出主意，决不会坏事。你务必信任我，也不要怕我说话太严，我平时对老朋友讲话也无顾忌，那是你素知的。并且有些心理波动或是郁闷，写了出来等于有了发泄，自己可痛快些，或许还可免做许多傻事。孩子，我真恨不得天天在你旁边，做个监护的好天使，随时勉励你，安慰你，劝告你，帮你铺平将来的路，准备将来的学业和人格。

七月二十七日深夜

上星期我替恩德讲《长恨歌》与《琵琶行》，觉得大有妙处。

白居易对音节与情绪的关系悟得很深。凡是转到伤感的地方，必定改用风声韵。《琵琶行》中"大弦嘈嘈""小弦切切"一段，好比 staccato（断音）像琵琶的声音急切；而"此时无声胜有声"的几句，等于一个长的 pause（休止）。"银瓶……水浆迸"两句，又是突然的 attack（起音），声势雄壮。至于《长恨歌》，那气息的超脱，写情的不落凡俗，处处不脱帝皇的 nobleness（高贵），更是千古奇笔。看的时候可以有几种不同的方法：一是分出段落看叙事的起伏转折；二是看情绪的忽悲忽喜，忽而沉潜，忽而飘逸；三是体会全诗音节与韵的变化。再从总的方面看，把悲剧送到仙界上去，更显得那段罗曼史的奇丽清新，而仍富于人间味（如太真对道士说的一番话）。还有白居易写动作的手腕也是了不起："侍儿扶起娇无力""君王掩面救不得""九华帐里梦魂惊"几段，都是何等生动！"九重城阙烟尘生，千乘万骑西南行"，写帝王逃难自有帝王气概。"翠华摇摇行复止"，又是多鲜明的图画！最后还有一点妙处：全诗写得如此婉转细腻，却不失其雍容华贵，没有半年纤巧之病（细腻与纤巧大不同）！明明是悲剧，而写得不过分的哭哭啼啼，多么中庸有度，这是浪漫底克兼有古典美的绝妙典型。

七月二十八日夜

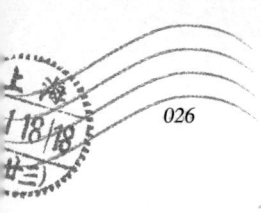

七月二十九日 （母亲信）

上星期六（七月二十四日）爸爸说三天之内应该有聪的信，果然，他的预感一点儿也不错，二十六日收到你在车中写的，莫斯科发的，由张宁和转寄的信，我们多高兴！你的信，字迹虽是草率，可是写得太好了，我们大为欣赏。一个人孤独了，思想集中，所发的感想都是真情实意。你所赏识的李太白、白居易、苏东坡、辛稼轩等各大诗人也是我们所喜欢的，一切都有同感，亦是一乐也。等到你有什么苦闷、寂寞的时候，多多接触我们祖国的伟大诗人，可以为你遣兴解忧，给你温暖。

……阿敏的琴也脱胶了，正在修理。这一星期来，他又恢复正常，他也有自知之明，并不固执了，因为我们同他讲欣赏与学习是两件事。他是平均发展的，把中学放弃了，未免可惜，我们赞成他提琴不要放弃，中学也不要放弃，陈又新的看法亦然如此。现在他似乎想通了，不闹情绪了，每天拉琴四小时，余下时间看克利斯朵夫，还有听音乐，偶尔出去看看电影。这次波兰电影周，《Chopin 的青年时代》他陪我去看了，有些不过瘾，编剧有问题，光线太阴暗，还不是理想的。

修理的房子，还没有干透，爸爸还在三楼工作，他对工作的

一九五四年

有规律,你是深知的。服尔德的作品译了三分之二,每天总得十小时以上,预计九月可出版。近来工作紧张了,晚上不容易睡好,我叫他少做些,他总是非把每天规定的做完不可,性格如此,也没办法。一空下来,他还要为你千思百虑的操心,替你想这样想那样,因为他是出过国的,要把过去的经验尽量告诉你,可以减少许多不必要的周折。他又是样样想得周到,有许多宝贵的意见,他得告诉你,指导你,提醒你。孩子,千万别把爸爸的话当耳边风,一定要牢牢记住,而且要经过一番思索,我们的信可以收起来,一个人孤寂的时候,可以不时翻翻。我们做父母的人,为了儿女,不怕艰难,不辞劳苦,只要为你们好,能够有助于你们的,我们总尽量地给。希望你也能多告诉我们,你的忧,你的乐,就是我们的,让我们永远联结在一起。我们虽然年纪会老,可是不甘落后,永远也想追随在你们后面。

……我们对你讲了许多,望你多看重些,多给我们写信,那是我们最急切而热望的。再有一件要紧事,要你现在起开始注意的。你现在要开始学习理财了,每个月的用途,一定要有个预算,这是给你实际的训练,钱不能用过头,要积蓄一些,以防不时之需,而且在国外,不像在国内,闹亏空还不要紧,而是丢脸的。希望你能把你的收入、开支也告诉我们,也许我们可以有些补充的意见。不多谈了,过几天再写。

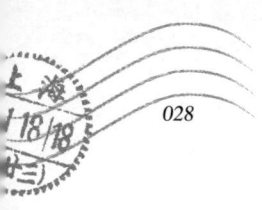

八月七日夜

二十日的信,邮戳是二十三日的,到上海是三十一日,真是快得很。大概代寄的人耽误了二天。现在想必在海滨了。我查地图,翻字典,大概Gdansk(格但斯克,波兰港市)就是从前的但泽,但你又加了一个Sopot(索波特,波兰北部城市)不知何意?是否在大城近边的一个小地名?

第一件我要郑重嘱咐你的事,就是你千万不要下海游泳。除非有正式的职业的游泳教师教,自己不能跟着青年朋友去。这一点是我们最放心不下的。海边不比内河,潮水涨落,非可逆料,而且来势的迅速出人意料。我会游泳的也有戒心,何况你!为了免得我们提心吊胆,此事切切牢记!

见到Eva,她也收到的我的信,真是高兴。其实你去告诉她,写俄文来,我们可以找人翻译的。希望你把她的姓名及姓氏详细正楷写给我。

你到了海滨以后,定有许多新鲜信息,大概这封信已经在路上了。我预计三四日内必有你的信到。在华沙与蒋天佐等谈些什么?大使馆对你每月用度事又如何说?前二信说的理财之道,务望注意!

近来我工作紧张之至,所以又腰酸背痛起来。我整个生活几乎与机器相似。星期日给恩德与敏二人上课,下午不免有客。除了理发,简直不上街。你的信早已想写,也直压到今天。给恩德上"文化史",我也要花时间预备,所以更忙了。

你写信直式横式本无所谓,倘夹的西文多,似乎横式较便。我觉得写行书,是上下相连的,故直式快。

你在外面快活,当然我们也快活;但愿分一些快活给我们,多多报告消息。你的材料,叫我写来一定每星期都可写上好几千字。写信要训练把字写得小,信纸用薄的航空纸:字小纸薄,才可以多些而不多花邮费。

八月十一日午前

你的生活我想象得出,好比一九二九年我在瑞士。但你更幸运,有良师益友为伴,有你的音乐做你崇拜的对象。我二十一岁在瑞士正患着青春期的、浪漫底克的忧郁病:悲观、厌世、徬徨、烦闷、无聊,我在《贝多芬传》译序中说的就是指那个时期。孩子,你比我成熟多了,所有青春期的苦闷,都提前几年,早在国内度过;

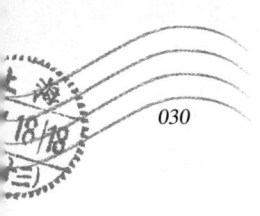

所以你现在更能够定下心神，发愤为学；不至于像我当年蹉跎岁月，到如今后悔无及。

你的弹琴成绩，叫我们非常高兴。对自己父母，不用怕"自吹自捧"的嫌疑，只要同时分析一下弱点，把别人没说出而自己感觉到的短处也一齐告诉我们。把人家的赞美报告我们，是你对我们最大的安慰；但同时必须深深地检讨自己的缺陷。这样，你写的信就不会显得过火；而且这种自我批判的功夫也好比一面镜子，对你有很大帮助。把自己的思想写下来（不管在信中或是用别的方式），比着光在脑中空想是大不同的。写下来需要正确精密的思想，所以写在纸上的自我检讨，格外深刻，对自己也印象深刻。你觉得我这段话对不对？

我对你这次来信还有一个很深的感想。便是你的感受性极强，极快。这是你的特长，也是你的缺点。你去年一到波兰，弹 Chopin 的 style（风格）立刻变了；回国后却保持不住；这一回一到波兰又变了。这证明你的感受力快极。但是天下事有利必有弊，有长必有短，往往感受快的，不能沉浸得深，不能保持得久。去年时期短促，固然不足为定论。但你至少得承认，你的不容易"牢固执着"是事实。我现在特别提醒你，希望你时时警惕，对于你新感受的东西不要让它浮在感觉的表面；而要仔细分析，究竟新感受的东西，和你原来的观念、情绪、表达方式有何不同。这是需要冷静而强有力的智力，才能分析清楚的。希望你常常用这个步骤来"巩固"你很快得来的新东西（不管是技术是表达）。长此做去，不但你的演奏风格可以趋于稳定、成熟（当然所谓稳定不是刻板化、公式化）；而且你一般的智力也可大大提高，受到锻炼。孩子！记住这些！深深地记住！还要实地做去！这些话我相信只有我能告诉你。

还要补充几句：弹琴不能徒恃 sensation（直觉），sensibility（感性）。那些心理作用太容易变。从这两方面得来的，必要经过理性的整理、归纳，才能深深地化入自己的心灵，成为你个性的一部分，人格的一部分。当然，你在波兰几年住下来，熏陶的结果，多少也（自然而然地）会把握住精华。但倘若你事前有了思想准备，特别在智力方面多下工夫，那么你将来的收获一定更大更丰富，基础也更稳固。再说得明白些：艺术家天生敏感，换一个地方，换一批群众，换一种精神气氛，不知不觉会改变自己的气质与表达方式。但主要的是你心灵中最优秀最特出的部分，从人家那儿学来的精华，都要紧紧抓住，深深地种在自己性格里，无论何时何地这一部分始终不变。这样你才能把独有的特点培养得厚实。

……

你记住一句话：青年人最容易给人一个"忘恩负义"的印象。

其实他是眼睛望着前面，饥渴一般地忙着吸收新东西，并不一定是"忘恩负义"；但懂得这心理的人很少；你千万不要让人误会。

八月十六日 （母亲信）

……这几天，这里为了防台防汛，各单位各组织都紧张非凡，日夜赶着防御工程，抵抗大潮汛的侵袭。据预测，今年的潮水特别大，有高出黄浦江数尺的可能，为预防起见，故特别忙碌辛苦。长江淮河水患已有数月之久，非常艰苦，为了抢修抢救，不知牺牲了多少生命，同时又保全了多少生命财产。都是些英雄与水搏斗。听说水涨最高的地方，老百姓无处安身，躲在树上，大小便，死尸，脏物都漂浮河内，多少的党员团员领先抢救。筑堤筑坝，先得打桩，但是水势太猛，非有一个人把桩把住，让另外一个人打下去不可；听说打桩的人，有时会不慎打在抱桩的身上、头上、手上或是水流湍急就这么把抱着桩的人淹没了；光是打桩一件事，已不知牺牲了多少人，他们都是不出怨言的那么无声无息地死去，为了与自然斗争而死去。许多悲惨的传闻，都令人心惊胆战。牛家的大妹，不久就要出发到淮河做卫生工作，同时去有上千的医务人员，这是困苦万状的工作，都是冒着生命危险去的。你想先是饮水一项,已是危险万分,何况疟疾伤寒那些病菌的传染,简直不堪设想。我看了《保卫延安》以后,更可以想象得出大小干部为了水患而艰苦的斗争是怎么一回事。那是一样的可怕,一样的伟大。(好像楼伯伯送你一部,你看过没有?)我常常联想起你,你不用参加这件与自然的残酷斗争。幸运的孩子,你在中国可说是史无前例的天之骄子。一个人的机会,享受,是以千千万万人的代价换来的,那是多么宝贵。你得抓住时间,提高警惕,非苦修苦练,不足以报效国家,对得住同胞。看重自己就是看重国家。不要忘记了祖国千万同胞都在自己的岗位上努力,为人类的幸福而努力。尤其要想到目前国内生灵所受的威胁,所做的牺牲。把你个人的烦闷,小小的感情上的苦恼,一齐割舍干净。这也是你爸爸常常和我提到的。我想到爸爸前信要求你在这几年中要过等于僧侣的生活,现在我觉得这句话更重要了。你在万里之外,这样舒服,跟着别人跟不到的老师;学到别人学不到的东西;感受到别人感受不到的气氛;享受到别人享受不到的山水之美,艺术之美,所以在大大小小的地方不能有对不起国家,对不起同胞的事发生。否则艺术家的慈悲与博爱就等于一句空话了。爸爸一再说你懂得多而表现少,尤其是在人事方面;我也有同感。但我相信你慢慢会有进步的,不会辜负我们的,我又想到国内学艺术的人中间,没有一个像你这样,从小受了那么多的道德训练。你爸

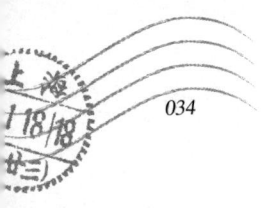

爸花的心血，希望你去完成它；你的成功，应该是你们父子两人合起来的成功。我的感想很多，可怜我不能完全表达出来。

八月十六日晚

你素来有两个习惯：一是到别人家里，进了屋子，脱了大衣，却留着丝围巾；二是常常把手插在上衣口袋里，或是裤袋里。这两件都不合西洋的礼貌。围巾必须和大衣一同脱在衣帽间，不穿大衣时，也要除去围巾，手插在上衣袋里比插在裤袋里更无礼貌，切忌切忌！何况还要使衣服走样，你所来往的圈子特别是有教育的圈子，一举一动务须特别留意。对客气的人，或是师长，或是老年人，说话时手要垂直，人要立直。你这种规矩成了习惯，一辈子都有好处。

在饭桌上，两手不拿刀叉时，也要平放在桌面上，不能放在桌下，搁在自己腿上或膝盖上。你只要留心别的有教养的青年就可知道。刀叉尤其不要掉在盘下，叮叮当当的！

出台行礼或谢幕，面部表情要温和，切勿像过去那样太严肃。这与群众情绪大有关系，应及时注意。只要不急，心里放平静些，表情自然会和缓。

一九五四年

总而言之，你要学习的不仅仅在音乐，还要在举动、态度、礼貌各方面吸收别人的长处。这些，我在留学的时代是极注意的；否则，我对你们也不会从小就管这管那，在各种 manners（规矩）方面跟你们烦了。但望你不要嫌我烦琐，而要想到一切都是要使你更完满、更受人欢喜！

八月三十一日

八月十三日自波发的第三信已经于二十三日收到。我们十六日发的（波5）一信，想你亦可收到。这时期全家都特别忙，故半个月不能给你写信。

我译的服尔德到昨夜终算在完成，寄到北京去。从初译以后，至寄出为止，已改过六道，仍嫌不够古雅，十八世纪风格传达不出。

妈妈忙着杂务，搬书房、书橱，打扫，理衣服，零碎事儿简直做不完。阿敏今天已去缴费，明儿就上课了。整个暑假我没有休息，星期日上午要教恩德、阿敏国文等，下午又有许多客人。

我今夏身心极感疲劳，腰酸得很，从椅子上站起来，一下子伛着背，挺不直。比往年差多了。精神也不及从前那么不知疲倦。除了十小时半以外的经常工作，再要看书，不但时间不够，头脑

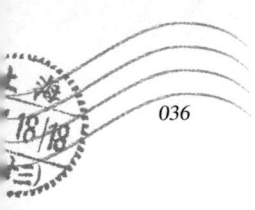

也吃不消了。

你的学习情形令人大为兴奋。两天上一课，就是每周三课。别的学生是否也是如此？我猜你是因为技术落后，他们对你特别加紧，不知是否？来信说又要表演给委员会听，别人也是的；结果如何？别人的进步与你比起来又如何？

九月四日

多高兴，收到你波兰第四信和许多照片，邮程只有九日，比以前更快了一天。看照片，你并不胖，是否太用功，睡眠不足？还是室内拍的照，光暗对比之下显得瘦？又是谁替你拍的？在什么地方拍的，怎么室内有两架琴？又有些背后有竞赛会的广告，是怎么回事呢？通常总该在照片反面写印日期、地方，以便他日查考。

你的"鬆"字始终写"别"字，记住：上面是"髟"，下面是"松"，"松"便是"鬆"字的读音，记了这点就不会写错了。

还有一件要紧的小事情：信封上的字别太大，把整个封面都占满了；两次来信，一封是路名被邮票掩去一部分，一封是我的姓名被贴去一只角。因为信封上实在没有地位可贴邮票了。你看

一九五四年

看我给你的信封上的字,就可知道怎样才合适。

你的批评精神越来越强,没有被人捧得"忘其所以",我真快活!你说的脑与心的话,尤其使我安慰。你有这样的了解,才显出你真正的进步。一到波兰,遇到一个如此严格、冷静、着重小节和分析曲体的老师,真是太幸运了。经过他的锻炼,你除了热情澎湃以外,更有个钢铁般的骨骼,使人觉得又热烈又庄严,又有感情又有理智,给人家的力量更深更强!我祝贺你,孩子,我相信你早晚会走到这条路上:过了几年,你的修养一定能够使你的 brain(理智)与 heart(感情)保持平衡。你的性灵越发掘越深厚、越丰富,你的技巧越磨越细,两样凑在一处,必有更广大的听众与批评家会欣赏你。孩子,我真替你快活。

你此次上台紧张,据我分析,还不在于场面太严肃——去年在罗京比赛不是一样严肃得可怕吗?主要是没先试琴,一上去听见 tone(声调)大,已自吓了一跳,touch(触键)不平均,又吓了一跳,pedal(踏板)不好,再吓了一跳。这三个刺激是你二十日上台紧张的最大原因。你说是不是?所以今后你切须牢记,除非是上台比赛,谁也不能先去摸琴,否则无论在私人家或在同学演奏会中,都得先试试 touch 与 pedal。我相信下一回你决不会再 nervous(紧张)的。

大家对你的欣赏,妈妈一边念信一边直淌眼泪。你瞧,孩子,

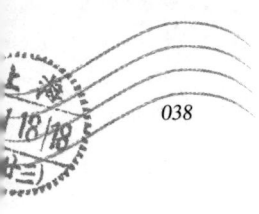

你的成功给我们多大的欢乐！而你的自我批评更使我们喜悦得无可形容。

要是你看我的信，总觉得有教训意味，仿佛父亲老做牧师似的；或者我的一套言论，你从小听得太熟，耳朵起了茧；那么希望你从感情出发，体会我的苦心；同时更要想到：只要是真理，是真切的教训，不管出之于父母或朋友之口，出之于熟人生人，都得接受。别因为是听腻了的，无动于衷，当作耳边风！你别忘了：你从小到现在的家庭背景，不但在中国独一无二，便是在世界上也很少很少。哪个人教育一个年轻的艺术学生，除了艺术以外，再加上这么多的道德的？我完全信任你，我多少年来播的种子，必有一日在你身上开花结果——我指的是一个德艺俱备，人格卓越的艺术家！

你的随和脾气多少得改掉一些。对外国人比较容易，有时不妨直说：我有事，或者：我要写家信。艺术家特别需要冥思默想。老在人堆里（你自己已经心烦了），会缺少反省的机会；思想、感觉、感情，也不能好好地整理、归纳。

Krakow（克拉可夫，波兰南部城市）是一个古城，古色古香的街道，教堂，桥，都是耐人寻味的。清早，黄昏，深夜，在这种地方徘徊必另有一番感触，足以做你诗情画意的材料。我从前住在法国内地一个古城里，叫作Peitier（贝底埃），十三世纪的古城，那种古文化的气息至今不忘，而且常常梦见在那儿踯躅。北欧哥特式（Gothique）建筑，Krakow 一定不少，也是有特殊风格的……。

八月十六到二十五日，北京举行了全国文学翻译工作会议。周扬作总结时说（必姨参加了，讲给我听的）：技术一边倒。哪有这话？几曾听说有英国化学法国化学的？只要是先进经验，苏联的要学，别的西欧资本主义国家的也要学。

这几日因为译完了服尔德，休息几天，身心都很疲倦。夏天工作不比平时，格外容易累人。周煦良平日谈翻译极有见解，前天送来万余字精心苦练过的译稿要我看看，哪知一塌糊涂。可见理论与实践距离之大！北京那位苏联戏剧专家老是责备导演们："为什么你们都是理论家，为什么不提提具体问题？"我真有同感。三年前北京《翻译通报》几次要我写文章，我都拒绝了，原因即是空谈理论是没用的，主要是自己动手。

九月二十一日晨

十二日信上所写的是你在国外的第一个低潮。这些味道我都尝过。孩子，耐着性子，消沉的时间，无论谁都不时要遇到，但很快会过去的。游子思乡的味道你以后常常会有呢。

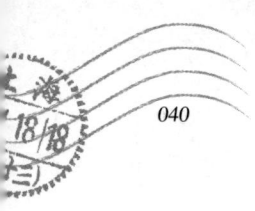

……华东美协为黄宾虹办了一个个人展览会,昨日下午举行开幕式,兼带座谈。我去了,画是非常好。一百多件近作,虽然色调浓黑,但是浑厚深沉得很,而且好些作品远看很细致,近看则笔头仍很粗。这种技术才是上品!我被赖少其(美协主席)逼得没法,座谈会上也讲了话。大概是:一、西画与中画,近代已发展到同一条路上;二、中画家的技术根基应向西画家学,如写生,写石膏,等等;三、中西画家应互相观摩、学习;四、任何部门的艺术家都应对旁的艺术感到兴趣。发言的人一大半是颂扬作者,我觉得这不是座谈的意义。颂扬话太多了,听来真讨厌。

开会之前,昨天上午八点半,黄老先生就来我家。昨天在会场中遇见许多国画界的老朋友,如贺天健、刘海粟等,他们都说:黄先生常常向他们提到我,认为我是他平生一大知己。

九月二十一日(母亲信)

我差不多无时无刻不在念着你!这次的信隔了二十天才收到。知道你病了几天,做妈妈的更心痛了,我不能照顾你,真有些难受。望你自己格外保重,为了我们,也要特别当心。只身在外,言语隔膜,相当孤寂,那是一定的,好在你有音乐陶醉,尤其还

一九五四年

有那个艰难的任务,需要你努力,需要你完成。不过练琴也要有个节制、计算,第一不要妨碍你的健康为上。

想到自己的儿子,我也想到年老白发的母亲,最近阿敏搬三楼,我已把你外婆接来了。她老态龙钟,知觉迟钝,很是可怜。

九月二十一日

烦闷时,可独自上街走走,看看古教堂、古建筑,或是到郊外散散步。多接近大自然,精神即会松动。

十月二日

收到九月二十二晚发的第六信,很高兴。我们并没为你前信感到什么烦恼或是不安。我在第八信中还对你预告,这种精神消沉的情形,以后还是会有的。我是过来人,决不至于大惊小怪。你也不必为此担心,更不必硬压在肚里不告诉我们。心中的苦闷不在家信中发泄,又哪里去发泄呢?孩子不向父母诉苦向谁诉呢?我们不来安慰你,又该谁来安慰你呢?人一辈子都在高潮低潮中浮沉,唯有庸碌的人,生活才如死水一般;或者要有极高的修养,方能廓然无累,真正的解脱。只要高潮不过分使你紧张,低潮不过分使你颓废,就好了。太阳太强烈,会把五谷晒焦;雨水太猛,也会淹死庄稼。我们只求心理相当平衡,不至于受伤而已。你也不是栽了筋斗爬不起来的人。我预料国外这几年,对你整个的人也有很大的帮助。这次来信所说的痛苦,我都理会得;我很同情,我愿意尽量安慰你,鼓励你。克利斯朵夫不是经过多少回这种情形吗?他不是一切艺术家的缩影与结晶吗?慢慢地你会养成另外一种心情对付过去的事:就是能够想到而不再惊心动魄,能够从客观的立场分析前因后果,做将来的借鉴,以免重蹈覆辙。一个人唯有敢于正视现实,正视错误,用理智分析,彻底感悟;终不至于被回忆侵蚀。我相信你逐渐会学会这一套,越来越坚强的。我以前在信中和你提过感情的 ruin(创伤),就是要你把这些事当作心灵的灰烬看,看的时候当然不免感触万端,但不要刻骨铭心地伤害自己,而要像对着古战场一般的存着凭吊的心怀。倘若你认为这些话是对的,对你有些启发作用,那么将来在遇到因回忆而痛苦的时候(那一定免不了会再来的),拿出这封信来重读几遍。

说到音乐的内容,非大家指导见不到高天厚地的话,我也有另外的感触,就是学生本人先要具备条件:心中没有的人,再经名师指点也是枉然的。

一九五四年

十月十九日夜

星期日（十七日）出去玩了一天。上午到博物馆去看古画，看商周战国的铜器等；下午到文化俱乐部（即从前的法国总会，兰心斜对面）参观华东参加全国美展的作品预展。结果看得连阿敏都频频摇头，连喊吃不消。大半是月份牌式，其幼稚还不如好的广告画。漫画木刻之幼稚，不在话下。其余的几个老辈画家，也是轧时髦，涂抹一些光光滑滑的，大幅的着色明信片，长至丈余，远看也像舞台布景，近看毫无笔墨。

……

柯子歧送来奥艾斯脱拉赫（苏联小提琴家）与奥勃林的Franck（弗兰克，比利时作曲家），借给我们听。第一个印象是太火爆,不够Franck（弗兰克）味。volume（音量）太大,而melody（旋律）应付得太粗糙。第三章不够神秘味儿；第四章violin（小提琴）转弯处显然出了角，不圆润，连我都听得很清楚。piano（钢琴）也有一个地方，tone（音质）的变化与上面不调和。后来又拿出Thibaud-Cortot（狄博与柯尔托，法国著名提琴家）来一比，更显出这两人的修养与了解。有许多句子结尾很轻（指小提琴部分）

很短,但有一种特别的气韵,我认为便是弗兰克的"隐忍"与"舍弃"精神的表现。这一点在俄国演奏家中就完全没有。我又回想起你和韦(傅聪的朋友韦贤彰)前年弄的时候,大家听过好几遍 Thibaud–Cortot(狄博与柯尔托)的唱片,都觉得没有什么可学的;现在才知道那是我们的程度不够,体会不出那种深湛、含蓄、内在的美。而回忆之下,你的 piano part(钢琴演奏部分)也弹得大大的过于 romantic(浪漫)。T.C.(狄博与柯尔托两人的简称)的演奏还有一妙,是两样乐器很平衡。苏联的是 violin 压倒 piano,不但 volume 如此,连 music 也是被小提琴独占了。我从这一回听的感觉来说,似乎奥艾斯脱拉赫的 tone 太粗豪,不宜于拉十分细腻的曲子。

十一月一日夜

刚听了波兰 Regina Smangianka(雷吉娜·斯曼齐安卡)音乐会回来;上半场由上海乐队奏德伏夏克(捷克作曲家)的第五("*New World*"),下半场是 *Egmond Overture*(《艾格蒙序曲》)和 Smangianka(斯曼齐安卡)弹的贝多芬《第一钢琴协奏曲》。Concerto(《协奏曲》)弹得很好;乐队伴奏居然也很像样,出乎意料,因为照上半场的德伏夏克听来,教人替他们捏一把汗的。Scarlatti（斯卡拉蒂）光芒灿烂,意大利风格的 brio（活力）都弹出来了。Chopin 的 *Etude*（《练习曲》）,又有火气,又是干净。这是近年来听到的最好的音乐会。

我们今晚送了一只花篮,附了一封信（法文）给她,说你早在九月中报告过,我借此机会表示欢迎和祝贺之意。不知她能否收到,因为门上的干事也许会奇怪,从来没有"个人"送礼给外宾的。

前两天听了捷克代表团的音乐会：一个男中音,一个钢琴家,一个提琴家。后两人都是头发花白的教授,大提琴的 tone 很贫乏,技巧也不高明,感情更谈不到；钢琴家则是极呆极木、弹 Liszt（李斯特）的 *Hungarian Rhapsody NO.12*（《匈牙利狂想曲》第十二号）,各段不连贯,也没有 brilliancy（出色）；弹 Smetana（斯麦特纳）的 *Concert Fantasy*（《幻想协奏》）,也是散散率率,毫无味道,也没有特殊的捷克民族风格。三人之中还是唱得比较好,但音质不够漂亮,有些"空"；唱莫扎特的 *Marriage of Figaro*（《费加罗的婚礼》）没有那种柔婉妩媚的气息。唱 *Carman*（《卡门》）中的《斗牛士歌》,还算不差,但火气不够,野性不够。Encore 唱穆索尔斯基的《跳蚤之歌》,倒很幽默,但钢琴伴奏（就是弹独奏的教授）呆得很,没有 humorist（诙谐）味道。呆的人当然无往而不呆。唱的那位

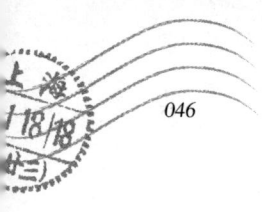

是本年度"Prague（布拉格）之春"的一等奖，由此可见，国际上唱歌真好的也少，这样的人也可得一等奖，人才也就寥落可怜得很了！

十一月十七日午

你到波以后常常提到精神极度疲乏，除了工作的"时间"以外，更重要的恐怕还是工作时"消耗精力"的问题。倘使练琴时能多抑制情感，多着重于技巧，多用理智，我相信一定可以减少疲劳。比赛距今尚有三个多月，长时期的心理紧张与感情高昂，足以影响你的成绩；千万小心，自己警惕，尽量冷静为要！我十几年前译书，有时也一边译一边感情冲动得很，后来慢慢改好了。

因为天气太好了，忍不住到杭州去了三天，在黄宾翁家看了一整天他收藏的画，元、明、清都有。回沪后便格外忙碌，上星期日全天"加班"。除了自己工作以外，尚有朋友们托的事。例如最近西禾（陈西禾）译了一篇罗曼·罗兰写的童年回忆，拿来要我校阅，从头至尾花了大半日功夫，把五千字的译文用红笔画出问题，又花了三小时和他当面说明。他原来文字修养很好，但译的经验太少，根本体会不到原作的风格、节奏。原文中的短句子,和一个一个的形容词,都译成长句,拼在一起,那就走了样,失了原文的神韵。而且用字不恰当的地方,几乎每行都有。毛病就是他功夫用得不够,没吃足苦头决不能有好成绩!

……

练琴一定要节制感情,你既然自知责任重大,就应当竭力爱惜精神。好比一个参加世运的选手,比赛以前的几个月,一定要把身心的健康保护得非常好,才能有充沛的精力出场竞赛。俗语说"养兵千日","养"这个字极有道理。

你收发家信也要记账,平日可以查查,有多少天不写信了。最近你是十月十二日写的信,你自己可记得吗?多少对你的爱,对你的友谊,不知如何在笔底下传达给你!孩子,我精神上永远和你在一起!

十一月二十三日夜

你为了俄国钢琴家兴奋得一晚睡不着觉;我们也常常为了些特殊的事而睡不着觉。神经锐敏的血统,都是一样的;所以我常常劝你尽量节制。那钢琴家是和你同一种气质的,有些话只能加增你的偏向。比如说每次练琴都要让整个人的感情激动。我承认在某些 romantic 性格，这是无可避免的；但"无可避免"并不一定就是艺术方面的理想；相反，有时反而是一个大累！为了艺术的修养，在 heart（情感）过多的人还需要尽量自制。中国哲学的理想，佛教的理想，都是要能控制感情，而不是让感情控制。假如你能掀动听众的感情，使他们如醉如狂，哭笑无常，而你自己屹如泰山，像调度千军万马的大将军一样不动声色，那才是你最大的成功，才是到了艺术与人生的最高境界。你该记得贝多芬的故事，有一回他弹完了琴，看见听的人都流着泪，他哈哈大笑道："嘿！你们都是傻子。"艺术是火，艺术家是不哭的。这当然不能一蹴即成，尤其是你，但不能不把这境界作为你终生努力的目标。罗曼·罗兰心目中的大艺术家，也是这一派。

关于这一点，最近几信我常与你提到；你认为怎样？我前响对恩德说："音乐主要是用你的脑子，把你朦朦胧胧的感情（对每一个乐曲，每一章，每一段的感情）分辨清楚，弄明白你的感觉究竟是怎么一回事；等到你弄明白了，你的境界十分明确了，然后你的 technic（技巧）自会跟踪而来的。"你听听，这话不是和 Richier（李赫特）说的一模一样吗？我很高兴，我从一般艺术上了解的音乐问题，居然与专门音乐家的了解并无分别。

技巧与音乐的宾主关系，你我都是早已肯定了的；本无须逢人请教，再在你我之间讨论不完，只因为你的技巧落后，存了一个自卑感,我连带也为你操心;再加近两年来国内为什么school（学派）,什么派别,闹得惶惶然无所适从,所以不知不觉对这个问题特别重视起来。现在我深信这是一个魔障,凡是一天到晚闹技巧的,就是艺术工匠而不是艺术家。一个人跳不出这一关,一辈子也休想梦见艺术！艺术是目的,技巧是手段：老是只注意手段的人,必然会忘了他的目的。甚至一切有名的virtuoso（演奏家）也犯的这个毛病,不过程度高一些而已。

你到处的音乐会,据我推想,大概是各地的音乐团体或是交响乐队来邀请的,因为十一月至明年四五月是欧洲各地的音乐节。你是个中国人,能在Chopin的故国弹好Chopin,所以他们更想要你去表演。你说我猜得对不对？

十二月二十七日

一天练出一个concerto（协奏曲）的三个乐章带cadenza（华彩段）,你的technic（技巧）和了解,真可以说是惊人。你上台的日子还要练足八小时以上的琴,也叫人佩服你的毅力。孩子,你真有这个劲儿,大家说还是像我,我听了好不flattered（得意）！不过身体还得保重,别为了多争半小时一小时,而弄得筋疲力尽。

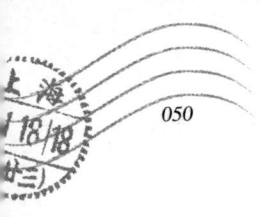

从现在起，你尤其要保养得好，不能太累，休息要充分，常常保持 fresh（充沛）的精神。好比参加世运的选手，离上场的日期愈近，身心愈要调养得健康，精神饱满比什么都重要。所谓 The first Prize is always "luck"（第一名总是幸运得来的）这句话，一部分也是这个道理。目前你的比赛节目既然差不多了，technic，pedal 也解决了，那更不必过分拖累身子！再加一个半月的琢磨，自然还会百尺竿头，更进一步；你不用急，不但你有信心；老师也有信心，我们大家都有信心：主要仍在于心理修养，精神修养，存了"得失置之度外""胜败兵家之常"那样无挂无碍的心，包你没有问题的。第一，饮食寒暖要极小心，一点儿差池不得。比赛以前，连小伤风都不让它有，那就行了。

到波兰五个月，有这样的进步，恐怕你自己也有些出乎意料吧。李先生今年一月初说你：gains come with maturity（日渐进步），真对。勃隆斯丹过去那样赏识你，也大有先见之明。还是我做父亲的比谁都保留，其实我也是 expect the worst, hope for the best（做了最坏的打算，抱着最高的希望）。我是你的舵工，责任最重大；从你小时候起，我都怕好话把你宠坏了。现在你到了这地步，样样自己都把握得住，我当然不再顾忌，要跟你说：我真高兴，真骄傲！中国人气质，中国人灵魂，在你身上和我一样强，我也大为高兴。

一九五四年

你现在手头没有散文的书（指古文），《世说新语》大可一读。日本人几百年来都把它当作枕中秘宝，我常常缅怀两晋六朝的文采风流，认为是中国文化的一个高峰。

《人间词话》，青年们读得懂得太少了；肚里要不是先有上百首诗，几十首词，读此书也就无用。再说，目前的看法，王国维的美学是"唯心"的；在此俞平伯"大吃生活"之际，王国维也是受批判的对象，其实，唯心唯物不过是一物之两面，何必这样死拘！我个人认为中国有史以来，《人间词话》是最好的文学批评。开发性灵，此书等于一把金钥匙。一个人没有性灵，光谈理论，其不成为现代学究、当世腐儒、八股专家也鲜矣！为学最重要的是"通"，通才能不拘泥，不迂腐，不酸，不八股；"通"才能培养气节、胸襟、目光。"通"才能成为"大"，不大不博，便有坐井观天的危险。我始终认为弄学问也好，弄艺术也好，顶要紧是 humain（法语，人），要把一个"人"尽量发展，没成为某某家某某家以前，先要学做人；否则那种某某家无论如何高明也不会对人类有多大贡献。这套话你从小听腻了，再听一遍恐怕更觉得烦了。

妈妈说你的信好像满纸都是 sparkling（耀眼光芒）。当然你浑身都是青春的火花，青春的鲜艳，青春的生命、才华，自然写出来的有那么大的吸引力了。我和妈妈常说，这是你一生之中的

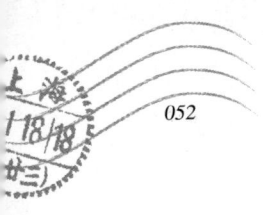

黄金时代,希望你好好地享受、体验,给你一辈子做个最精彩的回忆的底子!眼看自己一天天地长大成熟、进步,了解的东西一天天的加多,精神领域一天天的加阔,胸襟一天天的宽大,感情一天天的丰满深刻:这不是人生最美满的幸福是什么!这不是最隽永最迷人的诗歌是什么!孩子,你好福气!

十二月三十一日晚

寄你的书里,《古诗源选》《唐五代宋词选》《元明散曲选》前面都有序文,写得不坏;你可仔细看,而且要多看几遍;隔些日子温温,无形中可以增加文学史及文学体裁的学识,和外国朋友谈天,也多些材料。谈词、谈曲的序文中都提到中国固有音乐在隋唐时已衰敝,宫廷盛行外来音乐;故真正古乐府(指魏晋两汉的)如何唱法在唐时已不可知。这一点不但是历史知识,而且与我们将来创作音乐也有关系。换句话说,非但现时不知唐宋人如何唱诗、唱词,即使知道了也不能说那便是中国本土的唱法。至于龙沐勋氏在序中说"唐宋人唱诗唱词,中间常加'泛音',这是不应该的"(大意如此);我认为正是相反;加泛音的唱才有音乐可言。后人把泛音填上实字,反而是音乐的大阻碍。昆曲之所以如此费力、做作，中国音乐被文字束缚到如此地步；都是因为古人太重文字，不大懂音乐；懂音乐的人又不是士大夫，士大夫视音乐为工匠之事，所以弄来弄去，发展不出。汉魏之时有《相和歌》，明明是 duet（二重奏）的雏形，倘能照此路演进，必然早有 polyphonic（复调）的音乐。不料《相和歌》辞不久即失传，故非但无 polyphony，连 harmony（和声）也产生不出。真是太可惜了。

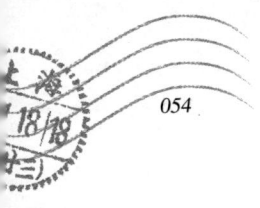

一九五五年

一月九日深夜

说起星期,不知你是否整天完全休息的?你工作时间已那么长,你的个性又是从头至尾感情都高昂的,倘星期日再不彻底休息,我们更要不放心了。

开音乐会的日子,你仍维持八小时工作;你的毅力、精神、意志,固然是惊人,值得佩服,但我们毕竟为你操心。孩子,听我们的话,不要在已经觉得疲倦的时候再 force(强迫)自己。多留一分元气,在长里看还是占便宜的。尤其在比赛以前半个月,工作时间要减少一些,最要紧的是保养身心的新鲜,元气充沛,那么你的演奏也一定会更丰满,更 fresh(新鲜)!

一九五五年

一月二十二日夜 （母亲信）

差不多快一个月了。没接到你的信，天天希望有你的信，真是望眼欲穿了。最近为了爸爸跌伤了右腿，又正逢过年，里里外外把我忙得不可开交，因此也不能静下来给你写信。上星期日（十七日）中午有位老先生，是黄宾虹的老朋友，请爸爸和周伯伯（煦良）在锦江饭店吃午饭。不幸得很，他一进门（是侧门），不知里面有四五级石阶，就往下走的，眼睛忙着看什么厅什么厅的一间间餐室，脚下却不留意，以为是平地，就这么踩空了，一跤摔下去，地下是水门汀，所以一跌下去就不能动，许多人把他扶起来，痛得厉害，勉强吃了一点东西。一方面周伯伯打电话回来告诉我，把我急死了，就通知林医生（林俊卿），等周伯伯送爸爸回来，经林医生诊断结果，真是不幸中之万幸，骨头没有跌断，伤了神经，可是也够痛苦的，自己一些也不能动弹，什么事都要人家帮忙，后来又找了一个伤科医生，诊断也是如此，贴了伤膏药，同时吃林医生给的止痛药，总算一天好似一天，到今天为止，在床上躺了一星期，痛是好多了，可是还不能行动，只能偶尔坐坐。今年天气特别冷，我就陪着他睡在书房内，开头几天，痛得不能安睡，自己又不能翻身，我一夜要起来几次，幸而有炉子，就是睡眠不足而已。现在好得多了，我也安心些了。你知道爸爸还有

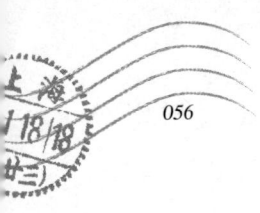

腰酸背痛的病,这次的到底跌得太重了,所以又引起了腰酸的病,这几天倒是腰酸重于腿痛。希望能早日恢复,否则更要心焦。

一月二十二日夜

爸爸说,评判员的名单希望你抄一份来。爸爸说比赛期越近,越要多休息,千万千万!多阅读中国的东西,可以转移你的精神紧张,同时也是精神养料,对比赛前期也是一种摄身之道。因为这样心情更可放松。

一月二十六日

早预算新年中必可接到你的信,我们都当作等待什么礼物一般地等着。果然昨天早上收到你的来信,而且是多少可喜的消息。孩子!要是我们在会场上,一定会禁不住涕泗横流的。世界上最高的最纯洁的欢乐,莫过于欣赏艺术,更莫过于欣赏自己的孩子的手和心传达出来的艺术!其次,我们也因为你替祖国增光而快乐!更因为你能借音乐而使多少人欢笑而快乐!想到你将来一定有更大的成就，没有止境的进步，为更多的人更广大的群众服务，鼓舞他们的心情，抚慰他们的创痛，我们真是心都要跳出来了！能够把不朽的大师的不朽的作品发扬光大，传布到地球上每一个角落去，真是多神圣、多光荣的使命！孩子，你太幸福了，天待你太厚了。我更高兴的更安慰的是：多少过分的谀词与夸奖，都没有使你丧失自知之明，众人的掌声、拥抱，名流的赞美，都没有减少你对艺术的谦卑！总算我的教育没有白费，你二十年的折磨没有白受！你能坚强（不为胜利冲昏了头脑是坚强的最好的证据），只要你能坚强，我就一辈子放了心！成就的大小、高低，是不在我们掌握之内的，一半靠人力，一半靠天赋，但只要坚强，就不怕失败，不怕挫折，不怕打击——不管是人事上的，生活上的，技术上的，学习上的——打击；从此以后你可以孤军奋斗了。何况事实上有多少良师益友在周围帮助你，扶掖你。还加上古今的名著，时时刻刻给你精神上的养料！孩子，从今以后，你永远不会孤独的了，即使孤独也不怕的了！

赤子之心这句话，我也一直记住的。赤子便是不知道孤独的。赤子孤独了，会创造一个世界，创造许多心灵的朋友！永远保持赤子之心，到老也不会落伍，永远能够与普天下的赤子之心相接相契相抱！你那位朋友说得不错，艺术表现的动人，一定是从心灵的纯洁来的！不是纯洁到像明镜一般，怎能体会到前人的

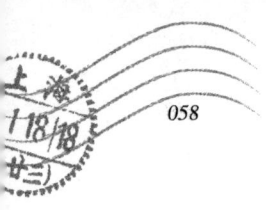

心灵？怎能打动听众的心灵？

音乐院长说你的演奏像流水、像河；更令我想到克利斯朵夫的象征。天舅舅说你小时候常以克利斯朵夫自命；而你的个性居然和罗曼·罗兰的理想有些相像了。河，莱茵，江声浩荡……钟声复起，天已黎明……中国正到了"复旦"的黎明时期，但愿你做中国的——新中国的——钟声，响遍世界，响遍每个人的心！滔滔不竭的流水，流到每个人的心坎里去，把大家都带着，跟你一块到无边无岸的音响的海洋中去吧！名闻世界的扬子江与黄河，比莱茵的气势还要大呢！

你说常在矛盾与快乐之中，但我相信艺术家没有矛盾不会进步，不会演变，不会深入。有矛盾正是生机蓬勃的明证。眼前你感到的还不过是技巧与理想的矛盾，将来你还有反复不已更大的矛盾呢：形式与内容的枘凿，自己内心的许许多多不可预料的矛盾，都在前途等着你。别担心，解决一个矛盾，便是前进一步！矛盾是解决不完的，所以艺术没有止境，没有 perfect（完美）的一天，人生也没有 perfect 的一天！唯其如此，才需要我们日以继夜，终生的追求、苦练；要不然大家做了羲皇上人，垂手而天下治，做人也太腻了！

一九五五年

三月六日 （母亲信）

一天不接到你的信，我们一天不得安心。在比赛期间，我们也跟着紧张；比赛以后，太兴奋了，也是不定心。于是天天伸长头颈等你的信。我们预算月底月初一定会有你的信，可是到了今天已经是六日了，还是杳无音讯。我们满怀着愉快的心情写的前后八九封信，好像石沉大海，你竟只字不回。我们做了种种，以为比赛过后你太忙了，也许紧张了一个月，身体支持不住而病了。这到底是怎么回事呢？实在弄不明白。至少马思聪先生离开华沙的时候，你是好好的，因为他来信没有说你有什么病的情况。你是知道我们日夜关心你，尤其是爸爸，忍耐着。左等右等，等急了，只是叹气。这个不必要的给我们的磨难，真是太突兀了。爸爸说，工作对他是一种麻醉剂，可是一有空就会想到你。晚上翻来覆去地睡不着，也是想到你。因为弄不明白其中的原因而感到痛苦。孩子，你明明知道你是我们的安慰，为什么轻而易举的事，这样吝啬起来呢！我们之间是无话不谈的，你有什么意见，尽可来信商量，爸爸会深思熟虑地帮你解决问题，因为他可以冷静地客观地分析问题，对你有很大的帮助。不论在哪方面，尤其在人情上来讲。你比赛后，一定急急地要告诉我们前后的经过，这是天经地义没有问题的。怎么你会令人不解到如此地步呢！因为没

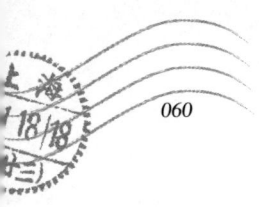

有你的信，我们做什么事都没有情绪，真是说不出的忧虑！

三月十五日夜

马先生有家信到京（还在比赛前写的），由王棣华转给我们看。他说你在琴上身体动得厉害，表情十足，但指头触及键盘时仍紧张。他给你指出了，两天以内你的毛病居然全部改正，使老师也大为惊奇，不知经过情形究竟如何？

好些人看过 Glinka（格林卡，俄罗斯作曲家）的电影，内中 Richter 扮演李斯特在钢琴上表演，大家异口同声对于他火爆的表情觉得刺眼。我不知这是由于导演的关系，还是他本人也倾向于琴上动作偏多？记得你十月中来信，说他认为整个的人要跟表情一致。这句话似乎有些毛病，很容易鼓励弹琴的人身体多摇摆。以前你原是动得很剧烈的，好容易在一九五三年上改了许多。从波兰寄回的照片上，有几张可看出你又动得加剧了。这一点希望你注意。传说李斯特在琴上的戏剧式动作，实在是不可靠的；我读过一段当时人描写他的弹琴，说像 rock（磐石）一样。鲁宾斯坦（安东）也是身如岩石。唯有肉体静止，精神的活动才最圆满：这是千古不变的定律。在这方面，我很想听听你的意见。

一九五五年

三月二十日上午

　　期待了一个月的结果终于揭晓了，多少夜没有好睡，十九晚更是神思恍惚，昨（二十日）夜为了喜讯过于兴奋，我们仍没睡着。先是昨晚五点多钟，马太太从北京来长途电话；接着八时许无线电报告（仅至第五名为止），今晨报上又披露了十名的名单，难为你，亲爱的孩子！你没有辜负大家的期望，没有辜负祖国的寄托，没有辜负老师的苦心指导，同时也没辜负波兰师友及广大群众这几个月来对你的鼓励！

　　也许你觉得应该名次再前一些才好，告诉我，你是不是有"美中不足"之感？可是别忘了，孩子，以你离国前的根基而论，你七个月中已经做了最大的努力，这次比赛也已经 do your best（尽力了）。不但如此，这七个月的成绩已经近乎奇迹。想不到你有这些才华，想不到你的春天来得这么快，花开得这么美，开到世界的乐坛上放出你的异香。东方升起了一颗星，这么光明，这么纯净，这么深邃；替新中国创造了一个辉煌的世界纪录！我做父亲的一向低估了你，你把我的错误用你的才具与苦功给点破了，我真高兴，我真骄傲，能够有这么一个儿子把我错误的估计全部

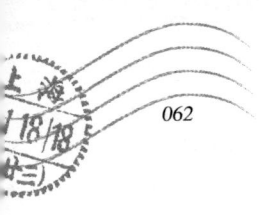

推翻！妈妈是对的，母性的伟大不在于理智，而在于那种直觉的感情；多少年来，她嘴上不说，心里是一向认为我低估你的能力的；如今她统统向我说明了。我承认自己的错误，但是用多么愉快的心情承认错误：这也算是一个奇迹吧？

回想到一九五三年十二月你从北京回来，我同意你去波学习，但不鼓励你参加比赛，还写信给周巍峙要求不让你参加。虽说我一向低估你，但以你那个时期的学力，我的看法也并不全错。你自己也觉得即使参加，未必有什么把握。想你初到海滨时，也不见得有多大信心吧？可见这七个月的学习，上台的经验，对你的帮助简直无法形容，非但出乎我们意料，便是你以目前和七个月以前的成绩相比，你自己也要觉得出乎意料，是不是？

今天清早柯子歧打电话来，代表他父亲母亲向我们道贺。子歧说：与其你光得第二，宁可你得第三，加上一个玛祖卡奖的。这句话把我们心里的意思完全说中了。你自己有没有这个感想呢？

再想到一九四九年第四届比赛的时期，你流浪在昆明，那时你的生活，你的苦闷，你的渺茫的前途，跟今日之下相比，不像是做梦吧？谁想得到，一九五一年回上海时只弹 Pathetique Sonata （《悲怆奏鸣曲》）还没弹好的人，五年以后会在国际乐坛的竞赛中名列第三？多少迂回的路，多少痛苦，多少失意，多少挫折，换来你今日的成功！可见为了获得更大的成功，只有加倍努力，

一九五五年

同时也得期待别的迂回，别的挫折。我时时刻刻要提醒你，想着过去的艰难，让你以后遇到困难的时候更有勇气去克服，不至于失掉信心！人生本是没穷尽没终点的马拉松赛跑，你的路程还长得很呢：这不过是一个光辉的开场。

回过来说：我过去对你的低估，在某些方面对你也许有不良的影响，但有一点至少是对你有极大的帮助的。唯其我对你要求严格，终不至于骄纵你——你该记得罗马尼亚三奖初宣布时你的愤懑心理，可见年轻人往往容易估高自己的力量。我多少年来把你紧紧拉着，至少养成了你对艺术的严肃的观念，即使偶尔忘形，也极易拉回来。我提这些话，不是要为我过去的做法辩护，而是要趁你成功的时候特别让你提高警惕，绝对不让自满和骄傲的情绪抬头。我知道这也用不着多嘱咐，今日之下，你已经过了这一道骄傲自满的关，但我始终是中国儒家的门徒，遇到极盛的事，必定要有"如临深渊，如履薄冰"的格外郑重、危惧、戒备的感觉。

……

说到"不完整"，我对自己的翻译也有这样的自我批评。无论译哪一本书，总觉得不能从头至尾都好；可见任何艺术最难的是"完整"！你提到perfection（完美），其实perfection根本不存在的，整个人生，世界，宇宙，都谈不上perfection。要就是存在于哲学家的理想和政治家的理想之中。我们一辈子的追求，有史

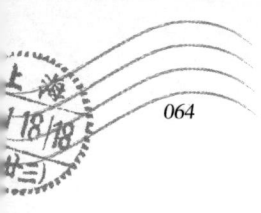

以来多少世代的人的追求，无非是 perfection，但永远是追求不到的，因为人的理想、幻想，永无止境，所以 perfection 像水中月、镜中花，始终可望而不可即。但能在某一个阶段求得总体的"完整"或是比较的"完整"，已经很不差了。

比赛既然过去了，我们希望你每个月能有两封信来。尤其是我希望多知道：一、国外音乐界的情形；二、你自己对某些乐曲的感想和心得。千万抽出些工夫来！以后不必再像过去那样日以继夜地扑在琴上。修养需要多方面的进行，技巧也得长期训练，切勿操之过急。静下来多想想也好，而写信就是强迫你整理思想，也是极好的训练。

三月二十七日夜

为你参考起见，我特意从一本专论莫扎特的书里译出一段给你。另外还有罗曼·罗兰论莫扎特的文字，来不及译。不知你什么时候学莫扎特？肖邦在写作的 taste（品味）方面，极注意而且极感染莫扎特的风格。刚弹完肖邦，接着研究莫扎特，我觉得精神血缘上比较相近。不妨和杰老师商量一下。你是否可在贝多芬第四弹好以后，接着上手莫扎特？等你快要动手时，先期来信，

一九五五年

我再寄罗曼·罗兰的文字给你。

从我这次给你的译文中,我特别体会到莫扎特的那种温柔妩媚,所以与浪漫派的温柔妩媚不同,就是在于他像天使一样的纯洁,毫无世俗的感伤或是靡靡的 sweetness(甜蜜)。神明的温柔,当然与凡人的不同,就是达·芬奇与拉斐尔的圣母,那种妩媚的笑容决非尘世间所有的。能够把握到什么叫作脱尽人间烟火的温馨甘美,什么叫作天真无邪的爱娇,没有一点儿拽心,没有一点儿情欲的骚乱,那么我想表达莫扎特可以"虽不中,不远矣"。你觉得如何,往往十四五岁到十六七岁的少年,特别适应莫扎特,也是因为他们童心没有受过沾染。

将来你预备弹什么近代作家,望早些安排,早些来信;我也可以供给材料。在精神气氛方面,我还有些地方能帮你忙。

我再要和你说一遍:平日来信多谈谈音乐问题。你必有许多感想和心得,还有老师和别的教授们的意见。这儿的小朋友们一个一个都在觉醒,苦于没材料。他们常来看我,和我谈天;我当然要尽量帮助他们,你身在国外,见闻既广,自己不断地在那里进步,定有不少东西可以告诉我们。同时一个人的思想是一边写一边谈出来的,借此可以刺激头脑的敏捷性,也可以训练写作的能力与速度。此外,也有一个道义的责任,使你要尽量地把国外的思潮向我们报导。一个人对人民的服务不一定要站在大会上演

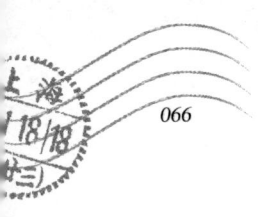

讲或是做什么惊天动地的大事业,随时随地,点点滴滴地把自己知道的、想到的告诉人家,无形中就是替国家播种、施肥、垦植!孩子,你千万记住这些话,多多提笔!

莫扎特的作品不像他的生活,而像他的灵魂。莫扎特的作品跟他的生活是相反的。他的生活只有痛苦,但他的作品差不多整个儿只叫人感到快乐。他的作品是他灵魂的小影。这样,所有别的和谐都归纳到这个和谐,而且都融化在这个和谐中间。

后代的人听到莫扎特的作品,对于他的命运可能一点消息都得不到;但能够完全认识他的内心。你看他多么沉着,多么高贵,多么隐藏!他从来没有把他的艺术来作为倾吐心腹的对象,也没有用他的艺术给我们留下一个证据,让我们知道他的苦难,他的作品只表现他长时期的耐性和天使般的温柔。他把他的艺术保持着笑容可掬和清明平静的面貌,决不让人生的考验印上一个烙印,决不让眼泪把它沾湿。他从来没有把他的艺术当作愤怒的武器,来反攻上帝;他觉得从上帝那儿得来的艺术是应当用做安慰的,而不是用做报复的。一个反抗、愤怒、憎恨的天才固然值得钦佩,一个隐忍、宽容遗忘的天才,同样值得钦佩。遗忘?岂止是遗忘!莫扎特的灵魂仿佛根本不知道莫扎特的痛苦;他的永远纯洁、永远平静的心灵的高峰,照临在他的痛苦之上。一个悲壮的英雄会叫道:"我觉得我的斗争多么猛烈!"莫扎特对于自己所感到的斗争，从来没有在音乐上说过是猛烈的。在莫扎特最本色的音乐中，就是说不是代表他这个或那个人物的音乐，而是纯粹代表他自己的音乐中，你找不到愤怒或反抗，连一点儿口吻都听不见，连一点儿斗争的痕迹，或者只是一点儿挣扎的痕迹都找不到……

莫扎特既不知道什么暴力，也不知道什么叫作惶惑和怀疑，他不像贝多芬那样，尤其不像华葛耐（德国歌剧作曲家、指挥家）那样，对于"为什么"这个永久的问题，在音乐中寻求答案；他不想解答人生的谜。莫扎特的朴素，跟他的温和与纯洁都到了同样的程度。对他的心灵而论，便是在他心灵中间，根本无所谓谜，无所谓疑问。

怎么！没有疑问没有痛苦吗？那么跟他的心灵发生关系的，跟他的心灵协和的，又是哪一种生命呢？那不是眼前的生命，而是另外一个生命，一个不会再有痛苦，一切都会解决了的生命。他与其说是"我们的现在"的音乐家，不如说是"我们的将来"的音乐家，莫扎特比华葛耐更其是未来的音乐家。丹纳说得非常好："他的本性爱好完全的美。"这种美只有在上帝身上才有，只能是上帝本身。只有在上帝旁边，在上帝身上，我们才能找到这种美，才会用那种不留余地的爱去爱这种美。但莫扎特在尘世上已经在爱那种美了。在许多原因中间，尤其是这个原因，使莫扎特有资格称为超凡入圣（divine）的。

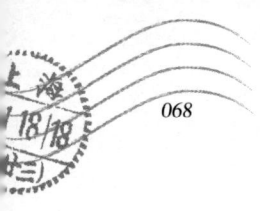

四月二十一日夜

孩子，能够起床了，就想到给你写信。

邮局把你比赛后的长信遗失，真是害人不浅。我们心神不安半个多月，都是邮局害的。三月三十日是我的生日，本来预算可以接到你的信了。到四月初，心越来越焦急，越来越迷糊，无论如何也想不通你始终不来信的原因。到四月十日前后，已经根本抛弃希望，似乎永远也接不到你的家信了。

四月十日上午九时半至十一时，听北京电台广播你弹的 Berceuse（《摇篮曲》）和一支 Mazurka（《玛祖卡》），一边听，一边说不出有多少感触。耳朵里听的是你弹的音乐，可是心里已经没有把握孩子对我们的感情怎样——否则怎么会没有信呢？真的，孩子，你万万想不到我跟你妈妈这一个月来的精神上的波动，除非你将来也有了孩子，而且也是一个像你这样的孩子！

马先生三月三十日就从北京寄信来，说起你的情形，可见你那时身体是好的，那么迟迟不写家信更叫我们惶惑"不知所措"了。何况你对文化部提了要求，对我连一个字也没有。难道又不信任爸爸了吗？这个疑问给了我最大的痛苦，又使我想到舒曼痛惜他父亲早死的事,又想到莫扎特写给他父亲的那些亲切的信。其中有一封信,是莫扎特离开了Salzburg(萨尔斯堡)大主教,受到父亲责难,莫扎特回信说:"是的,这是一封父亲的信,可不是我的父亲的信!"

聪,你想,我这些联想对我是怎样的一种滋味!四月三日(第30号)的信,我写的时候不知怀着怎样痛苦、绝望的心情,我是永远忘不了的。

妈妈说的:"大概我们一切都太顺利了,太幸福了,天也嫉妒我们,所以要给我们受这些挫折!"要不这样说,怎么能解释邮局会丢失这么一封要紧的信呢?

你那封信在我们是有历史意义的,在我替你编录的"学习经过"和"国外音乐报导"(这是我把你的信分成的类别,用两本簿子抄下来的),是极重要的材料。我早已决定,我和你见了面,每次长谈过后,我一定要把你谈话的要点记下来。为了青年朋友们的学习,为了中国这么一个处在音乐萌芽时代的国家,我做这些笔记是有很大的意义的。所以这次你长信的失落,逼得我留下一大段空白,怎么办呢?

可是事情不是没有挽回的。我们为了丢失那封信,二十多天的精神痛苦,不能不算是付了很大的代价;现在可不可以要求你也付些代价呢?只要你每天花一小时的功夫,连续三四天,补写一封长信给我们,事情就给补救了。而且你离开比赛时间久一些,也许你一切的观感倒反客观一些。我们极需要知道你对自己的演出的评价,对别人的评价——尤其是对于上四五名的。我一向希望你多发表些艺术感想,甚至对你弹的Chopin(肖邦)某几个曲子的感想。我每次信里都谈些艺术问题,或是报告你国内乐坛消息,无非想引起你的回响,同时也使你经常了解国内的情形。

……

倘说技巧问题,我敢担保,以你的根基而论,从去年八月到今年二月的成就,无论你跟世界上哪一位大师哪一个学派学习,都不可能超出这次比赛的成绩!你的才具,你的苦功,这一次都已发挥到最高度,老师教你也施展出他所有的本领和耐性!你可曾研究过program(节目单)上人家的学历吗?我是都仔细看过了的;我敢说所有参加比赛的人,除了非洲来的以外,没有一个人的学历像你这样可怜的——换句话说,跟到名师只有六七个月的竞选人,你是独一无二的例外!所以我在三月二十一日(第28号)信上就说拿你的根基来说,你的第三名实际是远超过了第三名。说得再明白些,你想:Harasiewicz(哈拉谢维兹),Askenasi(阿希肯纳齐),Ringeissen(林格森),这几位假如过去学琴的情形和你一样,只有十至十二岁半的时候,跟到一个Paci(百器),十七至十八岁跟到一个Bronstein(勃隆斯丹),再到比赛前七个

一九五五年

月跟到一个杰维茨基,你敢说,他们能获得第三名和 Mazurka(玛祖卡)奖吗?

我说这样的话,绝对不是鼓励你自高自大,而是提醒你过去六七个月,你已经尽了最大的努力,杰老师也尽了最大的努力。假如你以为换一个 school(学派),你六七个月的成就可以更好,那你就太不自量,以为自己有超人的天才了。一个人太容易满足固然不行,太不知足而引起许多不现实的幻想也不是健全的!这一点,我想也只有我一个人会替你指出来。假如我把你意思误会了(因为你的长信失落了,也许其中有许多理由,关于这方面的),那么你不妨把我的话当作"有则改之,无则加勉"。爸爸一千句、一万句,无非是为你好,为你个人好,也就是为我们的音乐界好,也就是为我们的祖国、人民,以及全世界的人类好!

我知道克利斯朵夫(晚年的)和乔治之间的距离,在一个动荡的时代是免不了的,但我还不甘落后,还想事事、处处追上你们、了解你们,从你们那儿汲取新生命、新血液、新空气,同时也想竭力把我们的经验和冷静的理智,献给你们,做你们一支忠实的手杖!万一有一天,你们觉得我这根手杖是个累赘的时候,我会感觉到,我会销声匿迹,决不来绊你们的脚!

你有一点也许还不大知道。我一生遇到重大的问题,很少不是找几个内行的、有经验的朋友商量的;反之,朋友有重大的事

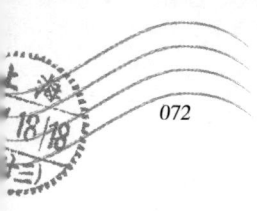

也很少不来找我商量的。我希望和你始终能保持这样互相帮助的关系。

……

说起 Berceuse（《摇篮曲》），大家都觉得你变了很多，认不得了；但你的 Mazurka，大家又认出你的面目了！是不是现在的 style 都如此？所谓自然、简单、朴实，是否可以此曲（照你比赛时弹的）为例？我特别觉得开头的 theme（旋律）非常单调，太少起伏，是不是我的 taste 已经过时了呢？

你去年盛称 Richter，阿敏二月中在国际书店买了他弹的 Schumann（舒曼）：The Evening（《晚上》），平淡得很；又买了他弹的 Schubert（舒伯特）：Moment Musicaux（《瞬间音乐》），那我可以肯定完全不行，笨重得难以形容，一点儿 Vienna（维也纳）风的轻灵、清秀、柔媚都没有，舒曼的我还不敢确定，他弹的舒伯特，则我断定不是舒伯特。可见一个大家要样样合格真不容易。

你是否已决定明年五月参加舒曼比赛，会不会妨碍你的正规学习呢？是否同时可以弄古典呢？你的古典功夫一年又一年地耽下去，我实在不放心。尤其你的 mentality（思想，心态），需要早早借古典作品的熏陶来维持它的平衡。我们学古典作品，当然不仅仅是为古典而古典，而尤其是为了整个人格的修养，尤其是为了感情太丰富的人的修养！

所以，我希望你和杰老师谈谈，同时自己也细细思忖一番，是否准备 Schumann 和研究古典作品可以同时并进？这些地方你必须紧紧抓住自己。我很怕你从此过的多半是选手生涯，选手生涯往往会限制大才的发展，影响一生的基础！

　　不知你究竟回国不回国？假如不回国，应及早对外声明，你的代表中国参加比赛的身份已经告终；此后是纯粹的留学生了。用这个理由可以推却许多邀请和群众的热情的（但是妨碍你学业的）表示。做一个名人也是有很大的危险的，孩子，可怕的敌人不一定是面目狰狞的，和颜悦色、一腔热爱的友情，有时也会耽误你许许多多宝贵的光阴。孩子，你在这方面极需要拿出勇气来！

　　我坐不住了，腰里疼痛难忍，只希望你来封长信安慰安慰我们。

五月八日

　　说到"不答复"，我又有了很多感慨。我自问：长篇累牍地给你写信，不是空唠叨，不是莫名其妙的 gossip（说长道短），而是有好几种作用的。第一，我的确把你当作一个讨论艺术，讨论音乐的对手；第二，极想激出你一些青年人的感想，让我做父亲的得些新鲜养料，同时也可以间接传布给别的青年；第三，借通信训练你的——不但是文笔，而尤其是你的思想；第四，我想时时刻刻，随处给你做个警钟，做面"忠实的镜子"，不论在做人方面，在生活细节方面，在艺术修养方面，在演奏姿态方面。我做父亲的只想做你的影子，既要随时随地帮助你、保护你，又要不让你对这个影子觉得厌烦。但我这许多心意，尽管我在过去的三十多封信中说了又说，你都似乎没有深刻的体会，因为你并没有适当的反应，就是说：尽量给我写信，"被动的"对我说的话或是表示赞成，或是表示异议，也很少"主动的"发表你的主张或感想——特别是从十二月以后。

你不是一个作家，从单纯的职业观点来看，固无须训练你的文笔。但除了多写之外，以你现在的环境，怎么能训练你的思想，你的理智，你的 intellect（才智）呢？而一个人思想、理智、intellect 的训练，总不能说不重要吧？多少读者来信，希望我多跟他们通信；可惜他们的程度与我相差太远，使我爱莫能助。你既然具备了足够的条件，可以和我谈各式各种的问题，也碰到我极热烈的渴望和你谈这些问题，而你偏偏很少利用！孩子，一个人往往对有在手头的东西（或是机会，或是环境，或是任何可贵的东西）不知珍惜，直到要失去了的时候再去后悔！这是人之常情，但我们不能因为是人之常情而宽恕我们自己的这种愚蠢，不想法去改正。

一九五五年

你不是抱着——腔热情,想为祖国、为人民服务吗?而为祖国、为人民服务是多方面的,并不限于在国外为祖国争光,也不限于用音乐去安慰人家——虽然这是你最主要的任务,我们的艺术家还需要把自己的感想、心得,时时刻刻传达给别人,让别人去作为参考的或者是批判的资料。你的将来,不光是一个演奏家,同时必须兼做教育家;所以你的思想、你的理智,更其需要训练,需要长时期的训练。我这个可怜的父亲,就在处处替你做这方面的准备,而且与其说是为你做准备,还不如说为中国音乐界做准备更贴切。孩子,一个人空有爱同胞的热情是没用的,必须用事实来使别人受到我的实质的帮助。这才是真正的道德实践。别以为我们要求你多写信是为了父母感情上的自私——其中自然也有一些,但决不是主要的。你很知道你一生受人家的帮助是应当用行动来报答的;而从多方面去锻炼自己就是为报答人家做基本准备。

五月十一日

孩子,别担心,你四月二十九、三十两信写得非常彻底,你的情形都报告明白了。我们决无误会。过去接不到你的信固然是痛苦,但一旦有了你的长信,明白了底细,我们哪里还会对你有

什么不快，只有同情你，可怜你补写长信，又开了通宵的"夜车"，使我们心里老大的不忍。你出国七八个月，写回来的信并没什么过火之处，偶尔有些过于相信人或是怀疑人的话，我也看得出来，也会打些小折扣。一个热情的人，尤其是青年，过火是免不了的；只要心地善良、正直，胸襟宽，能及时改正自己的判断，不固执己见，那就很好了。你不必多责备自己，只要以后多写信，让我们多了解你的情况，随时给你提提意见，那就比空自内疚、后悔挽救不了的"以往"，有意思多了。你说写信退步，我们都觉得你是进步。你分析能力比以前强多了，态度也和平得很。爸爸看文字多么严格，从文字上挑剔思想又多么认真，不会随便夸奖你的。

你回来一次的问题，我看事实上有困难。即使大使馆愿意再向国内请示，公文或电报往返，也需很长的时日，因为文化部外交部决定你的事也要做多方面的考虑。耽搁日子是不可避免的。而等到决定的时候，离联欢节已经很近，恐怕他们不大肯让你不在联欢节上参加表演，再说，便是让你回来，至早也要到六月底、七月初才能到家。而那时代表团已经快要出发，又要催你上道了。

以实际来说，你倘若为了要说明情形而回国，则大可不必，因为我已经完全明白，必要时我可以向文化部说明。倘若为了要和杰老师分手而离开一下波兰，那也并无作用。既然仍要回波学习，则调换老师是早晚的事，而早晚都得找一个说得过去的理由向杰老师做交代；换言之，你回国以后再去，仍要有个充分的借口方能离开杰老师。若这个借口，目前就想出来，则不回国也是一样。

以我们的感情来说，你一定懂得我们想见见你的心，不下于你想见见我们的心；尤其我恨不得和你长谈数日夜。可是我们不能只顾感情，我们不能不硬压着个人的愿望，而为你更远大的问题打算。

转苏学习一点，目前的确不很相宜。政府最先要考虑到邦交，你是波政府邀请去学习的，我政府正式接受之后，不上一年就调到别国，对波政府的确有不大好的印象。你是否觉得跟斯托姆卡学technic还是不大可靠？我的意思，倘若technic基本上有了method（方法），彻底改过了，就是已经上了正轨，以后的technic却是看自己长时期的努力了。我想经过三四年的苦功，你的technic不见得比苏联的一般水准（不说最特出的）差到哪里。即如H.（哈拉谢维兹）和Smangianka（斯曼齐安卡），前者你也说他技巧很好，后者我们亲自领教过了，的确不错。像Askenas（阿什肯纳齐）——这等人，天生在technic方面有特殊才能，不能作为一般的水准。所以你的症结是先要有一个好的方法，有了方法，以后靠你的聪明与努力，不必愁在这方面落后，即使不能希望和Horowitz（霍洛维茨）那样高明。因为以你的个性及长处，本来不是 virtuoso（技艺精湛的演奏家）的一型。总结起来，你现在的确非立刻彻底改 technic 不可，但不一定非上苏联不可。将来倒是为了音乐，需要在苏逗留一个时期。再者，人事问题到处都有，无论哪个国家，哪个名教授，到了一个时期，你也会觉得需要更换，更换的时节一定也有许多人事上及感情上的难处。

假定杰老师下学期调华沙是绝对肯定的，那么你调换老师很容易解决。我可以写信给他，说"我的意思你留在克拉可夫比较环境安静，在华沙因为中国代表团来往很多，其他方面应酬也多，对学习不大相宜，所以总不能跟你转往华沙，觉得很遗憾，但对你过去的苦心指导，我和聪都是十二分感激"，等等。（目前我听你的话，决不写信给他，你放心。）

假定杰老师调任华沙的事，可能不十分肯定，那么先要知道杰老师和 Sztomka（斯托姆卡）感情如何。若他们不像 Levy（恩斯特·莱维，瑞士作曲家、钢琴家和作家）与 Long（玛格丽特·朗，法国钢琴家）那样的对立，那么你可否很坦白、很诚恳的，直接向杰老师说明，大意如下：

"您过去对我的帮助，我终生不能忘记。您对古典及近代作品的理解，我尤其佩服得不得了。本来我很想跟您在这方面多多学习，无奈我在长时期的、一再的反省之下，觉得目前最急切的是要彻底地改一改我的 technic，我的手始终没有放松；而我深切地体会到方法不改将来很难有真正的进步；而我的年龄已经在音乐技巧上到了一个 critical age（关键期），再不打好基础，就要来不及了，所以我想暂时跟斯托姆卡先生把手的问题彻底解决。希望老师谅解，我决不是忘恩负义（ungrateful）；我的确很真诚地感谢您，以后还要回到您那儿请您指导的。"

　　我认为一个人只要真诚，总能打动人的；即使人家一时不了解，日后仍会了解的。我这个提议，你觉得如何？因为我一生做事，总是第一坦白，第二坦白，第三还是坦白。绕圈子，躲躲闪闪，反易叫人疑心；你要手段，倒不如光明正大，实话实说，只要态度诚恳、谦卑、恭敬，无论如何人家不会对你怎么的。我的经验，和一个爱弄手段的人打交道，永远以自己的本来面目对付，他也不会用手段对付你，倒反看重你的。你不要害怕，不要羞怯，不要不好意思；但话一定要说得真诚老实。既然这是你一生的关键，就得拿出勇气来面对事实，用最光明正大的态度来应付，无须那些不必要的顾虑，而不说真话！就是在实际做的时候，要注意措辞及步骤。只要你的感情是真实的，别人一定会感觉到，不会误解的。你当然应该向杰老师表示你的确很留恋他，而且有"鱼与熊掌不可得兼"的遗憾。即使杰老师下期一定调任，最好你也现在就和他说明；因为至少六月份一个月你还可以和斯托姆卡学 technic，一个月，在你是有很大出入的！

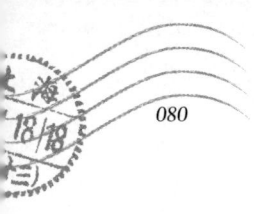

以上的话，希望你静静地想一想，多想几回。

另外你也可向 Ewa 太太讨主意，你把实在的苦衷跟她谈一谈，征求她的意见，把你直接向杰老师说明的办法问问她。

最后，倘若你仔细考虑之后，觉得非转苏学习不能解决问题，那么只要我们的政府答应（只要政府认为在中波邦交上无影响），我也并不反对。

你考虑这许多细节的时候，必须心平气和，精神上很镇静，切勿烦躁，也切勿焦急。有问题终得想法解决，不要怕用脑筋。我历次给你写信，总是非常冷静、非常客观的。唯有冷静与客观，终能想出最好的办法。

对外国朋友固然要客气，也要阔气，但必须有分寸。像西卜太太之流，到处都有，你得提防。巴尔扎克小说中人物，不是虚造的。人的心理是：难得收到的礼，是看重的，常常得到的不但不看重，反而认为是应享的权利，临了非但不感激，倒容易生怨望，所以我特别要嘱咐你"有分寸"！

以下要谈两件艺术的技术问题：

恩德又跟了李先生学，李先生指出她不但身体动作太多，手的动作也太多，浪费精力之外，还影响到她的 technic 和 speed（速度），和 tone 的深度。记得裘伯伯也有这个毛病，一双手老是扭来扭去。我顺便和你提一提，你不妨检查一下自己。关于身体摇

一九五五年

摆的问题,我已经和你谈过好多次,你都没答复,下次来信务必告诉我。

其次是,有一晚我要恩德随便弹一支 Brahms(勃拉姆斯)的 Intermezzo(《间奏曲》),一开场 tempo 就太慢,她一边哼唱一边坚持说不慢。后来我要她停止哼唱,只弹音乐,她弹了二句,马上笑了笑,把 tempo 加快了。由此证明,哼唱有个大缺点,容易使 tempo 不准确。哼唱是个极随意的行为,快些、慢些、吟哦起来都很有味道;弹的人一边哼一边弹,往往只听见自己哼的调子,觉得很自然很舒服,而没有留神听弹出来的音乐。我特别报告你这件小事,因为你很喜欢哼的。我的意思,看谱的时候不妨多哼,弹的时候尽量少哼,尤其在后来,一个曲子相当熟的时候,只宜于"默唱",暗中在脑筋里哼。

此外,我也跟恩德提了以下的意见:

自己弹的曲子,不宜尽弹,而常常要停下来想想,想曲子的 picture(意境),追问自己究竟要求的是怎样一个境界,这是使你明白 what you want(你所要的),而且先在脑子里推敲曲子的结构、章法、起伏、高潮、低潮,等等。尽弹而不想,近乎 improvise(即兴创作),弹到哪里算哪里,往往一个曲子练了二三个星期,自己还说不出哪一种弹法(interpretation)最满意,或者是有过一次最满意的 interpretation,而以后再也找不回来(这是恩德常犯的

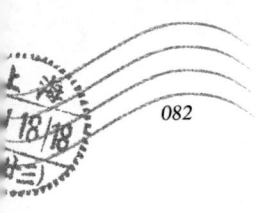

毛病)。假如照我的办法作,一定可能帮助自己的感情更明确而且稳定!

其次,到先生那儿上过课以后,不宜回来马上在琴上照先生改的就弹,而先要从头至尾细细看谱,把改的地方从整个曲子上去体会,得到一个新的 picture,再在琴上试弹,弹了二三遍,停下来再想再看谱,把老师改过以后的曲子的表达,求得一个明确的 picture。然后再在脑子里把自己原来的 picture 与老师改过以后的 picture 做个比较,然后再在琴上把两种不同的境界试弹,细细听,细细辨,究竟哪个更好,还是部分接受老师的,还是全盘接受,还是全盘不接受。不这样做,很容易"只见其小,不见其大",光照了老师的一字一句修改,可能通篇不连贯,失去脉络,弄得支离破碎,非驴非马,既不像自己,又不像老师,把一个曲子搅得一团糟。

我曾经把上述两点问李先生觉得如何,她认为是很内行的意见,不知你觉得怎样?

你二十九信上说 Michelangeli(米开兰琪利)的演奏,至少在"身如 rock"一点上使我很向往。这是我对你的期望——最殷切的期望之一!唯其你有着狂热的感情,无穷的变化,我更希望你做到身如 rock,像统率三军的主帅一样。这用不着老师讲,只消自己注意,特别在心理上、精神上,多多修养,做到能入能出的程度。你早已是"能入"了，现在需要努力的是"能出"！那我保证你对古典及近代作品的风格及精神，都能掌握得很好。

　　你来信批评别人弹的肖邦，常说他们 cold（冷漠）。我因此又想起了以前的念头：欧洲自从十九世纪，浪漫主义在文学艺术各方面到了高潮以后，先来一个写实主义与自然主义的反动（光指文学与造型艺术言），接着在二十世纪前后更来了一个普遍的反浪漫底克思潮。这个思潮有两个表现：一是非常重感官（sensual），在音乐上的代表是 R.Strauss（理查·施特劳斯），在绘画上是马蒂斯；一是非常的 intellectual（理智），近代的许多作曲家都如此。绘画上的 Picasso（毕加索）亦可归入此类。近代与现代的人一反十九世纪的思潮，另走极端，从过多的感情走到过多的 mind（理智）的路上去了。演奏家自亦不能例外。肖邦是个半古典半浪漫底克的人，所以现代青年都弹不好。反之，我们中国人既没有上一世纪像欧洲那样的浪漫底克狂潮，民族性又是颇有 olympic（奥林匹克）（希腊艺术的最高理想）精神，同时又有不太过分的浪漫底克精神，如汉魏的诗人，如李白，如杜甫（李后主算是最 romantic 的一个，但比起西洋人，还是极含蓄而讲究 taste 的），所以我们先天的具备表达肖邦相当优越的条件。

　　我这个分析，你认为如何？

　　反过来讲，我们和欧洲真正的古典，有时倒反隔离得远一些。

真正的古典是讲雍容华贵，讲 graceful（优美），elegant（雅致），moderate（中庸）。但我们也极懂得 discreet（慎重），也极讲中庸之道，一般青年人和传统不亲切，或许不能抓握这些，照理你是不难体会得深刻的。有一点也许你没有十分注意，就是欧洲的古典还多少带些宫廷气味，路易十四式的那种宫廷气味。

对近代作品，我们很难和欧洲人一样的浸入机械文明，也许不容易欣赏那种钢铁般的纯粹机械的美，那种"寒光闪闪"的 brightness（光芒），那是纯理智、纯 mind 的东西。

……

环境安静对你的精神最要紧。做事要科学化，要彻底！我恨不得在你身边，帮你解决并安排一切物质生活，让你安心学习，节省你的精力与时间，使你在外能够事半功倍，多学些东西，多把心思花在艺术的推敲与思索上去。一个艺术家若能很科学地处理日常生活，他对他人的贡献一定更大！

五月二日来信使我很难受。好孩子，不用焦心，我决不会怨你的，要说你不配做我的儿子，那我更不配做你父亲了，只要我能帮助你一些，我就得了最大的酬报。我真是要拿我所有的知识、经验、心血，尽量给你做养料，只要你把我每封信多看几遍，好好的思索几回，竭力吸收，"身体力行"地实践，我就快乐得难以形容了。

我又细细想了想杰老师的问题，觉得无论如何，还是你自己和他谈为妙。他年纪这么大，人生经验这么丰富，一定会谅解你的，倒是绕圈子，不坦白，反而令人不快。西洋人一般地都喜欢直爽。但你一定要切实表示对他的感激，并且声明以后还是要回去向他学习的。

这件事望随时来信商讨，能早一天解决，你的技巧就可早一天彻底改造。关于一面改技巧、一面练曲的冲突，你想过没有？如何解决？恐怕也得向 Sziomka 先生请教请教，先做准备为妥。

六月十六日

你现在对杰老师的看法也很对。"做人"是另外一个问题，与教学无关。对谁也不能苛求。你能继续跟杰老师上课，我很赞成，千万不要驼子摔跤，两头不着。有个博学的老师指点，总比自己摸索好，尽管他有些见解与你不同。但你还年轻，musical literature（音乐类著作）的接触真是太有限了，乐理与曲体的知识又是几乎等于零，更需要虚心一些，多听听年长的，尤其是一个 scholarship（学问）很高的人的意见。

有一点，你得时时刻刻记住：你对音乐的理解，十分之九是凭你的审美直觉；虽则靠了你的天赋与民族传统，这直觉大半是准确的，但究竟那是西洋的东西，除了直觉以外，仍需要理论方面的，逻辑方面的，史的发展方面的知识来充实；即使是你的直觉；也还要那些学识来加以证实，自己才能放心。所以便是以口味而论觉得格格不入的说法，也得采取保留态度，细细想一想，多辨别几时，再做断语。这不但对音乐为然，治一切学问都要有这个态度。所谓冷静、客观、谦虚，就是指这种实际的态度。

来信说学习主要靠mind（智力），ear（听力），及敏感，老师的帮助是有限的。这是因为你的理解力强的缘故，一般弹琴的，十分之六七以上都是要靠老师的。这一点，你在波兰同学中想必也看得很清楚。但一个有才的人也有另外一个危机，就是容易自以为是地钻牛角尖。所以才气越高，越要提防，用solid（扎实）的学识来充实，用冷静与客观的批评精神，持续不断地检查自己。唯有真正能做到这一步，而且终身地做下去，才能成为一个真正的艺术家。

一扯到艺术，一扯到做学问，我的话就没有完，只怕我写得太多，你一下子来不及咀摸。

来信提到Chopin的*Berceuse*的表达，很有意思。以后能多写这一类的材料，最欢迎。

还要说两句有关学习的话，就是我老跟恩德说的："要有耐性，不要操之过急。越是心平气和,越有成绩。时时刻刻要承认自己是笨伯,不怕做笨功夫,那就不会期待太切,稍不进步就慌乱了。"对你,第一要紧是安排时间,多多腾出无谓的"消费时间",我相信假如你在波兰能像在家一样,百事不打扰:每天都有七八小时在琴上,你的进步一定更快!

我译的莫扎特的论文,有些地方措辞不大妥当,望切勿"以辞害意"。尤其是说到"肉感",实际应该这样了解:"使感官觉得愉快的。"原文是等于英文的 sensual(感官上的)。

十二月十一日夜

"毛选"中的《实践论》及《矛盾论》,可多看看,这是一切理论的根底。此次寄你的书中,一部分是纯理论,可以帮助你对马列主义及辩证法有深切了解。为了加强你的理智和分析能力,帮助你头脑冷静,彻底搞通马列及辩证法是一条极好的路。我本来富于科学精神,看这一类书觉得很容易体会,也很有兴趣,因为事实上我做人的作风一向就是如此的。你感情重,理智弱,意志尤其弱,亟须从这方面多下工夫。否则你将来回国以后,什么事都要格外赶不上的。

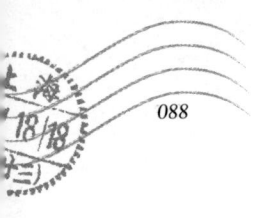

　　住屋及钢琴两事现已圆满解决，理应定下心来工作。倘使仍觉得心绪不宁，必定另有原因，索性花半天工夫仔细检查一下，病根何在？查清楚了才好对症下药，廓清思想。老是蒙着自己，不正视现实，不正视自己的病根，而拖泥带水，不晴不雨地糊下去，只有给你精神上更大的害处。该拿出勇气来，彻底清算一下。

　　廓清思想，心绪平定以后，接着就该周密考虑你的学习计划，把正规的学习和明春的灌片及南斯拉夫的演奏好好结合起来。事先多问问老师意见，不要匆促决定。决定后勿轻易更动。同时望随时来信告知这方面的情况。前信（51号）要你谈谈技巧与指法手法，于你今后的学习很有帮助：我们不是常常对自己的工作（思想方面亦然如此）需要来个"小结"吗？你给我们谈技巧，就等于你自己做小结。千万别懒洋洋地拖延！我等着，同时不要一次写完，一次写必有遗漏，一定要分几次写才写得完全；写得完全是表示你考虑得完全，回忆得清楚，思考也细致深入。你务必听我的话，照此办法做。这也是一般工作方法的极重要的一个原则。

　　……我素来不轻信人言，等到我告诉你什么话，必有相当根据，而你还是不大重视，轻描淡写。这样的不知警惕，对你将来是危险的！一个人妨碍别人，不一定是因为本性坏，往往是因为头脑不清，不知利害轻重。所以你在这些方面没有认清一个人的时候，切忌随口吐露心腹。一则太不考虑和你说话的对象，二则

一九五五年

太不考虑事情所牵涉的另外一个人。(还不止一个呢!)来信提到这种事,老是含混得很。去夏你出国后,我为另一件事写信给你,要你检讨,你以心绪恶劣推掉了。其实这种作风,这种逃避现实的心理是懦夫的行为,决不是新中国的青年所应有的。你要革除小布尔乔亚根性,就要从这等地方开始革除!

别怕我责备!(这也是小布尔乔亚的懦怯。)也别怕引起我心烦。爸爸不为儿子烦心,为谁烦心?爸爸不帮助孩子,谁帮助孩子?儿子苦闷不向爸爸求救,向谁求救?你这种顾虑也是一种短视的温情主义,要不得!懦怯也罢,温情主义也罢,总之是反科学、反马列主义。为什么一个人不能反科学、反马列主义?因为要生活得好,对社会尽贡献,就需要把大大小小的事,从日常生活、感情问题,一直到学习、工作、国家大事,一贯地用科学方法、马列主义的方法,去分析,去处理。批评与自我批评所以能成为有力的武器,也就在于它能培养冷静的科学头脑,对己、对人、对事,都一视同仁,做不偏不倚的检讨。而批评与自我批评最需要的是勇气,只要存着一丝一毫懦怯的心理,批评与自我批评便永远不能做得彻底。我并非说有了自我批评(即挖自己的根),一个人就可以没有烦恼。不是的,烦恼是永久免不了的,就等于矛盾是永远消灭不了的一样。但是不能因为眼前的矛盾消灭了将来照样有新矛盾,就此不把眼前的矛盾消灭。挖了根,至

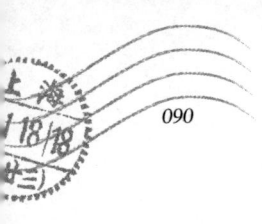

少可以消灭眼前的烦恼。将来新烦恼来的时候，再去消灭新烦恼。挖一次根，至少可以减轻烦恼的严重性，减少它危害身心的可能；不挖根，老是有些思想的、意识的、感情的渣滓积在心里，久而久之，成为一个沉重的大包袱，慢慢地使你心理不健全，头脑不冷静，胸襟不开朗，创造更多的新烦恼的因素。这一点不但与马列主义的理论相合，便是与近代心理分析和精神病治疗的研究结果也相合。

至于过去的感情纠纷，时时刻刻来打扰你的缘故，也就由于你没仔细挖根。我相信你不是爱情至上主义者，而是真理至上主义者；那么你就该用这个立场去分析你的对象（不论是初恋的还是以后的），你跟她（不管是谁）在思想认识上，真理的执着上，是否一致或至少相去不远？从这个角度上去把事情解剖清楚，许多烦恼自然迎刃而解。你也该想到，热情是一朵美丽的火花，美则美矣，无奈不能持久。希望热情能永久持续，简直是愚妄；不考虑性情、品德、品格、思想等，而单单执着于当年一段美妙的梦境，希望这梦境将来会成为现实，那么我警告你，你可能遇到悲剧！世界上很少如火如荼的情人能成为美满的、白头偕老的夫妇的；传奇式的故事，如但丁之于裴阿脱里克斯，所以成为可哭可泣的千古艳事，就因为他们没有结合；但丁只见过几面（似乎只有一面）裴阿脱里克斯。歌德的太太克里斯丁纳是个极庸俗的女子，但歌德的艺术成就，是靠了和平宁静的夫妇生活促成的。过去的罗曼史，让它成为我们一个美丽的回忆，作为一个终身怀念的梦，我认为是最明哲的办法。老是自苦是只有消耗自己的精力，对谁都没有裨益的。孩子，以后随时来信，把苦闷告诉我，我相信还能凭一些经验安慰你呢。爸爸受的痛苦不能为儿女减除一些危险，那么爸爸的痛苦也是白受了。但希望你把苦闷的缘由写得详细些（就是要你自己先分析一个透彻），免得我空发议论，无关痛痒的对你没有帮助。好了，再见吧，多多来信，来信分析你自己就是一种发泄，而且是有益于心理卫生的发泄。爸爸还有足够的勇气担受你的苦闷，相信我吧！你也有足够的力量摆脱烦恼，有足够的勇气正视你的过去，我也相信你！

十二月二十一日晨

你在国外求学，"厉行节约"四字也应该竭力做到。我们的家用，从上月起开始每周做决算，拿来与预算核对，看看有否超过。若有，要研究原因，下周内就得设法防止。希望你也努力，因为你音乐会收入多，花钱更容易不假思索，满不在乎。至于后面两条，我建议为了你，改成这样的口号：反对分散使用精力，坚决贯彻

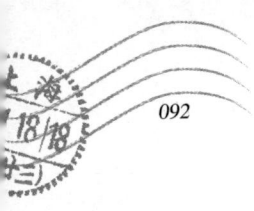

重点学习的方针。今夏你来信说,暂时不学理论课程,专攻钢琴,以免分散精力,这是很对的。但我更希望你把这个原则再推进一步,再扩大,在生活细节方面都应用到。而在乐曲方面,尤其要时时注意。首先要集中几个作家。作家的选择事先可郑重考虑;决定以后切勿随便更改,切勿看见新的东西而手痒心痒——至多只宜做辅助性质的附带研究,而不能喧宾夺主。其次是练习的时候要安排恰当,务以最小限度的精力与时间,获得最大限度的成绩为原则。和避免分散精力连带的就是重点学习。选择作家就是重点学习的第一个步骤;第二个步骤是在选定的作家中再挑出几个最有特色的乐曲。譬如巴赫,你一定要选出几个典型的作品,代表他键盘乐曲的各个不同的面目的。这样,你以后对于每一类的曲子,可以举一反三,自动地找出路子来了。这些道理,你都和我一样地明白。我所以不惮烦琐地和你一再提及,因为我觉得你许多事都是知道了不做。学习计划,你从来没和我细谈,虽然我有好几封信问你。从现在起到明年(一九五六)暑假,你究竟决定了哪些作家、哪些作品?哪些作品作为主要的学习,哪些作为次要与辅助性质的?理由何在?这种种,无论如何希望你来信详细讨论。我屡次告诉你:多写信多讨论问题,就是多些整理思想的机会,许多感性认识可以变作理性认识。这样重要的训练,你是不能漠视的。只消你看我的信就可知道。至于你忙,我也知道;

一九五五年

但我每个月平均写三封长信,每封平均有三千字,而你只有一封,只及我的三分之一:莫非你忙的程度,比我超过百分之二百吗?问题还在于你的心情:心情不稳定,就懒得动笔。所以我这几封信,接连地和你谈思想问题,急于要使你感情平静下来。做爸爸的不要求你什么,只要求你多写信,多写有内容有思想实质的信;为了你对爸爸的爱,难道办不到吗?我也再三告诉过你,你一边写信整理思想,一边就会发现自己有很多新观念;无论对人生,对音乐,对钢琴技巧,一定随时有新的启发,可以帮助你今后的学习。这样一举数得的事,怎么没勇气干呢?尤其你这人是缺少计划性的,多写信等于多检查自己,可以纠正你的缺点。当然,要做到"不分散精力""重点学习""多写信,多发表感想,多报告计划",最基本的是要能抓紧时间。你该记得我的生活习惯吧?早上一起来,洗脸,吃点心,穿衣服,没一件事不是用最快的速度赶着做的;而平日工作的时间,尽量不接见客人,不出门;万一有了杂务打岔,就在晚上或星期日休息时间补足错失的工作。这些都值得你模仿。要不然,怎么能抓紧时间呢?怎么能不浪费光阴呢?如今你住的地方幽静,和克拉可夫音乐院宿舍相比,有天渊之别;你更不能辜负这个清静的环境。每天的工作与休息时间都要安排妥当,避免一切突击性的工作。你在国外,究竟不比国内常常有政治性的任务。临时性质的演奏也不会太多,而且宜尽量推辞。正式的音

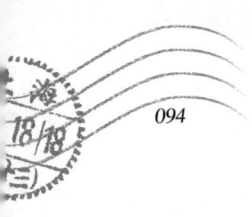

乐会,应该在一个月以前决定,自己早些安排练节目的日程,切勿在期前三四天内日夜不停地"赶任务",赶出来的东西总是不够稳,不够成熟的;并且还要妨碍正规学习;事后又要筋疲力尽,仿佛人要瘫下来似的。

我说了那么多,又是你心里都有数的话,真怕你听腻了,但也真怕你不肯下决心实行。孩子,告诉我,你已经开始在这方面努力了,那我们就安慰了,高兴了。

十二月二十七日午

以音乐而论,我觉得你的《协奏曲》非常含蓄,绝无鲁宾斯坦那种感伤情调,你的情感都是内在的。第一乐章的技巧不尽完整,结尾部分似乎很显明的有些毛病。第二乐章细腻之极,touch(触键)是 delicate(精致)之极。最后一章非常 brilliant(精彩)。《摇篮曲》比颁奖音乐会上的好得多,mood(情绪)也不同,更安静。《幻想曲》全部改变了:开头的引子,好极,沉着,庄严,贝多芬气息很重。中间那段 slow(缓慢)的 singing part(歌唱片段),以前你弹得很 tragic(悲怆)的,很 sad(悲伤)的,现在是一种惆怅的情调。整个曲子像一座巍峨的建筑,给人以厚重、扎实、条理分明、波涛汹涌而意志很热的感觉。

李先生说你的协奏曲，左手把 rhythm（韵律）控制得稳极，rubato（音的起伏）很多，但不是书上的，也不是人家教的，全是你心中流出来的。她说从国外回来的人常说现在弹肖邦都没有 rubato 了，她觉得是不可能的；听了你的演奏，才证实她的怀疑并不错。问题不是没有 rubato，而是怎样的一种 rubato。

《玛祖卡》，我听了四遍以后才开始捉摸到一些，但还不是每支都能体会。我至此为止是能欣赏了 Op.59, No.1（作品五十九之一）；Op.68, No.4（作品六十八之四）；Op.41, No.2（作品四十一之二）；Op.33, No.1（作品三十三之一）。Op.68, No.4（作品六十八之四）的开头像是几句极凄怨的哀叹。Op.41, No.2（作品四十一之二）中间一段，几次感情欲上不上，几次悲痛冒上来又压下去，到最后才大恸之下，痛哭出声。第一支最长的 OP.56, No.3（作品五十六之三），因为前后变化多，还来不及抓握。阿敏却极喜欢，恩德也是的。她说这种曲子如何能学，我认为不懂什么叫作"tone colour"（音色）的人，一辈子也休想懂得一丝半毫，无怪几个小朋友听了无动于衷，colour sense（音色领悟力）也是天生的。孩子，你真怪，不知你哪儿来的这点悟性！斯拉夫民族的灵魂，居然你天生是具备的。斯克里亚宾的 *Prélude*（《前奏曲》）既弹得好，《玛祖卡》当然不会不好。恩德说，这是因为中国民族性的博大，无所不包，所以什么别的民族的东西都能体会得深刻。*Notre-Temps No.2*（《我们的时代》第二号）好似太拖拖拉拉，节奏感不够。我们又找出鲁宾斯丹的片子来听了，觉得他大部分都是节奏强，你大部分是诗意浓；他的音色变化不及你的多。

妈妈觉得《旅行家》杂志很有意思，预备另订一份寄你。其中不但可以看到许多有趣的游记，还可以体会到祖国建设及各方面人才的众多。

一九五六年

一月四日深夜

我劝你千万不要为了技巧而烦恼,主要是常常静下心来,细细思考,发掘自己的毛病,寻找毛病的根源,然后想法对症下药,或者向别的师友讨教。烦恼只有打扰你的学习,反而把你的技巧拉下来。共产党员常常强调:"克服困难",要克服困难,先得镇定!只有多用头脑才能解决问题。同时也切勿操之过急,假如经常能有些少许进步,就不要灰心,不管进步得多么少。而主要还在于内心的修养,性情的修养:我始终认为手的紧张和整个身心有关系,不能机械地把"手"孤立起来。练琴的时间必须正常化,不能少,也不能多;多了整个的人疲倦之极,只会有坏结果。要练琴时间正常,必须日常生活科学化,计划化,纪律化!假定有事出门,回来的时间必须预先肯定,在外面也切勿难为情,被人家随便多留，才能不打乱事先定好的日程。

二十九日寄你两份《旅行家》，以后每期寄你。内容太精彩了，你不但可以看着消遣，还可以看到祖国建设的成绩和各方面新出的人才，真是令人兴奋。

一月二十日

昨天接一月十日来信，和另外一包节目单，高兴得很。第一，你心情转好了，第二，一个月里你来两封信，已经是十个多月没有的事了。只担心一件，一天十二小时的工作对身心压力太重。我明白你说的"十二小时绝对必要"的话，但这句话背后有一个很重要的原因：倘使你在十一十二两月中不是常常烦恼，每天保持——不多说——六七小时的经常练琴，我断定你现在就没有一天练十二小时的"必要"。你说是不是？从这个经验中应得出一个教训：以后即使心情有波动，工作可不能松弛。平日练八小时的，在心绪不好时减成六七小时，那是可以原谅的，也不至于如何妨碍整个学习进展。超过这个尺寸，到后来势必要加紧突击，影响身心健康。往者已矣，来者可追，孩子，千万记住：下不为例！何况正规工作是驱除烦恼最有效的灵药！我只要一上桌子，什么

一九五六年

苦闷都会暂时忘掉。

我九日航挂寄出的关于肖邦的文章20页，大概收到了吧？其中再三提到他的诗意，与你信中的话不谋而合。那文章中引用的波兰作家的话（见第一篇《少年时代》3-4页），还特别说明那"诗意"的特点。又文中提及的两支 Valse（《华尔兹》），你不妨练熟了，当作 encore piece（加奏乐曲）用。我还想到，等你南斯拉夫回来，应当练些 Chopin 的 Prélude（《前奏曲》）。这在你还是一页空白呢！等我有空，再弄些材料给你，关于 Prélude 的，关于肖邦的 piano method（钢琴手法）的。

《协奏曲》第二乐章的情调，应该一点不带感伤情调，如你来信所说，也如那篇文章所说的。你手下表现的 Chopin，的确毫无一般的感伤成分。我相信你所了解的 Chopin 是正确的，与 Chopin 的精神很接近——当然谁也不敢说完全一致。你谈到他的 rubato（音的起伏）与音色，比喻甚精彩。这都是很好的材料，有空随时写下来。一个人的思想，不动笔就不大会有系统；日子久了，也就放过去了，甚至于忘了，岂不可惜！就为这个缘故，我常常逼你多写信，这也是很重要的"理性认识"的训练。而且我觉得你是很能写文章的，应该随时练习。

你这一行的辛苦，当然辛苦到极点。就因为这个，我屡次要你生活正规化，学习正规化。不正规如何能持久？不持久如何能

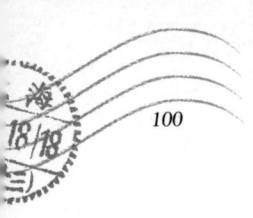

有成绩?如何能巩固已有的成绩?以后一定要安排好,控制得牢,万万不能"空"与"忙"调配得不匀,免得临时着急,日夜加工地赶任务。而且作品的了解与掌握,就需要长时期地慢慢消化、咀嚼、吸收。这些你都明白得很,问题在于实践!

一月二十二日晚

今日星期,花了六小时给你弄了一些关于肖邦与德彪西(法国作曲家)的材料。关于tempo rubato(速度伸缩)的部分,你早已心领神会,不过看了这些文字更多一些引证罢了。他的piano metho(钢琴手法),似乎与你小时候从Paci(百器)那儿学的一套很像,恐怕是李斯特从Chopin那儿学来,传给学生,再传到Paci的。是否于你有帮助,不得而知。

前天早上听了电台放的Rubinstein(鲁宾斯丹)弹的emin. Concerto(《e小调协奏曲》),(当然是老灌音),觉得你的批评一点不错。他的rubato很不自然;第三乐章的两段(比较慢的,出现过两次,每次都有三四句,后又转到minor[小调]的),更糟不可言。转minor的二小句也牵强生硬。第二乐章全无singing(流畅感)。第一乐章纯是炫耀技巧。听了他的,才知道你弹的尽管 simple（简单），music（乐感）却是非常丰富的。孩子，你真行！怪不得斯曼齐安卡前年冬天在克拉可夫就说："想不到这支 Concerto（《协奏曲》）会有这许多 music！"

今天寄你的文字中，提到肖邦的音乐有"非人世的"气息，想必你早体会到；所以太沉着，不行；太轻灵而客观也不行。我觉得这一点近于李白，李白尽管飘飘欲仙，却不是德彪西那一派纯粹造型与讲气氛的。

二月八日

早想写信给你了，这一向特别忙。连着几天开会。小组讨论后又推我代表小组发言，回家就得预备发言稿；上台念起来，普通话不行，又须事先练几遍，尽量纠正上海腔。结果昨天在大会上发言，仍不免"蓝青（上海话，不地道）"得很，不过比天舅舅他们的"蓝青"是好得多。开了会，回家还要做传达报告，我自己也有许多感想，一面和妈妈、阿敏讲，一面整理思想。北京正在开全国政协会，材料天天登出来；因为上海政协同时也开会，便没时间细看。但忙里抢看到一些，北京大会上的发言，有些很精彩，提的意见很中肯。上海这次政协开会，比去年五月大会的

情况也有显著进步。上届大会是歌功颂德的空话多；这一回发言的人都谈到实际问题了。这样，开会才有意义，对自己，对人民，对党都有贡献。政府又不是要人成天捧场，但是人民的进步也是政府的进步促成的。因为首长的报告有了具体内容，大家发言也跟着有具体内容了。以后我理些材料寄你。

勃隆斯丹太太有信来。她电台广播已有七八次。她们生活很苦，三十五万人口的城市中有七百五十名医生，勃隆斯丹医生就苦啦，据说收入连付一部分家用开支都不够。

寄来的法、比、瑞士的材料，除了一份以外，字里行间，非常清楚的对第一名不满意，很显明是关于他只说得了第一奖，多少钱；对他的演技一字不提。英国的报导也只提你一人。可惜这些是一般性的新闻报道，太简略。法国的《法国晚报》的话讲得最显明："不管奖金的额子多么高，也不能使一个二十岁的青年得到成熟与性格"——这句中文译得不好，还是译成英文吧："The prize in acompetition, however high it maybe, is not sufficient to give a pianist of 20 the maturity and personality." "尤其是头几名分数的接近，更不能说 the winner has won definitely（冠军实至名归）。总而言之，将来的时间和群众会评定的。在我们看来, the revelation of V Competition of Chopin is the Chinese pianist Fou Ts'ong, who stands very highly above the other competitors by a refined culture and quite matured sensitivity。(在第五届肖邦钢琴比赛中,拥有丰富文化背景与成熟领悟能力的中国钢琴家傅聪,才华毕露,出类拔萃。)"这是几篇报道中,态度最清楚的。

二月十三日

一般小朋友,在家自学的都犯一个大毛病:太不关心大局,对社会主义的改造事业很冷淡。我和名强、酉三、子歧都说过几回,不发生作用。他们只知道练琴。这样下去,少年变了老年。与社会脱节,真正要不得。我说少年变了老年,还侮辱了老年人呢!今日多少的老年人都很积极,头脑开通。便是宋家婆婆也是脑子清楚得很。那般小朋友的病根,还是在于家庭教育。家长们只看见你以前关门练琴,可万万想不到你同样关心琴以外的学问和时局;也万万想不到我们家里的空气绝对不是单纯的,一味的音乐,音乐,音乐的!当然,小朋友们自己的聪明和感受也大有关系;否则,为什么许多保守顽固的家庭里照样会有精神蓬勃的子弟呢?

……你最要紧的是抓紧时间,生活纪律化、科学化;休息时间也不能浪费!还有学习的计划务必严格执行,切勿随意更改!

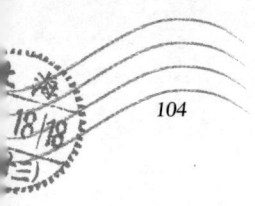

二月二十九日夜

昨天整理你的信,又有些感想。

关于莫扎特的话,例如说他天真、可爱、清新,等等,似乎很多人懂得;但弹起来还是没有那天真、可爱、清新的味儿。这道理,我觉得是"理性认识"与"感情深入"的分别。感性认识固然是初步印象,是大概的认识;理性认识是深入一步,了解到本质。但是艺术的领会,还不能以此为限。必须再深入进去,把理性所认识的,用心灵去体会,才能使原作者的悲欢喜怒化为你自己的悲欢喜怒,使原作者每一根神经的震颤都在你的神经上引起反响。否则即使道理说了一大堆,仍然是隔了一层。一般艺术家的偏于 intellectual(理性),偏于 cold(冷漠),就因为他们停留在理性认识的阶段上。

比如你自己,过去你未尝不知道莫扎特的特色,但你对他并没发生真正的共鸣;感之不深,自然爱之不切了;爱之不切,弹出来当然也不够味儿;而越是不够味儿,越是引不起你兴趣。如此循环下去,你对一个作家当然无从深入。

这一回可不然,你的确和莫扎特起了共鸣,你的脉搏跟他的脉搏一致了，你的心跳和他的同一节奏了；你活在他的身上，他也活在你身上；你自己与他的共同点被你找出来了，抓住了，所以你才会这样欣赏他，理解他。

由此得到一个结论：艺术不但不能限于感性认识，还不能限于理性认识，必须要进行第三步的感情深入。换言之，艺术家最需要的，除了理智以外，还有一个"爱"字！所谓赤子之心，不但指纯洁无邪，指清新，而且还指爱！法文里有句话叫作"伟大的心"，意思就是"爱"，这"伟大的心"几个字，真有意义。而且这个爱决不是庸俗的，婆婆妈妈的感情，而是热烈的、真诚的、洁白的、高尚的、如火如荼的、忘我的爱。

从这个理论出发，许多人弹不好东西的原因都可以明白了。光有理性而没有感情，固然不能表达音乐；有了一般的感情而不是那种火热的同时又是高尚、精练的感情，还是要流于庸俗；所谓 sentimental（感伤），我觉得就是指的这种庸俗的感情。

一切伟大的艺术家（不论是作曲家，是文学家，是画家……）必然兼有独特的个性与普遍的人间性。我们只要能发掘自己心中的人间性，就找到了与艺术家沟通的桥梁。再若能细心揣摩，把他独特的个性也体味出来，那就能把一件艺术品整个儿了解了——当然不可能和原作者的理解与感受完全一样，了解的多少、深浅、广狭，还是大有出入；而我们自己的个性也在中间发生不小的作用。

大多数从事艺术的人，缺少真诚。因为不够真诚，一切都在嘴里随便说说，当作唬人的幌子，装自己的门面，实际只是拾人牙慧，并非真有所感。所以他们对作家决不能深入体会，先是对自己就没有深入分析过。这个意思，克利斯朵夫（在第二册内）也好像说过的。

真诚是第一把艺术的钥匙。知之为知之，不知为不知。真诚的"不懂"，比不真诚的"懂"，还叫人好受些。最可厌的莫如自以为是，自作解人。有了真诚，才会有虚心，有了虚心，才肯丢开自己去了解别人，也才能放下虚伪的自尊心去了解自己。建筑在了解自己了解别人上面的爱，才不是盲目的爱。

而真诚是需要长时期从小培养的。社会上，家庭里，太多的教训使我们不敢真诚，真诚是需要很大的勇气做后盾的。所以做艺术家先要学做人。艺术家一定要比别人更真诚，更敏感，更虚心，更勇敢，更坚忍，总而言之，要比任何人都 less imperfect（较少缺陷）！

好像世界上公认有个现象：一个音乐家（指演奏家）大多只能限于演奏某几个作曲家的作品。其实这种人只能称为演奏家而不是艺术家。因为他们的胸襟不够宽广，容受不了广大的艺术天地，接受不了变化无穷的形与色。假如一个人永远能开垦自己心中的园地，了解任何艺术品都不应该有问题的。

　　有件小事要和你谈谈。你写信封为什么老是这么不 neat（整洁）？日常琐事要做得 neat，等于弹琴要讲究干净是一样的。我始终认为做人的作风应当是一致的，否则就是不调和；而从事艺术的人应当最恨不调和。我这回附上一小方纸，还比你用的信封小一些，照样能写得很宽绰。你能不能注意一下呢？以此类推，一切小事养成这种 neat 的习惯，对你的艺术无形中也有好处。因为无论如何细小不足道的事，都反映出一个人的意识与性情。修改小习惯，就等于修改自己的意识与性情。所谓学习，不一定限于书本或是某种技术；否则随时随地都该学习这句话，又怎么讲呢？我想你每次接到我的信，连寄书谱的大包，总该有个印象，觉得我的字都写得整整齐齐、清楚明白吧！

三月一日晨

　　你去南斯拉夫的日子，正是你足二十二岁生日。大可利用路上的时间，仔细想一想我每次信中所提的学习正规化，计划化，生活科学化，等等，你不妨反省一下，是否开始在实行了？还有什么缺点需要改正？过去有哪些成绩需要进一步巩固？总而言

之,你该做个小小的总结。

生活琐事上面,你一向拖拖拉拉,浪费时间很多。希望你大力改善,下最大的决心扭转过来。

爸爸的心老跟你在一块,为你的成功而高兴,为你的烦恼而烦恼,为你的缺点操心!在你二十二岁生日的时候,我对你尤其有厚望!勇敢些,孩子!再勇敢些,克服大大小小的毛病,努力前进!

四月二十九日

你有这么坚强的斗争性,我很高兴。但切勿急躁,妨碍目前的学习。以后要多注意:坚持真理的时候必须注意讲话的方式、态度、语气、声调。要做到越有理由,态度越缓和,声音越柔和。坚持真理原是一件艰巨的斗争,也是教育工作;需要好的方法、方式、手段,还有是耐性。万万不能动火,令人误会。这些修养很不容易,我自己也还离得远呢。但你可趁早努力学习!

经历一次磨折,一定要在思想上提高一步。以后在作风上也要改善一步,这样才不冤枉。一个人吃苦碰钉子都不要紧,只要吸取教训,所谓人生或社会的教育就是这么回事。你多看看文艺

一九五六年

创作上所描写的一些优秀党员，就有那种了不起的耐性，肯一再地细致地说服人，从不动火，从不强迫命令。这是真正的好榜样。而且存了这种心思，你也不会再烦恼；而会把斗争当作日常工作一样了。要坚持，要贯彻，但是也要忍耐！

五月二十四日下午

我完全赞同你参加莫扎特比赛：第一因为你有把握；第二因为不须你太费力练 technic（技巧）；第三节目不太重，且在暑期中，不妨碍学习。

至于音乐院要你弄理论，我也赞成。我一向就觉得你在乐理方面太落后，就此突击一下也好。只担心科目多，你一下子来不及；则分作两年完成也可以。因为你波兰文的阅读能力恐怕有问题，容易误解课本的意义。目前最要紧的是时间安排得好：事情越忙，越需要掌握时间，要有规律，要处处经济；同时又不能妨碍身心健康。

杰老师信中对你将莫扎特的表达估价很高，说你发现了一些前人未发现的美。你得加倍钻研，才能不负他的教教厚望！

六月十四日下午

我六月二日去安徽参观了淮南煤矿、佛子岭水库、梅山水库,到十二日方回上海。此次去的人是上海各界代表性人士,由市政协组织的,有政协委员,人民代表,也有非委员代表。看的东西很多,日程排得很紧,整天忙得不可开交。我又和邹韬奋太太(沈粹缜)两人当了第一组的小组长,事情更忙。一回来还得写小组的总结。今晚,后天,下周初,还有三个会要开,才能把参观的事结束。祖国的建设,安徽人民那种急起直追的勇猛精神,叫人真兴奋。各级领导多半是转业的解放军,平易近人,朴素老实,个个亲切可爱。佛子岭的工程全部是自己设计、自己建造的,不但我们看了觉得骄傲,恐怕世界各国都要为之震惊的。科技落后这句话,已经被雄伟的连拱坝打得粉碎了。淮南煤矿的新式设备,应有尽有;地下330公尺深的隧道,跟国外地道车的隧道相仿,升降有电梯,隧道内有电车,有通风机,有抽水机,开采的煤用皮带拖到井上,直接装火车。原始、落后、手工业式的矿场,在解放以后的六七年中,一变而为赶上世界水平的现代化矿场,怎能不叫人说是奇迹呢?详细的情形没工夫和你细谈,以后我可把小组总结抄一份给你。

五月三十一日寄给你夏衍先生的信,想必收到了吧?他说的话的确值得你深思。一个人太顺利,很容易于不知不觉间忘形的。我自己这次出门,因为被称为模范组长,心中常常浮起一种得意的感觉,猛然发觉了,便立刻压下去。但这样的情形出现过不止一次。可见一个人对自己的斗争是一刻也放松不得的。至于报导国外政治情况等等,你不必顾虑。那是夏先生过于小心。《波兰新闻》(波大使馆每周寄我的)上把最近他们领导人物的调动及为何调动的理由都说明了。可见这不是秘密。

……

看到内地的建设突飞猛进,自己更觉得惭愧,总嫌花的力量比不上他们,贡献也比不上他们。只有抓紧时间拼下去。从黄山回来以后,每天都能七时余起床,晚上依旧十一时后睡觉。这样可以腾出更多的时间,因为出门了一次,上床不必一小时、半小时的睡不着,所以既能起早,也能睡晚。我很高兴。

你有许多毛病像我,比如急躁情绪,我至今不能改掉多少;我真着急,把这个不易革除的脾气传染给了你。你得常常想到我在家里的"自我批评",也许可以帮助你提高警惕。

七月二十九日

上次我告诉你政府决定不参加 Mozart 比赛,想必你不致闹什么情绪的。这是客观条件限制。练的东西,艺术上的体会与修养始终是自己得到的。早一日露面,晚一日露面,对真正的艺术修养并无关系。希望你能目光远大,胸襟开朗,我给你受的教育,从小就注意这些地方。身外之名,只是为社会上一般人所追求,惊叹;对个人本身的渺小与伟大都没有相干。孔子说的"富贵于我如浮云",现代的"名"也属于精神上"富贵"之列。

十月三日晨

亲爱的孩子,你回来了,又走了;许多新的工作、新的忙碌、新的变化等着你,你是不会感到寂寞的;我们却是静下来,慢慢地恢复我们单调的生活,和才过去的欢会与忙乱对比之下,不免一片空虚——昨儿整整一天若有所失。孩子,你一天天地在进步、在发展。这两年来你对人生和艺术的理解又跨了一大步,我愈来愈爱你了,除了因为你是我们身上的血肉所化出来的而爱你以外,还因为你有如此焕发的才华而爱你。正因为我爱一切的才华,爱

一九五六年

一切的艺术品,所以我也把你当作一般的才华(离开骨肉关系),当作一件珍贵的艺术品而爱你。你得千万爱护自己,爱护我们所珍视的艺术品!遇到任何一件出入重大的事,你得想到我们——连你自己在内——对艺术的爱!不是说你应当时时刻刻想到自己了不起,而是说你应当从客观的角度重视自己:你的将来对中国音乐的前途有那么重大的关系,你每走一步,无形中都对整个民族艺术的发展有影响,所以你更应当战战兢兢,郑重将事!随时随地要准备牺牲目前的感情,为了更大的感情——对艺术对祖国的感情。你用在理解乐曲方面的理智,希望能普遍的应用到一切方面,特别是用在个人的感情方面。我的园丁工作已经做了一大半,还有一大半要你自己来做的了。爸爸已经进入人生的秋季,许多地方都要逐渐落在你们年轻人的后面,能够帮你的忙将要越来越减少;一切要靠你自己努力,靠你自己警惕,自己鞭策。你说到技巧要理论与实践结合,但愿你能把这句话用在人生的实践上去;那么你这朵花一定能开得更美,更丰满,更有力,更长久!

  谈了一个多月的话,好像只跟你谈了一个开场白。我跟你是永远谈不完的,正如一个人对自己的独白是终身不会完的。你跟我两人的思想和感情,不正是我自己的思想和感情吗?清清楚楚的,我跟你的讨论与争辩,常常就是我跟自己的讨论与争辩。父子之间能有这种境界,也是人生莫大的幸福。除了外界的原因没

有能使你把假期过得像个假期以外，连我也给你一些小小的不愉快，破坏了你回家前的对家庭的期望。我心中始终对你抱着歉意。但愿你这次给我的教育（就是说从和你相处而反映出我的缺点）能对我今后发生作用，把我自己继续改造。尽管人生那么无情，我们本人还是应当把自己尽量改好，少给人一些痛苦，多给人一些快乐。说来说去，我仍抱着"宁天下人负我，毋我负天下人"的心愿。我相信你也是这样的。

十月十日至十一日

这两天开始恢复工作；一面也补看文件，读完了刘少奇同志在"八大"的报告，颇有些感想，觉得你跟我有些地方还是不够顾到群众，不会用适当的方法去接近、去启发群众。希望你静下来把这次回来的经过细想一想，可以得出许多有益的结论。尤其是我急躁的脾气，应当作为一面镜子，随时使你警惕。感情问题，务必要自己把握住，要坚定，要从大处远处着眼，要顾全局，不要单纯的逞一时之情，要极冷静，要顾到几个人的幸福，短视的软心往往会对人对己造成长时期的不必要的痛苦！孩子，这些话千万记住，爸爸妈妈最不放心的就是这些。

一九五六年

学习方面,我还要重复一遍:重点计划必不可少。平日生活要过得有规律一些,晚上睡觉切勿太迟。

十月十日深夜

谢谢你好意,想送我《苏加诺藏画集》,可是孩子,我在沪也见到了,觉得花一百五十元太不值得。真正的好画,真正的好印刷(一九三〇年代只有德、荷、比三国的美术印刷是世界水平;英法的都不行。二次大战以后,一般德国犹太亡命去美,一九四七年时看到的美国名画印刷才像样),你没见过,便以为那画册是好极了。上海旧书店西欧印的好画册也常有,因价贵,都舍不得买。你辛辛苦苦,身体吃了很多亏挣来的钱,我不能让你这样花。所以除了你自己的一部以外,我已写信托马先生退掉一部。省下的钱,慢慢替你买书买谱,用途多得很,不会嫌钱太多的。

说到骄傲,我细细分析之下,觉得你对人不够圆通固然是一个原因,人家见了你有自卑感也是一个原因;而你有时说话太直更是一个主要原因。例如你初见恩德,听了她弹琴,你说她简直不知所云。这说话方式当然有问题。倘能细细分析她的毛病,而

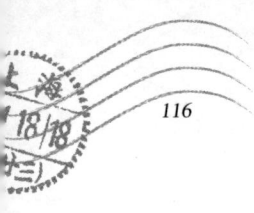

不先用大帽子当头一压,听的人不是更好受些吗?有一夜快十点多了,你还要练琴,她劝你明天再练,你回答说:像你那样,我还会有成绩吗?对付人家的好意,用反批评的办法,自然不行。妈妈要你加衣,要你吃肉,你也常用这一类口吻。你惯了,不觉得;但恩德究不是亲姐妹,便是亲姐妹,有时也吃不消,这些毛病,我自己也常犯,但愿与你共勉之!……人越有名,不骄傲别人也会有骄傲之感,这也是常情;故我们自己更要谦和有礼!

我也代你买了一份第七集《宋人画册》《麦积山石窟》,刘开渠编的《中国古代雕塑集》,共三种。你在京是否也买了?望速来信,免得那么厚重的图书寄双份给你。

十月十一日下午

十一月七日 （母亲信）

自你离家后,虽然热闹及冷静的对照剧烈,心里不免有些空虚之感,可是慢慢又习惯了,恢复了过去的宁静平淡的生活。我是欢喜热闹的,有时觉得宁可热闹而忙乱,可不愿冷静而清闲。

这里自十一月三日起,南北昆曲大家在长江大戏院做二十天

一九五六年

的观摩演出,我们前后已看过四场,第一晚是北方演员演出,最精彩的是《钟馗嫁妹》,是一出喜剧,画面美观而有诗意,爸爸为这出戏已写好了一篇短文章,登出后寄你看。侯永奎的《林冲夜奔》,功夫好到极点,一举一动干净利落,他的声音美而有feeling(感情),而且响亮,这是武生行中难得的。他扮相、做功、身段,无一不美,真是百看不厌。白云生、韩世昌的《游园惊梦》也好,尤其五十九岁的韩世昌,扮杜丽娘,做功细腻,少女怀春的心理描摹得雅而不俗。第二晚看《西游记》里的《胖姑学舌》,也是韩世昌演的,描写乡下姑娘看了唐僧取经前朝廷百官送行的盛况,回家报告给父老听的一段,演得天真活泼,完全是一个活灵活现的乡姑,令人发笑。一个有成就的艺术家,虽是得天独厚,但也是自己苦修苦练,研究出来的。据说他能戏很多,梅兰芳有好几出戏,也是向他学来的。南方的演员,我最欣赏俞振飞,他也是唱做俱全,一股书生气,是别具一格的。其余传字辈的一批演员也不错。总之,看了昆剧对京戏的趣味就少了。还有一件事告诉你,是我非常得意的,我先去看了电影豫剧《花木兰》,是豫剧名演员常香玉主演的,集河南坠子、梆子、民间歌曲等等之大成。常香玉的天生嗓子太美了,上下高低的range(音域)很广,而且会演戏,剧本也编得好,我看了回家,大大称赏;碰巧这几天常香玉的剧团在人民大舞台演出,第一晚无线电有剧场实况播送,给爸爸一听,他也极赞赏她的唱腔。隔一天就约了恩德一起到长宁电影院看《花木兰》电影。你是知道的,爸爸对什么art(艺术)的条件都严格,看了这回电影,居然大为满意,解放以来他第一次进电影院,而看的却是古装的中国电影,那真是不容易的。这个电影唯一的缺点,是拍摄的毛病,光线太暗淡,不够sharp(清晰)。恩德请我们在人民大舞台看了一次常香玉的红娘,《拷红》里小丫头的恶作剧,玲珑调皮,表演得淋漓尽致。我跟爸爸说,要是你在上海,一定也给迷住了呢!

一九五七年

一九五七年

三月十七日夜十一时于北京

三月二日接电话，上海市委要我参加中共中央全国宣传工作会议，四日动身，五日晚抵京。六日上午在怀仁堂听毛主席报告的录音，下午开小组会，开了两天地方小组会，再开专业小组会，我参加了文学组。天天讨论，发言，十一日全天大会发言，十二日下午大会发言，从五点起毛主席又亲自来讲一次话，讲到六点五十分。十三日下午陆定一同志又做总结，宣告会议结束。此次会议，是党内会议，党外人一起参加是破天荒第一次。毛主席每天分别召见各专业小组的部分代表谈话，每晚召各小组召集人向他汇报，性质重要可想而知。主要是因为"百家争鸣"不开展，教条主义顽抗，故主席在最高国务会议讲过话，立即由中宣部电召全国各省市委（宣传文教）领导及党内外高教、科学、文艺、

新闻出版的代表人士来京开"全国宣传工作会议"。

……我们党外人士大都畅所欲言,毫无顾忌,倒是党内人还有些胆小。大家收获很大,我预备在下一封信内细谈。

三月十八日深夜于北京

亲爱的孩子,昨天寄了一信,附传达报告七页。兹又寄上传达报告四页。还有别的材料,回沪整理后再寄。在京实在抽不出时间来,东奔西跑,即使有车,也很累。这两次的信都硬撑着写的。

毛主席的讲话,那种口吻、音调,特别亲切平易,极富于幽默感,而且没有教训口气,速度恰当,间以适当的 pause(停顿),笔记无法传达……

毛主席的话和这次会议给我的启发很多,下次再和你谈。

从马先生处知道你近来情绪不大好,你看了上面这些话,或许会好一些。千万别忘了我们处在大变动时代,我国如此,别国也如此。毛主席只有一个,别国没有,弯路不免多走一些,知识分子不免多一些苦闷,这是势所必然,不足为怪的。苏联的失败经验省了我们许多力气;中欧各国将来也会参照我们的做法慢慢地好转。在一国留学,只能集中精力学其所长;对所在国的情形不要太忧虑,自己更不要因之而沮丧。我常常感到,真正积极、真正热情、肯为社会主义事业努力的朋友太少了,但我还是替他们打气,自己还是努力斗争。到北京来我给楼伯伯、庞伯伯、马先生打气。

自己先要锻炼得坚强,才不会被环境中的消极因素往下拖,才有剩余的精力对朋友们喊"加油加油"!你目前的学习环境真是很理想了,尽量钻研吧。室外的低气压,不去管它。你是波兰的朋友,波兰的儿子,但赤手空拳,也不能在他们的建设中帮一手。唯一报答她的办法是好好学习,把波兰老师的本领,把波兰音乐界给你的鼓励与启发带回到祖国来,在中国播一些真正对波兰友好的种子。他们的知识分子彷徨,你可不必彷徨。伟大的毛主席远远地发出万丈光芒,照着你的前路,你得不辜负他老人家的领导才好。

我也和马先生、庞伯伯细细商量过,假如改往苏联学习,一般文化界的空气也许要健全些,对你有好处;但也有一些教条主义味儿,你不一定吃得消;日子长了,你也要叫苦。他们的音乐界,一般比较属于 cold 型,什么时候能找到一个老师对你能相忍相让,容许你充分自由发展的,很难有把握。马先生认为苏联的学派与教法与你不大相合。我也同意此点。最后,改往苏联,又得在语言文字方面重起炉灶,而你现在是经不起耽搁的。周扬先

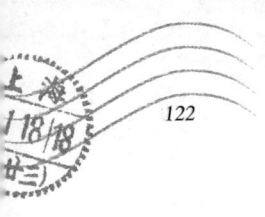

生听我说了杰老师的学问,说:"多学几年就多学几年吧。"(几个月前,夏部长有信给我,怕波兰动荡的环境,想让你早些回国。现在他看法又不同了。)你该记得,胜利以前的一年,我在上海集合十二三个朋友(内有宋伯伯、姜椿芳、两个裘伯伯,等等),每两周聚会一次,由一个人做一个小小学术讲话;然后吃吃茶点,谈谈时局,交换消息。那个时期是我们最苦闷的时期,但我们并不消沉,而是纠集了一些朋友自己造一个健康的小天地,暂时躲一下。你现在的处境和我们那时大不相同,更无需情绪低落。我的性格的坚韧,还是值得你学习的。我的脆弱是在生活细节方面,可不在大问题上。希望你坚强,想想过去大师们的艰苦奋斗,想想克利斯朵夫那样的人物,想想莫扎特、贝多芬;挺起腰来,不随便受环境影响!别人家的垃圾,何必多看?更不必多烦心。作客应当多注意主人家的美的地方;你该像一只久饥的蜜蜂,尽量吮吸鲜花的甘露,酿成你自己的佳蜜。何况你既要学 piano,又要学理论,又要弄通文字,整天在艺术、学术的空气中,忙还忙不过来,怎会有时间多想邻人的家务事呢?

　　亲爱的孩子,听我的话吧,爸爸的一颗赤诚的心,忙着为周围的几个朋友打气,忙着管闲事,为社会主义事业尽一分极小的力,也忙着为本门的业务加工,但求自己能有寸进;当然更要为你这儿子做园丁与警卫的工作:这是我的责任,也是我的乐趣。

一九五七年

多多休息，吃得好，睡得好，练琴时少发泄感情，（谁也不是铁打的！）生活有规律些，自然身体会强壮，精神会饱满，一切会乐观。万一有什么低潮来，想想你的爸爸举着他一双瘦长的手臂远远地在支撑你；更想想有这样坚强的党、政府与毛主席，时时刻刻做出许多伟大的事业，发出许多伟大的言论，无形中便是有效地在鼓励你前进！平衡身心，平衡理智与感情，节制肉欲，节制感情，节制思想，对像你这样的青年是有好处的。修养是整个的，全面的；不仅在于音乐，特别在于做人——不是狭义的做人，而是包括对世界，对政局的看法与态度。二十世纪的人，生在社会主义国家之内，更需要冷静的理智，唯有经过铁一般的理智控制的感情才是健康的，才能对艺术有真正的贡献。孩子，我千言万语也说不完，我相信你一切都懂，问题只在于实践！我腰酸背疼，两眼昏花，写不下去了。我祝福你，我爱你，希望你强，更强，永远做一个强者，有一颗慈悲的心的强者！

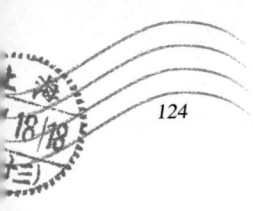

五月二十五日① (母亲信)

好久没写信给你了,最近数月来,天天忙于看报,简直看不完。爸爸开会回家,还要做传达报告给我听,真兴奋。自上海市宣传会议整风开始,踊跃争鸣,久已搁笔的老作家,胸怀苦闷的专家学者,都纷纷写文章响应,在座谈会上大胆谈矛盾谈缺点,大多数都是从热爱党的观点出发,希望大力改进改善。尤其是以前被整的,更是扬眉吐气,精神百倍。但是除了北京上海争鸣空前外,其他各省领导还不能真正领悟毛主席的精神,还不敢放,争鸣空气沉闷,连文物丰富的浙江杭州也死气沉沉,从报纸驻各地记者的报导上可以看出,一方面怕放了,不可收拾,一方面怕鸣了将来挨整,顾虑重重,弄得束手束脚,毫无生气。这次争鸣,的确问题很多,从各方面揭发的事例,真气人也急人。领导的姑息党员、压制民主、评级评薪的不公平、作风专横、脱离群众等相当严重,这都是与非党人士筑起高墙鸿沟的原因。现在要人家来拆墙填沟,因为不是一朝一夕来的,所以也只好慢慢来。

可是无论哪个机关学校,过去官僚主义、宗派主义、教条主义(这叫三害,现在大叫"除三害")越严重的,群众意见越多

---

① 1957年5月后,随着反右运动的开展,傅雷的信逐渐少了,主要由朱梅馥写信。

越尖锐,本来压在那里的,现在有机会放了,就有些不可收拾之势,甚至要闹大民主。对于一般假积极分子,逢迎吹拍,离间群众,使领导偏听偏信的,都加以攻击。爸爸写了一篇短文,大快人心。但是我们体会到过去"三反""思改"时已经犯了错误,损伤了不少好人,这次不能闹大民主,重蹈覆辙,我们要本着毛主席的精神,要和风细雨,治病救人,明辨是非,从团结——批评——团结的愿望出发,希望不要报复,而是善意地互相批评,改善关系,要同心一致地把社会主义事业搞好。当然困难很多,须要党内党外一起来克服的。

关于出版问题,爸爸写了七千多字的长文章,在宣传会议上发言。一致公认他的文章非常公平合理。北京、上海的出版界文艺界都认为要彻底改变现有的制度,出版事业是文化事业,不能以一般企业看待。要把现在合并的出版社分散,结构缩小,精简人员,不能机关化,衙门化;新华书店一网包收的独家发行,改为多边发行,要改善"缺"与"滥"的现象。总之不能像过去那样一意孤行的作风,一定要征求专家及群众的意见。也许北京还要来个全国性的出版会议,商量如何进行改革。

七月一日夜

今晚文化部寄来《柴可夫斯基比赛手册》一份,并附信说拟派你参加,征求我们意见。我已复信,说等问过你及杰老师后再行决定。比赛概要另纸抄寄,节目亦附上。原文是中文的,有的作家及作品我不知道,故只能照抄中文的。好在波兰必有俄文、波文的,可以查看。我寄你是为你马上可看,方便一些。

关于此事,你特别要考虑下面几点:

一、国际比赛既大都以技巧为重,这次你觉得去参加合适不合适?此点应为考虑中心!

二、全部比赛至少要弹三支柴可夫斯基的作品,你近来心情觉得怎么样?你以前是不大喜欢他的。

三、第二轮非常吃重,其中第一、二部分合起来要弹五个大型作品;以你现在的身体是否能支持?(当然第二轮的第二部分,你只需要练一支新的;但总的说来,第二轮共要弹七个曲子。)

四、你的理论课再耽误三个月是否相宜?这要从你整个学习计划来考虑。

五、不是明年,便是后年,法国可能邀请你去表演。若是明年来请,则一年中脱离两次正规学习是否相宜?学校方面会不会有意见?

一九五七年

以上五点望与杰老师详细商量后写信来。决定之前务必郑重，要处处想周到。

九月十七日 （母亲信）

我们叫你一到北京就跟夏部长通电话，阿敏信上没有提，我们真不放心，事情要分重要次要，你就单凭自己的主观，这是不应该的。文化部报到后，究竟派你在哪个团体里学习？与夏部长或周巍峙同志见了面没有？楼伯伯那里去过没有？我们天天等你的信，希望你将具体情况告诉我们。为了你，真是提心吊胆，一刻也不安宁。离家前，爸爸对你的忠言，要仔细多想想，你的主观太强，非把"大我"化为"小我"，甚至化为"小小我"不可。至于感情问题，我们也讲尽了，只要你有理智，坚强起来，要摆脱是没有问题的。你要做一个为人民所爱的艺术家，不要做给人唾弃的艺术家。把你的热情化到艺术中去，那才伟大呢！我们也知道你克制的能力最差，这是很大的缺点，都得由你自己去克服。你这一次参加整风学习，机会难得，要冷静观察，虚心学习，多一次锻炼，对你是有好处的。

九月二十五日下午 （母亲信）

收到你二十二日夜写的信，很高兴你经过了一番锻炼后，得到深刻的教育，使你有机会痛改前非；他们向你提的意见，就是你在家时我们提的意见。可知大家对你的爱护是一致的。

……你现在思想方面，固然认识有所提高，但在感情方面是否也认识清楚了呢？……你初回家时，晚上在园子里爸爸对你讲的一番话，一番分析，你现在的头脑应该比较冷静，可以好好想一想，是否有所清醒呢！要是一个人的幸福建筑在人家的痛苦上，不是彻头彻尾的个人主义，也就是小资产阶级的意识么！

……为了国家，为了广大人民，为了你自己的一生，为了你的艺术，是不是应该把事情看得远一些，为了将来的幸福而忍受一下眼前的苦闷呢！

回想二十年前，我跟你爸爸的情形，那时你五岁，弟弟二岁，我内心的斗争是剧烈的，为了怨恨，不能忍受，我可以一走了之；可是我再三考虑，觉得不是那么简单，我走了，孩子要吃苦，我不应该那么任性、自私，为了一个"我"而牺牲了你们的幸福。我终于委曲求全地忍受了下来。反过来想一想，要是你爸爸当时也只为了眼前的幸福而不顾一切，那么，今天还有你们吗？还有我们这个美满的家庭吗？那是不可想象的。所以幸福是拿或多或少的痛苦换来的。眼前的，短时期的幸福往往种下了将来的，长期的，甚至下一代痛苦的根，这是最值得深思的。常常要设身处地地为人家想，这也是化"大我"为"小我"的一例。我们做父母的，决不自私。对人家的婚姻，有美满的，有痛苦的，看也看得多了，因此对你敲敲警钟，无非出于爱子之心。

十月一日　（母亲信）

前天接到杰老师的明信片，他老人家非常关心你，问你在苏联演出后的情形，及在中国有否开音乐会，问你身体好不好。爸爸立刻写了回信去，告诉他你的近况，并告诉他你还要在莫斯科演出，约二十日左右回华沙。我们从此感到通一国外文多有用！从此也证明你的波兰文非弄通不可，爸爸不能永远做你的秘书，事实上也不可能做。因为许多问题，不论音乐方面、思想方面，都要你自己发挥才达意。要是你能写波兰文，那你早已会去信告诉老师，不会让他担心了。你现在弄得像 boy（初学者）一样，英文会讲一点，波兰文会讲，俄文也可冒充一下，可是一种文字也不能写，这是个大大的缺陷，也是丢人的事。望你此次回华沙，文字一定要弄通，你说过，只要肯花工夫是不难的，那么就多花

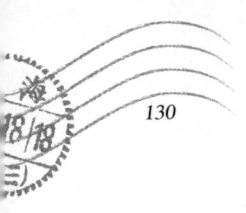

些时间在文字方面吧，你将来回国后，可以跟老师朋友通信讨教，得益不浅。出国了三年，文字不会写，真是说不过去。望你努力。

十月七日　（母亲信）

一个成了名的艺术家，处处要当心，无意中得罪了人，自己还不知道呢！我现在顺便告诉你，就是要你以后做人，好好提高警惕，待人千万和气，也不要乱批评人家，病从口入，祸从口出，这几句话要牢牢记住。因为不了解你的人，常常会误会你骄傲自大，无缘无故地招来了敌人。你这次经过了一番思想批判，受到了莫大的教育，以后千万要在行动上留意，要痛改前非，思想没有成熟的，不要先讲，谨慎小心是不会错的。爸爸给你的信，要常常看，他为你真是花尽心血，吃不下睡不着，那是常有的。不要懒惰，多写信来，你在这方面是够吝啬的；在你是不费多大力、多长时间，所谓没时间，推托而已。可是给我们的安慰是非笔墨所能写的。希望你走前给我们信，到了莫斯科也写信来，到了华沙更要常常来信，好了，不多谈了，愿你这次的教育对你有大的帮助！

一九五七年

十二月二十三日 （母亲信）

你回波后只来过一封信，心里老在挂念。不知你身体怎样？学习情况如何？心情安宁些了么？我常常梦见你，甚至梦见你又回来了。

作协批判爸爸的会，一共开了十次，前后做了三次检讨，最后一次说是进步了，是否算是结束，还不知道。爸爸经过这次考验，总算有些收获，就是人家的意见太尖锐了或与事实不符，多少有些难受，神经也紧张，人也瘦了许多，常常失眠，掉了七磅。工作停顿，这对他最是痛苦，因为心不定。最近看了些马列主义的书，对他思想问题解决了许多。五个月来，爸爸痛苦，我也跟着不安，所以也瘦了四磅。爸爸说他过去老是看人家好的地方，对有实力的老朋友更是如此，活到五十岁了，才知道看人不是那么简单，老朋友为了自己的利害关系，会出卖朋友，提意见可以乱提，甚至造谣，还要反咬一口……好在爸爸问心无愧，实事求是。可是从会上就看出了一个人的真正品质，使他以后做人要提高警惕。爸爸做人，一向心直口快，从来不知"提防"二字，而且大小事情一律认真对付，不怕暴露思想；这次的教训可太大太深了。我就更连带想起你，你跟爸爸的性格，有许多相同的地方，而且有过之，真令人不寒而栗。

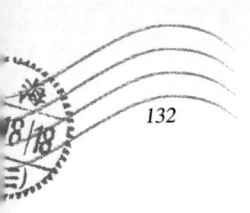

一九五八年

三月十七日晚

二月二十八日来信直花了十七天才到，真奇怪。来信谈及几点，兹分别就我的看法说明如下：

一、资本主义国家与我们尚未建立外交关系（便是英国与我们，虽互派代办，关系仍很微妙），向例双方文化艺术使节来往，都是由本国的民间团体出面相互邀请的。比国直接向波兰学校提出，在国际惯例上也是相当突兀的。因为你不是波兰人，而你去他国演出，究竟要由本国政府同意。去年春天法国有文化团体来沪，其中一位代表来看过我，我曾与他谈及你去法演出问题，应由他们以法中友协一类的名义，向我们对外文协或音协等提出。便是来看我的那位代表所隶属的来华文化团，也是由我们对外文协以民间团体名义请他们，而非由政府出面的。便是一九五六年

一九五八年

冬法国前总理富尔来访问，也是应我国人民外交协会之邀。故文化部回示使馆的话，完全正确。你不妨向杰老师说明情况，最好由杰老师私人告诉比国，请他们以民间文艺团体名义，写信给中国对外文协或音协。

二、新民主主义国家的情形当然不同，他们是可以向当地我们的使馆提出的。倘提了几次无回音，你不妨向他们说："也许贵国的驻华使馆可以向我们外交部提出"。我觉得以你的地位这样答复人家，不至于犯什么错误。当然你也应同时说明，这是你个人的意思，究竟如何还得由他们自己考虑。这一段话你也不妨告诉杰老师，倘由杰老师有便时对保、南等国的音乐团体说明，比你自己说明更妥当。

三、苏联乐队来华访问，约你合作一事，值得仔细考虑。第一，这一下跟着他们跑，要费很多时间；中央是否允许你从头至尾和他们到处演出，临时仍会有变化。倘若回来好几个月，而只有极少时间是和苏联乐队合作，那就得事先想想清楚。第二，你的乐理、和声、波兰文的学习还落后很多，急需赶上去，没有时间可浪费。第三，即使假期内老师出门，你在波兰练曲子恐怕仍比国内快一些，集中一些；而在你目前，最主要的是争取时间多学东西，因为不管你留波时间还有多少，原则上总是所剩有限了。第四，你今年究竟算学完不学完？学校方面的理论课来得及来不及

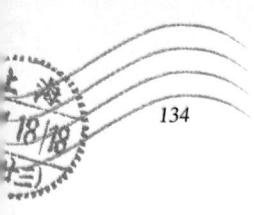

考完？——（这些总不能半途而废吧？）——倘使五月中回国了，还要赶回波兰去应考，则对你准备考试有妨碍，对试前的学习也有妨碍。

基于以上理由，我觉得你需要郑重考虑。即使中央主动要你回来一次，你也得从全面学习及来回时间等等方面想周到，向中央说明才对。末了，以后你再不能自费航空来回；为国家着想，航空票开支也太大，而火车来回对你的学习时间又有妨碍。总而言之，希望你全面想问题，要分出你目前的任务何者主要、何者次要；不要单从一个角度看问题。我也奇怪你和杨部长（杨秀峰）谈话时，怎么没提到学习期限问题？你学习到了什么阶段，预料什么时候可以结束，理论课何时可以考完，等等，你是否都向杨部长报告？是否今年回来？倘回来，学业是否能正式结束？不结束而回国，对祖国、对波兰，总交代不过去。倘来不及结束，则杨部长是否同意延长学习期限？这些都是与你切身关系最重大的事，来信为何只字未提？我既不明了你的实际情况，便是想向夏部长写信也无从写起。

孩子，千万记住，留学的日子无论如何是一天天的少下去了，要争取一切机会加紧学习。既然要加政治学习，平日要分去一部分时间，假期中更应利用时间钻研业务。每年回国一次，在体力、时间、金钱、学习各方面都太浪费。希望多考虑。

一九五八年

　　眼前国内形势一日千里,变化之快之大,非你意料所及;政治思想非要赶上前来不可,一落后,你将来就要吃亏的,尤其你在国外时间耽久的人,更要在思想上与国内形势密切联系。——音乐学生下乡情况,不知道。不过我觉得主要是训练培养与劳动人民的息息相关的思想感情,不在乎你能否挑多少斤泥。而且各人情况不同,政府安排也不同,你不必事先多空想。——上海乐队最近下厂下乡演出,照样 encore(加演)。我们倘以为工农大众不欢迎西洋音乐,非但是主观,也是一种保守思想,说得重一些,也是脱离群众的思想。你别嫌我说话处处带政治性,这是为了你将来容易适应环境,为你在社会主义制度下过得心情愉快做准备。

　　我左说右说,要你加紧学波兰文,至少要能看书、写信;但你从未报告过具体进度,我很着急。这与国家派你出去的整个期望有关。当然学音乐的人不比学文学的;但若以后你不能用波兰文与老师同学通信,岂不同时使波兰朋友失望,且不说丢了国家的面子!

　　我身体仍未恢复,主要是神经衰弱。几个月来还是第一次写这样长的信呢。

　　在莫斯科录音一事,你应深深吸取教训。做人总要谦虚,成绩是大家促成的,不是你一个人的力量。思想上通了,说话态度自然少出毛病。杨部长对你的批评是极中肯的;你早一天醒悟(还

要实际上改正），你的前途才早一天更有希望。

三月十七日晚

在国外遇到首长的机会，也许比国内多；谈话之前，应把自己要说的成熟考虑，有需求也要细细想过如何提才最合理——对国家对个人都合理。千万不能老是从"个人第一"出发，大忌大忌！你这次见到杨部长原是你解决学习问题的最好机会，不知你怎么提的，望告知！

四月十七日 （母亲信）

这次马伯伯在苏联参加柴可夫斯基比赛的评判，回来后，马伯母打电话告诉阿敏，说马伯伯在苏联碰到波兰文化部副部长，谈起你，说你很好。可是碰到中国人（大概是使馆方面的），就说你骄傲得很。从这两方面言论看来，我们是可以理解的，因为波兰人只看你成绩的一面，而我们使馆的人员就不同，要从政治观点上看你了……你在待人接物方面，处处流露出骄傲的态度，

一九五八年

给人很不好的印象。以后千万要当心,对他们和任何人态度第一要谦虚真诚,有什么问题,不妨同他们诚诚恳恳地商量,不要怕跟他们接触。总之,给人的坏印象要靠自己争取慢慢抓回来。马伯伯碰到钱部长,谈起你,钱部长非常爱你,也器重你。虽然领导上是很了解你的,但是你浑身的缺点一定要你自动改,不要辜负党对你的爱护,好自为之。马伯伯他们是很爱护你的,到处关心你,一有机会总说你的好话;我们不是势利,马伯伯将来对你会起一定的作用,他说句话是会对你有帮助的,因为他赏识你、了解你,还多少对有些偏爱。你回波半年多了,应当写封信给马家,一方面问候他们,同时把你学习情况谈谈,这是你理所当然,应该做的事。不要给人一个忘恩负义的印象。望你接受我这个意见,不要迟疑,马上就写。

……亲爱的孩子,我的政治水平低,做人方面也有许多缺点,本来不足以做你们的榜样。我也知道啰啰唆唆写了一堆,也不足以说服你,但是不管怎样,都出于我的真心诚意,总希望下一代要远远胜过我们。希望你平心静气地看信,并且要沉思一番,也不要闹情绪,要高高兴兴地接受我的意见、我的忠告。我们常常看到报上,多多少少的领导虚心接受群众的意见,而且对尖锐的批评,他们非但不闹情绪,反而鼓励大家不要有顾虑,尽量提,自己还诚诚恳恳做检查,并改正。假使你真能接受我的意见,那么,

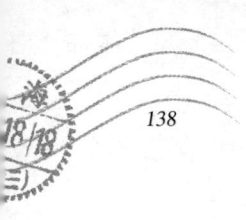

希望你马家的信立刻写,再也不要拖拉,等你来信时说,马家的信已写了,那我该多高兴!

爸爸最近忙于誊稿、改稿,一连二十多天没有休息过,虽然头痛时发,神经衰弱得厉害,还是极力争取时间,一年半了,没有成绩出来,自己觉得说不过去。等他工作告一段落就会写信给你的。

……孩子,大家对你的要求是高的,所以一定要克服困难,打倒自己心里的敌人。希望你要从行动上有所改变!

四月十九日(母亲信)

爸爸的身体很糟,除一般衰弱及失眠外,眼睛又出了毛病,初发觉时常常发花,发酸,淌泪水,头痛,他以为眼镜不对,两个月以前请眼科医生验光,才发觉不是眼镜之故,根本是眼睛本身的病,因为用脑力视力过度,影响了视神经衰退,医生说,必须休养三四个月,绝对不能看书,用脑,要营养好,否则发展下去就有失明危险。这一下把爸爸"将"住了,要他休息不工作,把脑子闲起来,这不是件容易的事,因此我苦劝爸爸,一定要听医生话。这二个月来总算工作完全停顿,有时听听音乐,我也常

一九五八年

常逼着他睡觉，因为只有躺在床上才能真正不用目力。爸爸的头痛，吴医生断为三叉神经痛，一天要痛两三次，厉害的时候痛得整夜十几小时连续不断，非常苦恼。牙齿也去检查过，拔掉过几只，还是不解决问题。现在休养了两个多月，眼睛仍无多大进步，因此我心里也烦得很。以后要我帮他做的工作，如查字典，整理文稿，寻材料，做卡片，打字，等等，要比以前更多了。而我几年来也心脏衰弱，经常脸肿脚肿，心跳得很快，特别站了岗或是忙了一阵以后。不过这是年纪大了应有之事，你不必担心。要紧的还是你自己保重身体，切勿疲劳过度，要充分休息！

八月二日 *(母亲信)*

爸爸虽然身体不好，常常失眠，你知道他向来是以工作为乐的，所以只要精神身体吃得消，一面努力学习马列主义，作为自我改造的初步，来提高自己的政治认识，理论基础；一面做些翻译的准备工作。不接到你的信，使他魂梦不安，常常说梦话，这一点是很痛苦的。爸爸这一年来似乎衰老了许多，白发更多了。我也较去年瘦了许多，常常要脸肿脚肿，都是心脏不健全的迹象。孩子，接到此信，赶快写信来，只有你的信，是我同你爸爸唯一的安慰！

九月十八日 （母亲信）

千望万望总算望到了你的信，虽然短短的，但已经给我们不少安慰了，事情也清楚了。我知道你现在正是最忙的时候，既要参加 festival（音乐节），又要准备考试。但愿你顺利通过。我想提醒你几件要紧的事，千万不要当作耳边风，静静地想想。（一）你不是有录音机么？乘在波之便，设法把波方替你录的全部录音录在你自己的机器上，将来带回来，至少自己人可以听听。你千万不可糊涂，一定要争取，你有了这样好的条件，不把录音带回国是可惜的。此事现在开始就要着手办了，等到临时想到，就来不及了，你得好好安排一下。（二）在波兰穿旧的衣袜等，不要随便扔了，回国后正需要旧衣旧鞋。（三）回国前千万不要买东西，国内各方面都在节约，大家以朴素为主。何况你东西多，反而累赘。（四）回国内若有余款，可留在使馆，或者根本送给使馆，不要看重个人利益，宁可节约些留给国家。以上四点，要你注意的，千万要做到。

下篇

一九五九年至一九六六年

书写父母与儿子之间的思念之情和思想交流，探讨音乐、文化、艺术、人生、社交、家庭，等等。

一九五九年

十月一日

　　孩子，十个月来我的心绪你该想象得到；我也不想千言万语多说，以免增加你的负担。你既没有忘怀祖国，祖国也没有忘了你，始终给你留着余地，等你醒悟。我相信：祖国的大门是永远向你开着的。

　　好多话，妈妈已说了，我不想再重复。但我还得强调一点，就是：适量的音乐会能刺激你的艺术，提高你的水平；过多的音乐会只能麻痹你的感觉，使你的表演缺少生气与新鲜感，从而损害你的艺术。你既把艺术看得比生命还重，就该忠于艺术，尽一切可能为保持艺术的完整而奋斗。这个奋斗中目前最重要的一个项目就是：不能只考虑需要出台的一切理由，而要多考虑不宜于多出台的一切理由。其次，千万别做经理人的摇钱树！他们的

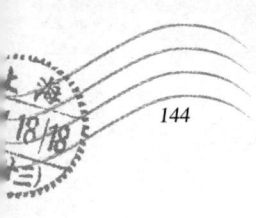

一千零一个劝你出台的理由,无非是趁艺术家走红的时期多赚几文,哪里是为真正的艺术着想!一个月七八次乃至八九次音乐会实在太多了,大大的太多了!长此以往,大有成为钢琴匠,甚至奏琴的机器的危险!你的节目存底很快要告罄的;细水长流才是办法。若是在如此繁忙的出台以外,同时补充新节目,则人非钢铁,不消数月,会整个身体垮下来的。没有了青山,哪还有柴烧?何况身心过于劳累就会影响到心情,影响到对艺术的感受。这许多道理想你并非不知道,为什么不挣扎起来,跟经理人商量——必要时还得坚持——减少一半乃至一半以上的音乐会呢?我猜你会回答我:目前都已答应下来,不能取消,取消了要赔人损失,等等。可是你能否把已定的音乐会一律推迟一些,中间多一些空隙呢?否则,万一临时病倒,还不是照样得取消音乐会?难道捐税和经理人的佣金真是奇重,你每次所得极微,所以非开这么多音乐会就活不了吗?来信既说已经站稳脚跟,那么一个月只登台一两次(至多三次)也不用怕你的名字冷下去。决定性的仗打过了,多打零星的不精彩的仗,除了浪费精力,报效经理人以外,毫无用处,不但毫无用处,还会因表演得不够理想而损害听众对你的印象。你如今每次登台都与国家面子有关;个人的荣辱得失事小,国家的荣辱得失事大!你既热爱祖国,这一点尤其不能忘了。为了身体,为了精神,为了艺术,为了国家的荣誉,你都不能不大

一九五九年

大减少你的演出。为这件事,我从接信以来未能安睡,往往为此一夜数惊!

还有,你的感情问题怎样了?来信一字未提,我们却一日未尝去心,我知道你的性格,也想象得到你的环境;你一向滥于用情;而即使不采主动,被人追求时也免不了虚荣心感到得意:这是人之常情,于艺术家为尤甚,因此更需警惕。你成年已久,到了二十五岁也该理性坚强一些了,单凭一时冲动的行为也该能多克制一些了。不知事实上是否如此?要找永久的伴侣,也得多用理智考虑勿被感情蒙蔽!情人的眼光一结婚就会变,变得你自己都不相信:事先要不想到这一着,必招后来的无穷痛苦。除了艺术以外,你在外做人方面就是这一点使我们操心。因为这一点也间接影响到国家民族的荣誉,英国人对男女问题的看法始终清教徒气息很重,想你也有所发觉,知道如何自爱了;自爱即所以报答父母,报答国家。

真正的艺术家,名副其实的艺术家,多半是在回想中和想象中过他的感情生活的。唯其能把感情生活升华才给人类留下这许多杰作。反复不已的、有始无终的、没有结果也不可能有结果的恋爱,只会使人变成唐·璜,使人变得轻薄,使人——至少——对爱情感觉麻痹,无形中流于玩世不恭;而你知道,玩世不恭的祸害,不说别的,先就使你的艺术颓废;假如每次都是真刀真枪,

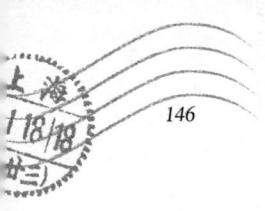

那么精力消耗太大，人寿几何，全部贡献给艺术还不够，怎容你如此浪费！歌德的《少年维特之烦恼》的故事，你总该记得吧。要是歌德没有这大智大勇，历史上也就没有歌德了。你把十五岁到现在的感情经历回想一遍，也会怅然若失了吧？也该从此换一副眼光，换一种态度，换一种心情来看待恋爱了吧？总之，你无论在订演出合同方面，在感情方面，在政治行动方面，主要得避免"身不由主"，这是你最大的弱点——在此举国欢腾，庆祝十年建国十年建设十年成就的时节，我写这封信的心情尤其感触万端，非笔墨所能形容。孩子，珍重，各方面珍重，千万珍重，千万自爱！

十月一日（母亲信）

未接来信之前，我们的心情是沉痛的、痛苦的，你的变化太突兀了，令人无法捉摸。我们做父母的只觉得惭愧，没有给你什么好的感受。我们除了一片热忱的爱子之心之外，但愿你自觉的醒悟过来：一个人身在国外，对祖国的怀念是深切的，不论做人方面、事业方面，处处要保持我们中国人传统的谦虚和大方。

来信说已经跑过许多地方，开过几十次音乐会，总算得到好

一九五九年

评,这当然是你辛勤劳动的成果。每次演出都好像上战场,只许成功,不许失败。但是你有没有考虑到,这样多的音乐会,长此下去,会损伤你的健康?我一向知道你不注意起居饮食,为了演出可以废寝忘食,还要跑东跑西,何其劳累。在你年富力强的时候,也许还不觉得,但迟早要影响健康,跟你总算账的。太多的演出,对你学习有妨碍。照理,像你这样的钢琴家,每月至多二三次,那么才有充分时间学习其他东西。须知不进则退,于你是不利的。你应该有个打算,好好地安排,也可以和经纪人商量,总以演出不妨碍学习和休息为主。宁可生活清苦些,节制一些力量(对理财方面也要有打算,要节约,不可滋长浪费的恶习)。俗语说:在家靠父母,出门靠朋友。你孤身海外,更需要处处向长者讨教,与朋友商量,千万不可独断独行。

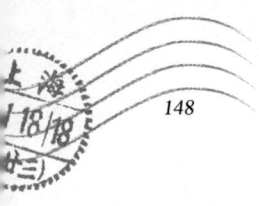

一九六〇年

一月十日

孩子，看到国外对你的评论很高兴。你的好几个特点已获得一致的承认和赞许，例如你的 tone，你的 touch，你对细节的认真与对完美的追求，你的理解与风格，都已受到注意。有人说莫扎特《第二十七钢琴协奏曲》（K595）第一乐章是 healthy（健康），extrovert allegro（外向快板），似乎与你的看法不同，说那一乐章健康，当然没问题，说"外向"（extrovert）恐怕未必。另一批评认为你对（K595）第三乐章的表达"His（指你）sensibility is more passive than creative（灵敏度是被动的，而非创造的）"，与我对你的看法也不一样。还有人说你弹肖邦的 *Ballades*（《叙事曲》）和 *Scherzo*（《谐谑曲》）中某些快的段落太快了，以致妨碍了作品的明确性。这位批评家对你三月和十月的两次肖邦都有这个说

一九六〇年

法，不知实际情形如何？从节目单的乐曲说明和一般的评论看，好像英国人对莫扎特并无特别精到的见解，也许有这种学者或艺术家而并没写文章。

以三十年前的法国情况作比，英国的音乐空气要普遍得多。固然，普遍不一定就是水平高，但质究竟是从量开始的。法国一离开巴黎就显得闭塞，空无所有；不像英国许多二等城市还有许多文化艺术活动。不过这是从表面看；实际上群众的水平，反应如何，要问你实地接触的人了。望来信告知大概——你在西欧住了一年，也跑了一年，对各国音乐界多少有些观感，我也想知道。便是演奏场子吧，也不妨略叙一叙。例如以音响效果出名的Festival Hall（节日厅），究竟有什么特点，等等。

结合听众的要求和你自己的学习，以后你的节目打算向哪些方面发展？是不是觉得舒伯特和莫扎特目前都未受到应有的重视，加上你特别有心得，所以着重表演他们两个？你的普罗科菲耶夫和萧斯塔科维奇的奏鸣曲，都还没出过台，是否一般英国听众不大爱听现代作品？你早先练好的巴托克《协奏曲》是第几支？听说他的《协奏曲》以 No. 3 最时行。你练了贝多芬第一，是否还想练第三？一弹过勃拉姆斯的大作品后，你对浪漫派是否感觉有所改变？对舒曼和弗兰克是否又恢复了一些好感？当然，终身从事音乐的人对那些大师可能一辈子翻来覆去要改变好多次态度；我这些问题只是想知道你现阶段的看法。

近来又随便看了些音乐书。有些文章写得很扎实、很客观。一个英国作家说到李斯特，有这么一段："我们不大肯相信，一个涂脂抹粉、带点俗气的姑娘会跟一个朴实无华的不漂亮的姊妹人品一样好；同样，我们也不容易承认李斯特的光华灿烂的钢琴朔拿大会跟舒曼或勃拉姆斯的棕色的和灰不溜秋的朔拿大一样精彩。"

有几个人评论你的演奏都提到你身体瘦弱。由此可见你自己该如何保养身体，充分休息。今年夏天务必抽出一个时期去过暑假！来信说不能减少演出的理由，我很懂得，但除非为了生活所迫，下一届订合同务必比这一届合理减少一些演出。要打天下也不能急，要往长里看。养精蓄锐，精神饱满地打决定性的仗比零碎仗更有效。何况你还得学习，补充节目，注意其他方面的修养；除此之外，还要有充分的休息！

你不依靠任何政治经济背景，单凭艺术立足，这也是你对己对人对祖国的最起码而最主要的责任！当然极好，但望永远坚持下去，我相信你会坚持，不过考验你的日子还未来到。至此为止你尚未遇到逆境。真要过了贫贱日子才真正显出"贫贱不能移"！居安思危，多多锻炼你的意志吧。

节目单等等随时寄来。法、比两国的评论有没有？你的Steinway（施坦威，指钢琴）是七尺的、九尺的？几星期来闹病

一九六〇年

闹得更忙,连日又是重伤风又是肠胃炎,无力多写了。诸事小心,珍重珍重!

一月十日夜 (母亲信)

从来信可看到你立身处事,有原则,有信心,我们心头上的石头也放下了。但愿你不忘祖国对你的培养,首长们的爱护,坚持你的独立斗争,为了民族自尊心,在外更要出人头地地为国争光,不仅在艺术方面,并且在做人方面。我相信你不会随风使舵,也绝不会随便改变主张。你的成功,仍然是祖国的光荣。孩子,你给了我们痛苦,也给了我们欢乐。

最近两个月来,我们有兴致听听音乐了,仅有的几张你灌的唱片,想到你就开着听,好像你就在我们眼前弹奏一般。我常常凭回忆思念你,悲欢离合,有甜蜜,有辛酸,人生犹女口梦境,一眨眼我们半世过去了。我们这几年来老了许多,爸爸头发花白,神经衰弱,精力已大大减弱,晚上已不能工作,我的眼光衰退,也常常会失眠,这一切都是老态的表现,无法避免了。

我最担心的是你的身体,看你照片,似乎瘦了,也老了些。我深知你的脾气,为了练琴可以废寝忘食,生活向无规律,在我

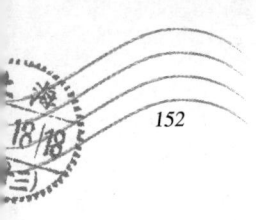

们身边还可以控制你，照顾你。不知你现在的饮食如何解决的？只要经济上没问题，对你来说，营养是第一，因为你在精神身体方面的消耗太大，不能不注意。衣食寒暖，不能十白麻烦，千万勿逞年轻，任性随便，满不在乎，迟早要算账的。希望以后多多告诉我们生活细节，让我们好像在一起生活一样。

杰老师曾有信来，他非常关心你，他说写过几次信给你，都没回音。孩子，你是老师心爱的学生，一定要常常去信请教、问候，报告演出情况，不能用忙字来推托，安慰老师也是你应尽之责。

现由你孤身海外，不论什么事，都要你自己合理安排，譬如理财一道，也要训练得有计划，有打算，要往长里看，不能糊里糊涂。尤其是辛勤劳苦挣来的，我们绝不要讨人便宜，可也不要任人剥削。不知你灌唱片，公司与你订的合同是怎样的？

爸爸的书最近两年没有出新的，巴尔扎克的《赛查·皮罗多盛衰记》尚未付印。另一本《搅水女人》新近译完。丹纳的《艺术哲学》年底才整理插图，整整忙了十天，找插图材料，计算尺寸大小，加插图说明，等等，都是琐碎而费手脚的，因为工作时间太长，每天搞到十一二点，做的时候提起精神不觉得怎么累，等到告一段落，精神松下来，人就支持不住，病了三天，也算是彻底休息了三天，你知道爸爸的脾气，他只有病在床上才算真正的休息。

一九六〇年

二月一日夜 （母亲信）

我们一月十一日发出的信，不知路上走了几天？唱片公司可曾寄出你的唱片？近来演出情况如何？又去过哪些国家？身体怎样？都在念中。上月底爸爸工作告一段落，适逢过春节，抄了些音乐笔记给你做参考，也许对你有所帮助。原文是法文，有些地方直接译作英文倒反方便。以你原来的认识参照之下，必有感想，不妨来信谈谈。

我们知道你自我批评精神很强，但个人天地毕竟有限，人家对你的好评只能起鼓舞作用；不同的意见才能使你进步，扩大视野：希望用冷静和虚心的态度加以思考。不管哪个批评家都代表一部分群众，考虑批评家的话也就是考虑群众的意见。你听到别人的演奏之后的感想，想必也很多，也希望告诉我们。爸爸说，除了你钻研专业之外，一定要抽出时间多多阅读其他方面的书，充实你的思想内容，培养各方面的知识——爸爸还希望你看祖国的书报，需要什么书可来信，我们可寄给你。

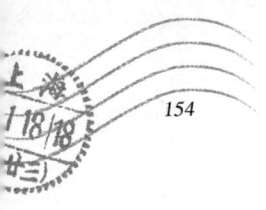

七月四日 （母亲信）

孩子，你孤身海外，不论饮食寒暖，日常生活，都要你自己合理安排。自小到大，你一向看到爸爸生活严肃，有规律，有节制，照理多少对你有些影响。尤其理财一道，你向来糊涂，有多少用多少的办法，必须改变。目前逞着自己年富力强，满不在乎，但是一句老话，"天有不测风云，人有旦夕祸福"。必得留些余地，能积蓄一些总是好的。一方面你终有成家的一天，一方面你也要想到父母有年老力衰的时候。爸爸的眼神经衰退及三叉神经痛，吃了许多西药中药未见大效。每天工作时间只能缩短，否则要眼睛发花，出泪水，头痛。回想五六年前爸爸每日工作十一二小时不讨饶，不可同日而语了。

八月五日

两次妈妈给你写信，我都未动笔，因为身体不好，精力不支。不病不头痛的时候本来就很少，只能抓紧时间做些工作；工作完了已筋疲力尽，无心再做旁的事。人老了当然要百病丛生，衰老只有早晚之别，决无不来之理，你千万别为我担忧。我素来对生

一九六〇年

死看得极淡,只是鞠躬尽瘁,活一天做一天工作,到有一天死神来叫我放下笔杆的时候才休息。如是而已。弄艺术的人总不免有烦恼,尤其是旧知识分子处在这样一个大时代。你虽然年轻,但是从我这儿沾染的旧知识分子的缺点也着实不少。但你四五年来来信,总说一投入工作就什么烦恼都忘了;能这样在工作中乐以忘忧,已经很不差了。我们二十四小时之内,除了吃饭睡觉总是工作的时间多,空闲的时间少;所以即使烦恼,时间也不会太久,你说是不是?不过劳逸也要调节得好:你弄音乐,神经与感情特别紧张,一年下来也该彻底休息一下。暑假里到乡下去住个十天八天,不但身心得益,便是对你的音乐感受也有好处。何况入国问禁,入境问俗,对他们的人情风俗也该体会观察。老关在伦敦,或者老是忙忙碌碌在各地奔走演出,一些不接触现实,并不相宜。见信后望立刻收拾行装,出去歇歇,即是三五天也是好的。

你近来专攻斯卡拉蒂,发现他的许多妙处,我并不奇怪。这是你喜欢韩德尔以后必然的结果。斯卡拉蒂的时代,文艺复兴在绘画与文学园地中的花朵已经开放完毕,开始转到音乐;人的思想感情正要求在另一种艺术中发泄,要求更直接刺激感官,比较更缥缈更自由的一种艺术,就是音乐,来满足它们的需要。所以当时的音乐作品特别有朝气,特别清新,正如文艺复兴前期绘画中的波提切利。而且音乐规律还不像十八世纪末叶严格,有才能

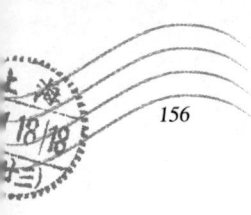

的作家容易发挥性灵。何况欧洲的音乐传统，在十七世纪时还非常薄弱，不像绘画与雕塑早在古希腊就有登峰造极的造诣（雕塑在公元前六世纪至四世纪，绘画在公元前一世纪至公元后一世纪），一片广大无边的处女地正有待于斯卡拉蒂及其以后的人去开垦——写到这里，我想你应该常去大不列颠博物馆，那儿的艺术宝藏可说一辈子也享受不尽；为了你总的（全面的）艺术修养，你也该多多到那里去学习。

我因为病的时候多，只能多接触艺术，除了原有的旧画以外，无意中研究起碑帖来了：现在对中国书法的变迁源流，已弄出一些眉目，对中国整个艺术史也增加了一些体会；可惜没有精神与你细谈……

你以前对英国批评家的看法，太苛刻了些。好的批评家和好的演奏家一样难得；大多数只能是平平庸庸的"职业批评家"。但寄回的评论中有几篇的确写得很中肯。例如五月七日 *Manchester Guardian*（《曼彻斯特卫报》）上署名 J. H. Elliot 写的《从东方来的新的启示》(*New Light from the East*) 说你并非完全接受西方音乐传统，而另有一种清新的前人所未有的观点。又说你离开西方传统的时候，总是以更好的东西去代替；而且即使是西方文化最严格的卫道者也不觉你的脱离西方传统有什么"乖张""荒诞"，炫耀新奇的地方。这是真正理解到了你的特点。你能用东方人的思

一九六○年

想感情去表达西方音乐,而仍旧能为西方最严格的卫道者所接受,就表示你的确对西方音乐有了一些新的贡献。我为之很高兴。且不说这也是东风压倒西风的表现之一,并且正是中国艺术家对世界文化应尽的责任;唯有不同种族的艺术家,在不损害一种特殊艺术的完整性的条件之下,能灌输一部分新的血液进去,世界的文化才能愈来愈丰富,愈来愈完满,愈来愈光辉灿烂。希望你继续往这条路上前进!还有一月二日 Hastings Observer(《黑斯廷斯观察家报》)上署名 Allan Biggs 写的一篇评论,显出他是衷心受了感动而写的,全文没有空洞的赞美,处处都着着实实指出好在哪里。看来他是一位年纪很大的人了,因为他说在一生听到的上千钢琴家中,只有 Pachmann 与 Moiseiwitsch 两个,有你那样的魅力。Pachmann 已经死了多少年了,而且他听到过"上千"钢琴家,准是个苍然老叟了。关于你唱片的专评也写得好。

要写的中文不洋化,只有多写。写的时候一定打草稿,细细改过。除此以外并无别法。特别把可要可不要的字剔干净。

身在国外,靠艺术谋生而能不奔走于权贵之门,当然使我们安慰。我相信你一定会坚持下去,这点儿傲气也是中国艺术家最优美的传统之一,值得给西方做个榜样。可是别忘了一句老话:岁寒而后知松柏之后凋;你还没经过"岁寒"的考验,还得对自己提高警惕才好!一切珍重!千万珍重!

八月二十九日

八月二十日报告的喜讯使我们心中说不出的欢喜和兴奋。你在人生的旅途中踏上一个新的阶段,开始负起新的责任来,我们要祝贺你,祝福你,鼓励你。希望你拿出像对待音乐艺术一样的毅力、信心、虔诚,来学习人生艺术中最高深的一课。但愿你将来在这一门艺术中得到像你在音乐艺术中一样的成功!发生什么疑难或苦闷,随时向一两个正直而有经验的中、老年人讨教,(你在伦敦已有一年八个月,也该有这样的老成的朋友吧?)深思熟虑,然后决定,切勿单凭一时冲动:只要你能做到这几点,我们也就放心了。

对终身伴侣的要求,正如对人生一切的要求一样不能太苛。事情总有正反两面:追得你太迫切了,你觉得负担重;追得不紧了,又觉得不够热烈。温柔的人有时会显得懦弱,刚强了又近乎专制。幻想多了未免不切实际,能干的管家太太又觉得俗气。只有长处没有短处的人在哪儿呢?世界上究竟有没有十全十美的人或事物呢?抚躬自问,自己又完美到什么程度呢?这一类的问题想必你考虑过不止一次。我觉得最主要的还是本质的善良,天性的温厚,开阔的胸襟。有了这三样,其他都可以逐渐培养;而且有了这三样,将来即使遇到大大小小的风波也不致变成悲剧。做艺术家

一九六〇年

的妻子比做任何人的妻子都难；你要不预先明白这一点，即使你知道"责人太严，责己太宽"，也不容易学会明哲、体贴、容忍。只要能代你解决生活琐事，同时对你的事业感到兴趣就行，对学问的钻研等暂时不必期望过奢，还得看你们婚后的生活如何。眼前双方先学习相互地尊重、谅解、宽容。

对方把你作为她整个的世界固然很危险，但也很宝贵！你既已发觉，一定会慢慢点醒她；最好旁敲侧击而勿正面提出，还要使她感到那是为了维护她的人格独立，扩大她的世界观。倘若你已经想到奥里维的故事，不妨就把那部书叫她细读一二遍，特别要她注意那一段插曲。像雅葛丽纳那样只知道 love，love，love！（*爱，爱，爱！*）的人只是童话中人物，在现实世界中非但得不到 love，连日子都会过不下去，因为她除了 love 一无所知，一无所有，一无所爱。这样狭窄的天地哪像一个天地！这样片面的人生观哪会得到幸福！无论男女，只有把兴趣集中在事业上、学问上、艺术上，尽量抛开渺小的自我（ego），才有快活的可能，才觉得活得有意义。未经世事的少女往往会存一个荒诞的梦想，以为恋爱时期的感情的高潮也能在婚后维持下去。这是违反自然规律的妄想。古语说，"君子之交淡如水"；又有一句话说，"夫妇相敬如宾"。可见只有平静、含蓄、温和的感情方能持久；另外一句的意义是说，夫妇到后来完全是一种知己朋友的关系，也即是我们所谓的终身伴侣。未婚之前双方能深切领会到这一点，就为将来打定了最可靠的基础，免除了多少不必要的误会与痛苦。

你是以艺术为生命的人，也是把真理、正义、人格等看作高于一切的人，也是以工作为乐的人；我用不着唠叨，想你早已把这些信念表白过，而且竭力灌输给对方的了。我只想提醒你几点。第一，世界上最有力的论证莫如实际行动，最有效的教育莫如以身作则；自己做不到的事千万勿要求别人；自己也要犯的毛病先批评自己，先改自己的。第二，永远不要忘了我教育你的时候犯的许多过严的毛病。我过去的错误要是能使你避免同样的错误，我的罪过也可以减轻几分；你受过的痛苦不再施之于他人，你也不算白白吃苦。总的来说，尽管指点别人，可不要给人"好为人师"的感觉。你还记得巴尔扎克那个中篇吗？奥诺丽纳的不幸一大半是咎由自取，一小部分也因为丈夫教育她的态度伤了她的自尊心。凡是童年不快乐的人都特别脆弱（也有训练得格外坚强的，但只是少数），特别敏感，你回想一下自己，就会知道对付你的爱人要如何 delicate（精心），如何 discreet（慎重）了。

我相信你对爱情问题看得比以前更郑重更严肃了；就在这考验时期，希望你更加用严肃的态度对待一切，尤其要对婚后的责任先培养一种忠诚、庄严、虔敬的心情！

一九六〇年

八月二十九日 （母亲信）

今天接到你的喜讯，真是说不出的高兴，做母亲的愿望总算实现了。男大当婚，女大当嫁，这是天经地义的事，但愿你跟弥拉姻缘美满，我们为儿女担的心也算告一段落。她既美丽、聪明、温柔，对你是最合适了，我常常讲，聪找的对象一定要有这样的条件，因为我跟你爸爸的结合，能够和平相处，就是一个很显著的例子。只要真正认识对方，了解对方，就是受些委屈，也是不计较的，归根结底，到底自己也有错误的地方。希望你不要太苛求，看事情不要太认真，平易近人，总是给人一种体贴亲切之感。尤其对你的终身伴侣，不可三心二意，要始终如一。只要你们真正相爱、互相容忍、互相宽恕，难免的小波折很快会烟消云散。尤其你自己身上的缺点很多，你太像父亲了，只要有自知之明，你的爱人就会幸福。还有一点要提醒你，以后再也不要怀念童年的初恋，人家早已成了家，不但想了无用，而且无意中流露出来，也突然增加你现在爱人的误会，那是最忌讳的，也是没有意义的。爸爸已经说了许多，而且都是经验之谈，我们在人生的旅途上走了几十年，非但结合自己的经历，而且朋友之中多多少少的悲欢离合的事也看得很多，所以尽量告诉你，目的就是希望你们永远幸福。

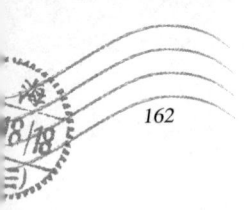

十月七日 (母亲信)

弥拉的第二封信,九月二十二日已收到,她的可爱的长信,我们读之再三,真是说不出的高兴。从她的信上,我们深深地体会到,她是亲切动人而聪明率直的好孩子。爸爸说她从前做过书店找插图材料的工作,其实很不错。为了找材料,不是更有机会进博物馆图书馆么?不是趁此机会可以研究艺术史么?我很庆幸你找到了志趣相投的伴侣,这不是件简单而容易的事。请你告诉她,从她的信上,我们会了解她,我们之间只会越来越接近,我要把她当作自己的女儿一样爱她。我也深切地感谢她,从她那里知道了一些你的生活起居,这是妈妈对儿子最关心的。不知弥拉出院后身体是否完全恢复,希望她多多保重!她的美丽而可爱的照片,太好了。在这两张照片上,似乎你比去年胖了些。是不是国外流行小袖小脚裤?做妈妈的总是老古董,认为不大方,不美观。你除了弹琴以外的照片,是否可寄些来?

十月二十一日夜

你的片子只听了一次,一则唱针已旧,不敢多用,二则寄来

一九六○年

唱片只有一套，也得特别爱护。初听之下，只觉得你的风格变了，技巧比以前流畅，稳，干净，不觉得费力。音色的变化也有所不同，如何不同，一时还说不上来……你自己认为怎样？是否玛祖卡真正的风格就需要拖长第一或第二拍？来信多和我谈谈这些问题吧，这是我最感兴趣的。其实我也极想知道国外音乐界的一般情形，但你忙，我不要求你了。

从你去年开始的信，可以看出你一天天地倾向于 wisdom（明智）和所谓希腊精神。大概中国的传统哲学和艺术理想越来越对你发生作用了。从贝多芬式的精神转到这条路在我是相当慢的，你比我缩短了许多年。原因是你的童年时代和少年时代所接触的祖国文化（诗歌、绘画、哲学）比我同时期多得多。我从小到大，样样靠自己摸，只有从年长的朋友那儿偶然得到一些启发，从来没人有意地有计划地指导过我，所以事倍功半。来信提到周扬的情形使我感触很多。高度的才能不和高度的热爱结合，比只有热情而缺乏能力的人更可惋惜。

十一月十三日

看了此次照片，觉得弥拉更美了，她比瑞士时期肉采丰满，想系恢复健康之故。从她信上可以体会到她性格和顺,天真,同时也严肃,对人对事都认真。为了你们的将来,她正式去学家政,令人感动。不过持家之道主要在乎 commen sense(常识),待人接物和处理银钱,等等,一切做得合情合理,有计划,有预算。孩子,你该满足了吧,这样一个伴侣对你可有很大帮助。目前你在经历一生最快乐的时期,订了婚,精神有了寄托,只有爱的甜蜜,还没有家庭的责任:你不要"得福不知"!看你照片,身体似乎不坏,精神也平静,我们非常安慰。弥拉极懂音乐,爱好文艺,你们一定相处得很好。在日常工作与休息营养的调节方面,千万多听她的话,别看她年幼,女性在某些事情上比较我们男人实际得多,她们的直觉往往很正确,而且任何年轻的女孩子都有母爱的本能,有些为你身心健康的劝告,更应当多多接受。但愿你脾气好,万万不要像我,要以我的坏脾气作为你的警戒。我最怕在这方面给你不良的影响。你要是能不让爸爸的缺点在你身上发展,便是你对爸爸最好的报答,也是对你的下一代尽了很大的责任。

  我多么愿意听听你对自己演奏的意见,特别是人家重点批评过的乐曲或段落,例如此次挪威九月二十六日最长的一篇评论你的 Bach,我要知道你自己的看法。还有前信问你对已灌片子的四支 Ballade(《叙事曲》)的不满意在哪里。别让你爸爸在音乐方面太落后,所以要你谈谈这些问题。

一九六〇年

《音乐与音乐家》月刊八月号,有美作曲家 Copland 的一篇论美洲音乐的创作问题,我觉得他根本未接触到关键。他绝未提到美洲人是英、法、德、荷、意、西几种民族的混合;混合的民族要产生新文化,尤其是新音乐,必须一个很长的时期,决非如 Copland 所说单从 jazz(爵士)的节奏或印第安人的音乐中就能打出路来。民族乐派的建立,本地风光的表达,有赖于整个民族精神的形成。欧洲的意、西、法、英、德、荷……许多民族,也是从七世纪起由更多的更早的民族杂凑混合起来的。他们都不是经过极长的时期融和与合流的时期,才各自形成独特的精神面貌,而后再经过相当长的时期在各种艺术上开花结果吗?

十一月二十六日晚

自从弥拉和我们通信以后,好像你有了秘书,自己更少动笔了。知道你忙,精神紧张劳累,也不怪你。可是有些艺术问题非要你自己谈不可。你不谈,你我在精神上、艺术上的沟通就要中断,而在我这个孤独的环境中更要感到孤独。除了你,没有人再和我交换音乐方面的意见。而我虽一天天地衰老,还是想多吹吹外面的风。你小时候我们指导你,到了今日,你也不能坐视爸爸在艺术的某一部中落后！

　　孩子，你如今正式踏进人生的重要阶段了，想必对各个方面都已严肃认真地考虑过：我们中国人对待婚姻——所谓终身大事——比西方人郑重得多，你也决不例外；可是夫妇之间，西方人比我们温柔得多，delicate（优雅）得多，真有我们古人相敬如宾的作风（当然其中有不少虚伪的，互相欺骗的），想你也早注意到，在此订婚四个月内也该多少学习了一些。至于经济方面，大概你必有妥善的打算和安排。还有一件事，妈妈和我争执不已，不赞成我提出。我认为你们都还年轻，尤其弥拉，初婚后一二年内光是学会当家已是够烦了，是否需要考虑稍缓一二年再生儿育女，以便减轻一些她的负担，让她多轻松一个时期？妈妈反对，说还是早生孩子，宁可以后再节育。但我说晚一些也不过晚一二年，并非十年八年。说不说由我，听不听由你们；知无不言，言无不尽，朋友之间尚且如此，何况父母子女！有什么忌讳呢？你说是不是？我不过表示我的看法，决定仍在你们——而且即使我不说，也许你们已经讨论过这个问题了。弥拉的意思很对，你们该出去休息一个星期。我老是觉得，你离开琴，沉浸在大自然中，多沉思默想，反而对你的音乐理解与感受好处更多。人需要不时跳出自我的牢笼，才能有新的感觉、新的看法，也能有更正确的自我批评。

一九六〇年

十二月二日

因为闹关节炎,本来这回不想写信,让妈妈单独执笔;但接到你去维也纳途中的信,有些艺术问题非由我亲自谈不可,只能撑起来再写。知道你平日细看批评,觉得总能得到一些好处,真是太高兴了。有自信同时又能保持自我批评精神,的确如你所说,是一切艺术家必须具备的重要条件。你对批评界的总的看法,我完全同意;而且是古往今来真正的艺术家一致的意见。所谓"文章千古事,得失寸心知!"往往自己认为的缺陷,批评家并不能指出,他们指出的倒是反映批评家本人的理解不够或者纯属个人的好恶,或者是时下的风气和流俗的趣味,从巴尔扎克到罗曼·罗兰,都一再说过这一类的话。因为批评家也受他气质与修养的限制(单从好的方面看),艺术家胸中的境界没有完美表现出来时,批评家可能完全捉摸不到,而只感到与习惯的世界抵触;便是艺术家的理想真正完美地表现出来了,批评家囿于成见,也未必马上能发生共鸣。例如雨果早期的戏剧,皮才的《卡门》,德彪西的《贝莱阿斯与梅利桑特》。但即使批评家说的不完全对头,或竟完全不对头,也会有一言半语引起我们的反省,给我们一种 inspiration(灵感),使我们发现真正的缺点,或者另外一个新的角落让我们去追求,再不然是使我们联想到一些小枝节可以补充、修正或改善——

这便是批评家之言不可尽信,亦不可忽视的辩证关系。

来信提到批评家音乐听得太多而麻痹,确实体会到他们的苦处。同时我也联想到演奏家大多沉浸在音乐中和过度的工作或许也有害处。追求完美的意识太强太清楚了,会造成紧张与疲劳,反而妨害原有的成绩。你灌唱片特别紧张,就因为求全之心太切。所以我常常劝你劳逸要有恰当的安排,最要紧维持心理的健康和精神的平衡。一切做到问心无愧,成败置之度外,才能临场指挥若定,操纵自如。也切勿刻意求工,以免画蛇添足,丧失了 spontaneity(趣味);理想的艺术总是如行云流水一般自然,即使是慷慨激昂也像夏日的疾风猛雨,好像是天地中必然有的也是势所必然的境界。一露出雕琢和斧凿的痕迹,就变为庸俗的工艺品而不是出于肺腑,发自内心的艺术了。我觉得你在放松精神一点上还大有可为。不妨减少一些工作,增加一些深思默想,看看效果如何。别老说时间不够;首先要从日常生活的琐碎事情上——特别是梳洗穿衣等,那是我几年来常嘱咐你的——节约时间,挤出时间来!要不工作,就痛快休息,切勿拖拖拉拉在日常烦琐之事上浪费光阴。不妨多到郊外森林中去散步,或者上博物馆欣赏名画,从造型艺术中去求恬静闲适。

你的中文并不见得如何退步,你不必有自卑感。自卑感反会阻止你表达的流畅。Do take it easy!(放轻松,慢慢来!)主要

一九六〇年

是你目前的环境多半要你用外文来思想，也因为很少机会用中文讨论文艺、思想等问题。稍缓我当寄一些旧书给你，让你温习温习词汇和句法的变化。我译的旧作中，《嘉尔曼》和服尔德的文字比较最洗练简洁，可供学习。

其实多读外文书写得好的，也一样能加强表达思想的能力。我始终觉得一个人有了充实丰富的思想，不怕表达不出。Arthur Hedley 写的 Chopin (《肖邦》)（在 master musician 丛书内）内容甚好，文字也不太难。第十章提到 Chopin 的演奏，有些字句和一般人对你的评论很相近。

十二月二日（母亲信）

知道你们婚期确定以来，我们抱着激动兴奋的心情天天都在盘算日子。你们幸福，我们也跟着幸福。所谓骨肉至亲，所谓爱子情深，只有真爱子女的父母才能深切地体会其中的滋味。我们常常沉浸在回忆中，把你的一生重新温过一遍，想着你在襁褓中的痴肥胖，又淘气又可爱的童年，顽强而多事的少年，一直到半生不熟地去罗马尼亚，出发去参加肖邦的比赛为止：童年时所受的严格的家庭教育，少年时代的发奋用功，出国后的辛勤劳苦，今天的些少成绩，真像电影中一个个的镜头，历历在目，包括了多少辛酸和多少欢乐！如今你到了人生的高潮，也是一生中最幸福的阶段，开始成家立业了。我们做父母的怎不喜极而涕！尤其做母亲的，想到儿子今后的饮食寒暖、身边琐事，有这样一个理想的弥拉来照顾应付，你也不再觉得孤独，我从此可以交卸责任，一切放心了。可爱的弥拉，虽然我们之间只能从通信中互相了解，可是已感到她性情醇厚，温柔体贴，绝非虚荣浮夸的女孩子。（她说过她的信永远代替不了你的，你看她多么懂得做父母的心！）这是你的福气，也显出你眼光不差。最后我还得叮咛几句：希望你们二人处理相亲相爱之外，永远能互相尊重事事商量，切勿独断专行。生活要严肃，有规律，有节制；经济方面要有计划预算，用钱要适当，总之，行事不可凭冲动，图一时之快，必须深思熟虑；你个人更不可使性子。当然，人生永远在学习中，过失难免，只要接受教训，就是深入一步了。

　　我们觉得最遗憾的是没有尽父母之职，不能代你们做些事，美中不足的又不能参加你们的婚礼。日期如此匆促，使我措手不及，不知买什么送你们好。寄出包裹限制甚严，只能在极小的范围内选购。

一九六一年

一月五日（母亲信）

亲爱的聪、弥拉：今天接到你们从 Malta（马耳他）寄来的信，我们左等右等，无日不在想念你们，真是望眼欲穿了。看到你们二人的信，好像你们的一举一动、一言一笑都在眼前，心里的高兴与温暖是无法言喻的。弥拉说接到我们的信很高兴，可是你们的信，我们也是一样要翻来覆去地看几遍呢，隔了几天还会拿出来温呢！

弥拉虽年轻，但从她几次来信，我深深地感觉到她相当成熟、体贴，使我回想自己结婚的时候比弥拉还年轻：二十岁还不到；当年我幼稚无知，怎么可以同今日的弥拉相比呢！还不是慢慢受了你爸爸的熏陶与影响，才对人生和艺术有所理解，而视野也变得开阔的吗？弥拉对你的了解，比我当时对你爸爸的了解要深切得多，你太幸运了。现在你们开始共同生活，组织小家庭，中国

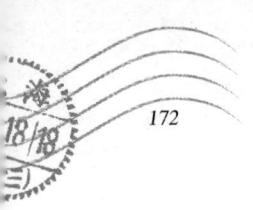

有句老话"开门七件事,柴米油盐酱醋茶",看来都是麻烦猥琐的事,但是为了生活,有什么办法呢?关于日常安排,你一定要多听弥拉的主意,因为我们女人总比较实际,不像你一天到晚老在音乐里,在云端里做梦。而且你有时也得从梦境中回到现实世界上来,体验体验家庭生活的烦琐与乐趣。你要知道 art of living(生活的艺术)也不是一件容易的事,里面也有不少学问,也许比别的学问更加高深,也得一边学一边做。尤其重要的理财一道,你向来不屑理会,钱糊里糊涂来,糊里糊涂去。现在有弥拉帮你管,你只要开诚布公,尽可让她预算,让她安排,或者共同研究一下,每个月必得从收入中储蓄一部分!——我正在看肖邦的传记,他父亲就是一个艰苦奋斗的人,也是极重视孩子教育的人,常常警告肖邦,一定要 save money(攒钱),以防万一。现在你成了家,不是 bohemian(流浪者)了,为了二人的生活安全,责任更重,还要为未来的孩子着想,总之 play safe first!(安稳第一!)你想,要是你的父母过去生活无计划、无规律,你怎么会得到充分的教育,会有今日呢?虽然我们孜孜不倦地教导你,但是在生活的规律和用钱的得当两点上,始终没对你产生影响,我为之深感遗憾,也是觉得惭愧的,因为总是我们教育的方式方法不好。但是你还年轻,学起来还来得及,何况弥拉这方面比你能干得多,那么好了,就让她来弥补你的不足。千万别自作聪明,与弥拉闹别扭;我完

一九六一年

全相信她的能力（你别低估了她）和善良的心地，倘若她有时在实际生活上坚持，那一定是为了使你的生活过得美满，为你们两人的前途打算。

婚姻究竟是终身大事，你来信不但对结婚的情形只字不提，便是体会及感想也一句没有，这一点不但爸爸觉得奇怪，我也感到意外。下次来信能不能补充些呢？除了 5 roses（五朵玫瑰花）以外，你还送弥拉什么呢？难道你对新娘竟是一点饰物也不送么？有没有 wedding ring（婚戒）？

聪，亲爱的孩子：关于你所接触的音乐界，你所来往的各方面的朋友，同我们讲得太少了。你真不知道你认为 trivial thing（琐碎的事），在我们却是新鲜事儿，都是 knowledge（知识）；你知道对于我们，得到新的 knowledge，就是无上的乐趣。譬如这次弥拉告诉我们的（爸爸信上问的）Harriet Cohen 奖金的事，使我们知道了西方音乐界的一种情况，爸爸说那是小小的喜剧。Julius Ketchen 的同你讨论 Beethoven 的 Sonata，又使我们领会到另一种情况；表示艺术家之间坦白真诚的思想交流。像你爸爸这样会吸收，会举一反三的人，对这些事的确感到很大的兴趣。他要你多提音乐界的事，无非是进取心强，不甘落后，要了解国外艺术界的现状，你何乐而不为呢？他一知道你对希腊精神的向往，但认为你对希腊精神还不明确，他就不厌其烦地想要满足你。因为丹

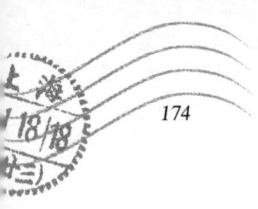

纳的《艺术哲学》不知何时出版，他最近竟重理旧稿，把其中讲希腊的一个 chapter（章），约五万余字，每天抽出一部分时间抄录，预备寄你。爸爸虽是腰酸背痛，眼花流泪（多写了还要头痛），但是为了你，他什么都不顾了。前几天我把旧稿替他理出来，他自己也吓了一跳，原来的稿子，字写得像蚂蚁一样小，不得不用了放大镜来抄，而且还要仔仔细细地抄，否则就要出错。他这样坏的身体，对你的 devotion（爱护），对你的关怀，我看了也感动。孩子，世界上像你爸爸这样的无微不至地教导，真是罕有的。你要真心地接受，而且要拿实际行动来表示。来信千万别笼笼统统的，多一些报道，让他心里感到温暖快乐，这就是你对爸爸的报答。我不是说你信上不提音乐与艺术的事，提的多半是学术感想，关于实际的人或事，希望能多谈谈，尤其是你们新夫妇之间相处的情形，更所切盼！

来信并未说及寄东西给我们（十一月二十六日我信上提的），究竟寄出没有呢？像我们这样的父母，向儿子开口要东西是出于万不得已，这一点你应该理解到。爸爸说不是非寄不可，只要回报一声就行，免得人伸着脖子呆等。大概你因为重伤风不舒服，有些事没回答，这也难怪你；不过你的老脾气，做事粗疏草率，往往答非所问，不看我们的信就写回信，信不在手边，也不肯努力回想一下。《约翰·克利斯朵夫》你手头有否？要不要？你们的结婚照片千万别忘了寄给杰老师、马家及勃隆斯丹夫人。婆婆昨天来，知道了你的好消息，我代你送了她二十元，她老人家高兴极了，叫我转言她的关怀，并要你保重身体。

二月五日至八日

上月二十四日宋家婆婆突然病故，卧床不过五日，初时只寻常小恙，到最后十二小时才急转直下。人生脆弱一至于此！我和你妈妈为之四五天不能入睡，伤感难言。古人云秋冬之际，尤难为怀；人过中年也是到了秋冬之交，加以体弱多病，益有草木零落、兔死狐悲之感。但西方人年近八旬尚在孜孜矻矻，穷究学术，不知老之"已"至：究竟是民族年轻，生命力特别旺盛，不若数千年一脉相承之中华民族容易衰老欤？抑是我个人未老先衰，生意索然欤？想到你们年富力强，蓓蕾初放，艺术天地正是柳暗花明，窥得无穷妙境之时，私心艳羡，岂笔墨所能尽宣！

因你屡屡提及艺术方面的希腊精神（Hellenism），特意抄出丹纳《艺术哲学》中第四编"希腊雕塑"译稿六万余字，钉成一本。原书虽有英译本，但其中神话、史迹、掌故太多，倘无详注，你读来不免一知半解；我译稿均另加笺注，对你方便不少。我每

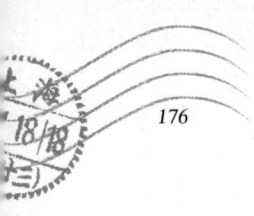

天抄录一段,前后将近一月方始抄完第四编。奈海关对寄外文稿检查甚严,送去十余日尚无音信,不知何时方能寄出,亦不知果能寄出否。思之怅怅——此书原系一九五七年"人文"向我特约,还是王任叔来沪到我家当面说定,我在一九五八年至一九五九年间译完,已搁置一年八个月。目前纸张奇紧,一时决无付印之望。

在一切艺术中,音乐的流动性最为凸出,一则是时间的艺术,二则是刺激感官与情绪最剧烈的艺术,故与个人的 mood(情绪)关系特别密切。对乐曲的了解与感受,演奏者不但因时因地因当时情绪而异,即一曲开始之后,情绪仍在不断波动,临时对细节、层次、强弱、快慢、抑扬顿挫,仍可有无穷变化。听众对某一作品平日皆有一根据素所习惯与听熟的印象构成的"成见",而听众情绪之波动,亦复与演奏者无异:听音乐当天之心情固对其音乐感受大有影响,即乐曲开始之后,亦仍随最初乐句所引起之反应而连续发生种种情绪。此种变化与演奏者之心情变化皆非事先所能预料;亦非临时能由意识控制。可见演奏者每次表现之有所出入,听众之印象每次不同,皆系自然之理。演奏家所以需要高度的客观控制,以尽量减少一时情绪的影响;听众之需要高度的冷静的领会;对批评家之言之不可不信亦不能尽信,都是从上面几点分析中引申出来的结论——音乐既是时间的艺术,一句弹完,印象即难以复按;事后批评,其正确性大有问题;又因为是时间的艺术，故批评家固有之（对某一作品）成见，其正确性又大有问题。况执着旧事物、旧观念、旧印象，排斥新事物、新观念、新印象，原系一般心理，故演奏家与批评家之距离特别大。不若造型艺术，如绘画、雕塑、建筑，形体完全固定，作者自己可在不同时间不同心情之下再三复按，观众与批评家亦可同样复按，重加审查，修正原有印象与过去见解。

按诸上述种种，似乎演奏与批评都无标准可言。但又并不如此。演奏家对某一作品演奏至数十百次以后，无形中形成一比较固定的轮廓，大大地减少了流动性。听众对某一作品听了数十遍以后，也有一个比较稳定的印象——尤其以唱片论，听了数十百次必然会得出一个接近事实的结论。各种不同的心情经过数十次的中和，修正，各个极端相互抵消以后，对某一固定乐曲（既是唱片，则演奏是固定的了，不是每次不同的了，而且可以尽量复按复查）的感受与批评可以说有了平均的、比较客观的价值。个别的听众与批评家，当然仍有个别的心理上精神上气质上的因素，使其平均印象尚不能称为如何客观；但无数"个别的"听众与批评家的感受与印象，再经过相当时期的大交流（由于报章杂志的评论，平日交际场中的谈话，半学术性的讨论争辩而形成的大交流）之后，就可得出一个 average（平均）的总和。这个总印象总意见，对某一演奏家的某一作品的成绩来说，大概是公平或近于

公平的了——这是我对群众与批评家的意见肯定其客观价值的看法，也是无意中与你妈妈谈话时谈出来的，不知你觉得怎样？我经常与妈妈谈天说地，对人生、政治、艺术等各种问题发表各种感想，往往使我不知不觉中把自己的思想整理出一个小小的头绪来。单就这一点来说，你妈妈对我确是大有帮助，虽然不是出于她主动——可见终身伴侣的相互帮助有许多完全是不知不觉的。相信你与弥拉之间一定也常有此感。

二月五日上午

　　昨天敏自京回沪度寒假，马先生交其带来不少唱片借听。昨晚听了维瓦尔第的两支协奏曲，显然是斯卡拉蒂一类的风格，敏说"非常接近大自然"，倒也说得中肯。情调的愉快、开朗、活泼、轻松，风格之典雅、妩媚，意境之纯净、健康，气息之乐观、天真，和声的柔和、堂皇，甜而不俗，处处显出南国风光与意大利民族的特性，令我回想到罗马的天色之蓝，空气之清冽，阳光的灿烂，更进一步追怀两千年前希腊的风土人情，美丽的地中海与柔媚的山脉，以及当时又文明又自然，又典雅又朴素的风流文采，正如丹纳书中所描写的那些境界——听了这种音乐不禁联想到韩

一九六一年

德尔，他倒是北欧人而追求文艺复兴的理想的人，也是北欧人而憧憬南国的快乐气氛的作曲家。你说他 humain（很人性、很温情）是不错的，因为他更本色，更多保留人的原有的性格，所以更健康。他有的是异教气息，不像巴赫被基督教精神束缚，常常匍匐在神的脚下呼号，忏悔，诚惶诚恐地祈求。基督教本是历史上某一特殊时代，地理上某一特殊民族，经济政治某一特殊类型所综合产生的东西；时代变了，特殊的政治经济状况也早已变了，民族也大不相同了，不幸旧文化——旧宗教遗留下来，始终统治着两千年来几乎所有的西方民族，造成了西方人至今为止的那种矛盾，畸形，与十九、二十世纪极不调和的精神状态，处处同文艺复兴以来的主要思潮抵触。在我们中国人眼中，基督教思想尤其显得病态。一方面，文艺复兴以后的人是站起来了，到处肯定自己的独立，发展到十八世纪的百科全书派，十九世纪的自然科学进步以及政治经济方面的革命，显然人类的前途、进步、能力都是无限的；同时却仍然奉一个无所不能无所不在的神为主宰，好像人永远逃不出他的掌心，再加上原始罪恶与天堂地狱的恐怖与期望：使近代人的精神永远处于支离破碎、纠结复杂、矛盾百出的状态中，这个情形反映在文化的各个方面，学术的各个部门，使他们（西方人）格外心情复杂，难以理解。我总觉得从异教变到基督教，就是人从健康变到病态的主要表现与主要关键——比起近代的西方人来,我们中华民族更接近古代的希腊人,因此更自然、更健康。我们的哲学、文学即使是悲观的部分也不是基督教式的一味投降,或者用现代语说,一味的"失败主义";而是人类一般对生老病死、春花秋月的慨叹,如古乐府及我们全部诗词中提到人生如朝露一类的作品:或者是愤激与反抗的表现,如老子的《道德经》——就因为此,我们对西方艺术中最喜爱的还是希腊的雕塑,文艺复兴的绘画,十九世纪的风景画——总而言之是非宗教性非说教类的作品——猜想你近年来愈来愈喜欢莫扎特、斯卡拉蒂、韩德尔,大概也是由于中华民族的特殊气质。在精神发展的方向上,我认为你这条路线是正常的,健全的——你的酷好舒伯特,恐怕也反映你爱好中国文艺中的某一类型。亲切,熨帖,温厚,惆怅,凄凉,而又对人生常带哲学意味极浓的深思默想;爱人生,恋念人生而又随时准备飘然远行,高蹈,洒脱,遗世独立,解脱一切等等的表现,岂不是我们汉晋六朝唐宋以来的文学中屡见不鲜的吗?而这些因素不是在舒伯特的作品中也具备的呢?关于上述各点,我很想听听你的意见。而你我之间思想交流,精神默契未尝有丝毫间隔,也就象征你这个远方游子永远和产生你的民族,抚养你的祖国,灌溉你的文化血肉相连、息息相通。

二月六日上午

一九六一年

从文艺复兴以来,各种古代文化,各种不同民族,各种不同的思想感情大接触之下,造成了近代人的极度复杂的头脑与心情;加上政治经济和社会的急剧变化(如法国大革命,十九世纪的工业革命,封建社会与资本主义社会的交替,等等),人的精神状态愈加充满了矛盾。这个矛盾中最尖锐的部分仍然是基督教思想与个人主义的自由独立与自我扩张的对立。凡是非基督徒的矛盾,仅仅反映经济方面的苦闷,其程度决没有那么强烈——在艺术上表现这种矛盾特别显著的,恐怕要算贝多芬了。以贝多芬与歌德做比较研究,大概更可证实我的假定。

贝多芬乐曲中两个主题的对立,决不仅仅从技术要求出发,而主要是反映他内心的双重性。他的两个主题,一个往往代表意志,代表力,或者说代表一种自我扩张的个人主义(绝对不是自私自利的庸俗的个人主义或侵犯别人的自我扩张,想你不致误会);另外一个往往代表犷野的暴力,或者说是命运,或者说是神,都无不可。虽则贝多芬本人决不同意把命运与神混为一谈,但客观分析起来,两者实在是一个东西。斗争的结果总是意志得胜,人得胜。但胜利并不持久,所以每写一个曲子就得重新挣扎一次,斗争一次。到晚年的四重奏中,斗争仍然不断发生,可是结论不是谁胜谁败,而是个人的隐忍与舍弃;这个境界在作者说来,可以美其名曰皈依，曰觉悟，曰解脱，其实是放弃斗争，放弃挣扎，以换取精神上的和平宁静，即所谓幸福，所谓极乐。挣扎了一辈子以后再放弃挣扎，当然比一开场就奴颜婢膝的屈服高明得多，也就是说"自我"的确已经大大地扩张了；同时却又证明"自我"不能无限止地扩张下去，而且最后承认"自我"仍然是渺小的，斗争的结果还是一场空，真正得到的只是一个觉悟，觉悟斗争之无益，不如与命运、与神，言归于好，求妥协。当然我把贝多芬的斗争说得简单化了一些，但大致并不错。此处不能做专题研究，有的地方只能笼统说说——你以前信中屡次说到贝多芬最后的解脱仍是不彻底的，是否就是我以上说的那个意思呢？我相信，要不是基督教思想统治了一千三四百年（从高卢人信奉基督教算起）的西方民族，现代欧洲人的精神状态决不会复杂到这步田地，即使复杂，也将是另外一种性质。比如我们中华民族，尽管近半世纪以来也因为与西方文化接触之后而心情变得一天天复杂，尽管对人生的无常从古至今感慨伤叹，但我们的内心矛盾，决不能与宗教信仰与现代精神自我扩张的矛盾相扩张比。我们心目中的生死感慨，从无仰慕天堂的极其烦躁的期待与追求，也从无对永堕地狱的恐怖忧虑；所以我们的哀伤只是出于生物的本能，而不是由发热的头脑造出许多极乐与极可怖的幻象来一方面诱惑自己一方面威吓自己。同一苦闷，程度强弱之大有差别，健康与病态的分别,大概就取决于这个因素。

　　中华民族从古以来不追求自我扩张,从来不把人看作高于一切,在哲学文艺方面的表现都反映出人在自然界中与万物占着一个比例较为恰当的地位,而非绝对统治万物,奴役万物的主宰。因此我们的苦闷,基本上比西方人为少为小;因为苦闷的强弱原是随欲望与野心的大小而转移的。农业社会的人比工业社会的人享受差得多,因此欲望也小得多。况中国古代素来以不滞于物,不为物役为最主要的人生哲学。并非我们没有守财奴,但比起莫里哀与巴尔扎克笔下的守财奴与野心家来,就小巫见大巫了。中国民族多数是性情中正和平、淡泊、朴实,比西方人容易满足——另一方面,佛教影响虽然很大,但天堂地狱之说只是佛教中的小乘(净土宗)的说法,专为知识较低的大众而设的。真正的佛教教理并不相信真有天堂地狱;而是从理智上求觉悟,求超度;觉悟是悟人世的虚幻,超度是超脱痛苦与烦恼。尽管是出世思想,却不予人以热烈追求幸福的鼓动,或急于逃避地狱的恐怖;主要是劝导人求智慧。佛教的智慧正好与基督教的信仰成为鲜明的对比。智慧使人自然而然的醒悟,信仰反易使人入于偏执与热狂之途——我们的民族本来提倡智慧。(中国人的理想是追求智慧而不是追求信仰。我们只看见古人提到彻悟,从未以信仰坚定为人生乐事〔这恰恰是西方人心目中的幸福〕。你认为韩德尔比巴赫为高,你说前者是智慧的结晶,后者是信仰的结晶:这个思想根源也反映出我们的民族性。)故知识分子受到佛教影响并无恶果。即使南北朝时代佛教在中国极盛,愚夫愚妇的迷信亦未尝在吾国文化史上遗留什么毒素,知识分子亦从未陷于虚无主义(即使有过一个短时期,但在历史上并无大害)。——相反,在两汉以儒家为唯一正统,罢斥百家,思想入于停滞状态之后,佛教思想的输入倒是给我们精神上的一种刺激,令人从麻痹中觉醒过来,从狭隘的一家一派的束缚中解放出来。在公元二三世纪的思想情况之下这是一个可喜的现象——对中国知识分子拘束最大的倒是僵死的礼教。从南宋的理学起一直到清朝末年,养成了规行矩步,整天反省,唯恐背礼越矩的迂腐头脑,也养成了口是心非的假道学、伪君子。其次是明清两代的科举制度,不仅束缚性灵,也使一部分有心胸有能力的人徘徊于功名利禄与真正修心养性、致知格物的矛盾中(反映于《儒林外史》中)——然而这一类的矛盾也决不像近代西方人的矛盾那么有害身心。我们的社会进步迟缓,资本主义制度发展若断若续,封建时代的经济基础始终存在,封建时代的道德观、人生观、宇宙观以及一切上层建筑,到近百年中还有很大势力,使我们的精神状态,思想情形不致如资本主义高度发展的国家的人那样混乱、复杂、病态;我们比起欧美人来一方面是落后,一方面也单纯,就是说更健全一些——从民族特性、传统思想,以及经济制度等各个方面看,我们和西方人比较之下都有这个双重性——五四以来,情形急转直下,西方文化的输入使我们的头脑受到极大的骚动,正如"帝国主义的资本主义"的侵入促成我们半封建半资本主义社会的崩溃一样。我们开始感染到近代西方人的烦恼,幸而时期不久,并且宗教影响在我们思想上并无重大作用(西方宗教只影响到买办阶级以及一部分比较落后地区的农民,而且,也并不深刻),故虽有现代式的苦闷,并不太尖锐。我们还是有我们老一套的东方思想与东方哲学,作为批判西方文化的尺度。当然以上所说特别是限于解放以前为止的时期。解放以后情形大不相同,暇时再谈。但即是解放以前我们一代人的思想情况,你也承受下来了,感染得相当深了。我想你对西方艺术、西方思想、西方社会的反应和批评,骨干里都有我们一代(比你早一代)的思想根源,再加上解放以后新社会给你的理想,使你对西欧的旧社会更有另外一种看法,另外一种感觉——倘能从我这一大段历史分析(不管如何片面如何不正确)来分析你目前的思想感情,也许能大大减少你内心苦闷的尖锐程度,使你的矛盾不致影响你身心的健康与平衡,你说是不是?

二月七日

人没有苦闷，没有矛盾，就不会进步。有矛盾才会逼你解决矛盾，解决一次矛盾即往前迈进一步。到晚年矛盾减少，即是生命将要告终的表现。没有矛盾的一片恬静只是一个崇高的理想，真正实现的话并不是一个好现象——凭了修养的工夫所能达到的和平恬静只是极短暂的，比如浪潮的尖峰，一刹那就要过去的。或者理想的平和恬静乃是微波荡漾，有矛盾而不太尖锐，而且随时能解决的那种精神修养，可决非一泓死水：一泓死水有什么可羡呢？我觉得倘若苦闷而不致陷入悲观厌世，有矛盾而能解决（至少在理论上认识上得到一个总结），那么苦闷与矛盾并不可怕。所要避免的乃是因苦闷而导致身心失常，或者玩世不恭，变作游戏人生的态度。从另一角度看，最伤人的（对己对人，对小我与集体都有害的）乃是由 passion（激情）出发的苦闷与矛盾，例如热衷名利而得不到名利的人，怀着野心而明明不能实现的人，经常忌妒别人、仇恨别人的人，那一类苦闷便是与己与人都有大害的。凡是从自卑感自虐狂等来的苦闷对社会都是不利的，对自己也是致命伤。反之，倘是忧时忧国，不是为小我打算而是为了社会福利，人类前途而感到的苦闷，因为出发点是正义，是理想，是热爱，所以即有矛盾，对己对人都无害处，倒反能逼自己做出一些小小的贡献来。但此种苦闷也须用智慧来解决，至少在苦闷的时间不能忘了明哲的教训，才不至于转到悲观绝望，用灰色眼

一九六一年

镜看事物,才能保持健康的心情继续在人生中奋斗——而唯有如此,自己的小我苦闷才能转化为一种活泼泼的力量而不仅仅成为愤世嫉俗的消极因素;因为愤世嫉俗并不能解决矛盾,也就不能使自己往前迈进一步。由此得出一个结论,我们不怕经常苦闷,经常矛盾,但必须不让这苦闷与矛盾妨碍我们愉快的心情。

二月七日晚

……生在二十世纪的人,头脑装满了多多少少的东西,世界上又有多多少少东西时时刻刻逼你注意;人究竟是社会的动物,不能完全与世隔绝;与世隔绝的任何一种艺术家都不会有生命,不能引起群众的共鸣。经常与社会接触而仍然能保持头脑冷静,心情和平,同时能保持对艺术的新鲜感与专一的注意,的确是极不容易的事。你大概久已感觉到这一点。可是过去你似乎纯用排斥外界的办法(事实上你也做不到,因为你对人生对世界的感触与苦闷还是很多很强烈),而没头没脑地沉浸在艺术里,这不是很健康的做法。我屡屡提醒你,单靠音乐来培养音乐是有很大弊害的。以你的气质而论,我觉得你需要多多跑到大自然中去,也需要不时欣赏造型艺术来调剂。假定你每个月郊游一次,上美术馆一次，恐怕你不仅精神更愉快、更平衡，便是你的音乐表达也会更丰富、更有生命力、更有新面目出现。亲爱的孩子，你无论如何应该试试看！

一月九日与林先生的画同时寄出的一包书，多半为温习你中文着眼，故特别挑选文笔最好的书——至于艺术与音乐方面的书，英文中有不少扎实的作品。暑中音乐会较少的期间，也该尽量阅读。

二月八日晨

三月二十八夜 （母亲信）

许多话都在英文信上仔细谈了，想你一定体会到我们做父母的一番热心与关切。我最担心的是你的性情脾气，因为你们父子的气质太相同了；虽然如此，我总觉得你还有我的成分，待人接物比较柔和，可是在熟人面前、亲人前面，你也会放肆（人人都有这个倾向）。弥拉太了解你了，她多么温柔可爱，千万不可伤害她，千万不可把你爸爸对妈妈的折磨加在弥拉身上。虽然我们女人会理解你们，原谅你们，总不是夫妇长久相处的好办法。有时你对小事情太认真、太固执、太啰唆；你该避免不必要的争执，

一九六一年

徒伤和气。你看弥拉多能干,年纪轻轻,搬家、设计、布置,一人独当,你享现成福,岂不幸运?我真想不到她在实际生活上如此多才,你该知足了,记得你一九五六年、一九五七年回家,什么事都左一遍右一遍的叮嘱,千不放心,万不放心,把我烦死了。你自己也跟我说:"妈,我跟爸爸一样的烦噢!"还有一次你跟我讲:"妈,你看我现在脾气好多了,你看怎样?"那时你笑眯眯的,温和可爱,做妈妈的能不更心疼么?但愿你有自知之明,尽量改掉自己的缺点。这次从南非远行回来,该好好休息一番,在新安顿的家里好好享受一番,看看我们给你的画、画片、照片、书籍等等,也足够你们消遣了。

四月二十日 (母亲信)

接到你南非归途中的长信,我一边读一边激动得连心都跳起来了。爸爸没念完就说了几次 Wonderful! Wonderful!(太好了!太好了!)孩子,你不知给了我们多少安慰和快乐!从各方面看,你的立身处世都有原则性,可以说完全跟爸爸一模一样。对黑人的同情,恨殖民主义者欺凌弱小,对世界上一切丑恶的愤懑,原是一个充满热情、充满爱,有正义感的青年应有的反响。你的民族傲气，爱祖国爱事业的热忱，态度的严肃，也是你爸爸多少年来从头至尾感染你的；我想你自己也感觉到。孩子，看到你们父子气质如此相同，正直的行事如此一致，心中真是说不出的高兴。你们谈艺术、谈哲学、谈人生，上下古今无所不包，一言半语就互相默契，彻底了解；在父子两代中能够有这种情形，实在难得。我更回想到一九五六、一九五七两年你回家的时期，没有一天不谈到深更半夜，当时我就觉得你爸爸早已把你当作朋友看待了。

但你成长以后和我们相处的日子太少，还有一个方面你没有懂得爸爸。他有极 delicate（细腻）极 complex（复杂）的一面，就是对钱的看法。你知道他一生清白，公私分明，严格到极点。他帮助人也有极强的原则性，凡是不正当的用途，便是知己的朋友也不肯通融（我亲眼见过这种例子），凡是人家真有为难而且是正当用途，就是素不相识的也肯慨然相助。就是说，他对什么事都严肃看待，理智强得不得了。不像我是无原则的人道主义者，有求必应。你在金钱方面只承继了妈妈的缺点，一些也没学到爸爸的好处。爸爸从来不肯有求于人。这两年来营养之缺乏，非你所能想象，因此百病丛生、神经衰弱、视神经衰退、关节炎、三叉神经痛，各种慢性病接踵而来。他虽然一向体弱，可也不至于此伏彼起地受这么多的折磨。他自己常叹衰老得快，不中用了。我看着心里干着急。有几个知己朋友也为之担心，但是有

一九六一年

什么办法呢？大家都一样。人家提议："为什么不上饭店去吃几顿呢？""为什么不叫儿子寄些食物来呢？"他却始终硬挺，既不愿出门，也不肯向你开口；始终抱着置生命于度外的态度。（我不知道你有没有体会到爸爸这几年来的心情？他不愿，我也不愿与你提，怕影响你的情绪。）后来我实在看不下去，便在去年十一月二十六日的信末向你表示。……你来信对此不提及。今年一月五日你从 Malta（马耳他）来信还是只字不提，于是我不得不在一月六日给你的信上明明白白告诉你："像我们这样的父母，向儿子开口要东西是出于不得已，这一点你应该理解到。爸爸说不是非寄不可，只要回报一声就行，免得人伸着脖子等。"二月九日我又写道："我看他思想和心理活动都很复杂，每次要你寄食物的单子，他都一再踌躇，仿佛向儿子开口要东西也顾虑重重，并且也怕增加你的负担。你若真有困难，应当来信说明，免得他心中七上八下。否则也该来信安慰安慰他。每次单子都是我从旁做主的。"的确，他自己也承认这一方面有复杂的心理（complex），有疙瘩存在，因为他觉得有求于人，即使在骨肉之间也有屈辱之感。你是非常敏感的人，但是对你爸爸妈妈这方面的领会还不够深切和细腻。我一再表示，你好像都没有感觉，从来没有正面安慰爸爸。

他不但为了自尊心有疙瘩，还老是担心增加你的支出，每次

order（让你邮寄）食物，心里矛盾百出，屈辱感、自卑感，一股脑儿都会冒出来，甚至信也写不下去了……他有他的隐痛：一方面觉得你粗心大意，对我们的实际生活不够体贴，同时也原谅你事情忙，对我们实际生活不加推敲，而且他也说艺术家在这方面总是不注意的，太懂实际生活，艺术也不会高明。从这几句话你可想象出他一会儿烦恼一会儿譬解的心理与情绪的波动。此外他再三劝你跟弥拉每月要 save money（节约），要做预算，要有计划，而自己却要你寄这寄那，多花你们的钱，他认为自相矛盾。尤其你现在成了家，开支浩大，不像单身的时候没有顾忌。弥拉固然体贴可爱，毫无隔膜，但是我们做公公婆婆的在媳妇面前总觉脸上不光彩。中国旧社会对儿女有特别的看法，说什么"养子防老"，等等；甚至有些父母还嫌儿子媳妇不孝顺，这样不称心，那样不满意，以致引起家庭纠纷。我们从来不曾有过老派人依靠儿女的念头，所以对你的教育也从来没有接触到这个方面。正是相反，我们是走的另一极端：只知道抚育儿女，教育儿女，尽量满足儿女的希望是我们的责任和快慰，从来不想到要儿女报答。谁料到一朝竟会真的需要儿子依靠儿子呢？因为与一生的原则抵触，所以对你有所要求时总要感到委屈，心里大大不舒服，烦恼得无法解脱。

……他想到你为了多挣钱，势必要多开音乐会，以致疲于奔

一九六一年

命,有伤身体,因此心里老是忐忑不安,说不出的内疚!既然你没有明白表示,有时爸爸甚至后悔 order 食物,想还是不要你们寄的好。此中痛苦,此中顾虑,你万万想不到。我没有他那样执着,常常从旁劝慰……不论在哪一方面,你很懂得爸爸,但这方面的疙瘩,恐怕你连做梦也没想到过;我久已埋在心头,没有和你细谈。为了让你更进一步,更全面的了解他,我觉得责任难逃,应当告诉你。

我的身体也不算好,心脏衰弱,心跳不正常,累了就浮肿,营养更谈不上。因为我是一家中最不重要的人,还自认为身体最棒,能省下来给你爸爸与弟弟吃是我的乐处(他们又硬要我吃,你推我让,常常为此争执),我这个作风,你在家也看惯的。这二年多来瘦了二十磅,一有心事就失眠,说明我也神经衰弱,眼睛老花,看书写字非戴眼镜不可。以上所说,想你不会误解,我绝不是念苦经,只是让你知道人生的苦乐。趁我现在还有精力,我要尽情倾吐,使我们一家人,虽然一东一西分隔遥远,还是能够融融洽洽,无话不谈,精神互相贯通,好像生活在一起。同时也使你多知道一些实际的人生和人情。以上说的一些家常琐碎和生活情形,你在外边的人也当知道一个大概,免得与现实过分脱节。你是聪明人,一定会想法安慰爸爸,消除他心中的 complex(矛盾)!

四月二十五日

亲爱的孩子,寄你"武梁祠石刻片"四张,乃系普通复制品,属于现在印的画片一类。

搨片一称拓片,是吾国固有的一种印刷,原则上与过去印木版书,今日印木刻铜刻的版画相同。唯印木版书画先在版上涂墨,然后以白纸覆印;拓片则先覆白纸于原石,再在纸背以布球蘸墨轻拍细按,印讫后纸背即成正面;而石刻凸出部分皆成黑色,凹陷部分保留纸之本色(即白色)。木刻铜刻上原有之图像是反刻的,像我们用的图章;石刻原作的图像本是正刻,与西洋的浮雕相似,故复制时方法不同。

古代石刻画最常见的一种只勾线条,刻画甚浅;拓片上只见大片黑色中浮现许多白线,构成人物鸟兽草木之轮廓;另一种则将人物四周之石挖去,如阳文图章,在拓片上即看到物象是黑的,具有整个形体,不仅是轮廓了。最后一种与第二种同,但留出之图像呈半圆而微凸,接近西洋的浅浮雕。武梁祠石刻则是第二种之代表作。

给你的拓片,技术与用纸都不高明;目的只是让你看到我们远祖雕刻艺术的些少样品。你在欧洲随处见到希腊罗马雕塑的照片,如何能没有祖国雕刻的照片呢?我们的古代遗物既无照相,

一九六一年

只有依赖拓片,而拓片是与原作等大,绝未缩小之复本。

武梁祠石刻在山东嘉祥县武氏祠内,为公元二世纪前半期作品,正当东汉(即后汉)中叶。武氏当时是个大地主大官僚,子孙在其墓畔筑有享堂(俗称祠堂)专供祭祀之用。堂内四壁嵌有石刻的图画,武氏兄弟数人,故有武荣祠武梁祠之分,唯世人混称为武梁祠。

同类的石刻画尚有山东肥城县之孝堂山郭氏墓,则是西汉(前汉)之物,早于武梁祠约百年(公元一世纪),且系阴刻,风格亦较古拙厚重。"孝堂山"与"武梁祠"为吾国古雕塑两大高峰,不可不加注意。此外尚有较晚出土之四川汉墓石刻,亦系精品。

石刻画题材自古代神话,如女娲氏补天、三皇五帝等传说起,至圣贤、豪杰烈士、诸侯之史实逸事,无所不包——其中一部分你小时候在古书上都读过。原作每石有数画,中间连续,不分界限,仅于上角刻有题目,如《老莱子彩衣娱亲》《荆轲刺秦王》等。唯文字刻画甚浅,年代剥落,大半无存;今日之下欲知何画代表何人故事,非熟悉《春秋》《左传》《国策》不可;我无此精力,不能为你逐条考据。

武梁祠全部石刻共占五十余石,题材总数更远过于此。我仅有拓片二十余张,亦是残帙,缺漏甚多,兹挑出拓印较好之四纸寄你,但线条仍不够分明,遒劲生动飘逸之美几无从体会,只能说聊胜于无而已。

另附法文说明一份，专供弥拉阅读，让她也知道一些中国古艺术的梗概与中国史地的常识。希望她为你译成英文，好解释给你外国友人听；我知道大部分历史与雕塑名词你都不见得会用英文说——倘装在框内，拓片只可非常小心地压平，切勿用力拉直拉平，无数皱下去的地方都代表原作的细节，将纸完全拉直拉平就会失去本来面目，务望与弥拉细说。

又汉代石刻画纯系吾国民族风格。人物姿态衣饰既是标准汉族气味，雕刻风格亦毫无外来影响。南北朝（公元四世纪至六世纪）之石刻，如河南龙门、山西云冈之巨大塑像（其中很大部分是更晚的隋唐作品——相当于公元六世纪至八世纪），以及敦煌壁画等等，显然深受佛教艺术、希腊罗马及近东艺术之影响。

附带告诉你这些中国艺术演变的零星知识，对你也有好处，与西方朋友谈到中国文化，总该对主流支流，本土文明与外来因素，心中有个大体的轮廓才行。以后去不列颠博物馆巴黎卢浮美术馆，在远东艺术室中亦可注意及之。巴黎还有专门陈列中国古物的 Musée Guimet（吉美博物馆），值得参观！

一九六一年

五月一日

中国诗词最好是木刻本，古色古香，特别可爱。可惜不准出口，不得已而求其次，就挑商务影印本给你。以后还会陆续寄，想你一定喜欢。《论希腊雕塑》一编六万余字，是我去冬花了几星期功夫抄的，也算是我的手译，特别给你做纪念。内容值得细读，也非单看一遍所能完全体会。便是弥拉读法文原著，也得用功研究，且原著对神话及古代史部分没有注解，她看起来还不及你读译文易懂。为她今后阅读方便，应当买几部英文及法文的比较完整的字典才好。我会另外写信给她提到。

一月九日寄你的一包书内有老舍及钱伯母的作品，都是你旧时读过的。不过内容及文笔，我对老舍的早年作品看法已大大不同。从前觉得了不起的那篇《微神》，如今认为太雕琢，过分刻画，变得纤巧，反而贫弱了。一切艺术品都忌做作，最美的字句都要出之自然，好像天衣无缝，才经得起时间考验而能传世久远。比如"山高月小，水落石出"不但写长江中赤壁的夜景，历历在目，而且也写尽了一切兼有幽远、崇高与寒意的夜景；同时两句话说得多么平易，真叫作"天籁"！老舍的《柳家大院》还是有血有肉，活得很——为温习文字，不妨随时看几段。没人讲中国话，只好用读书代替，免得词汇字句愈来愈遗忘——最近两封英文信,又长又详尽,我们很高兴,但为了你的中文,仍望不时用中文写,这是你唯一用到中文的机会了。写错字无妨,正好让我提醒你。不知五月中是否演出较少,能抽空写信来?

最近有人批判王氏(王国维)的"无我之境",说是写纯客观,脱离阶级斗争。此说未免褊狭。第一,纯客观事实上是办不到的。既然是人观察事物,无论如何总带几分主观,即使力求摆脱物质束缚也只能做到一部分,而且为时极短。其次能多少客观一些,精神上倒是真正获得松弛与休息,也是好事。人总是人,不是机器,不可能二十四小时只做一种活动。生理上就使你不能不饮食睡眠,推而广之,精神上也有各种不同的活动。便是目不识丁的农夫也有出神的经验,虽时间不过一刹那,其实即是无我或物我两忘的心境。艺术家表现出那种境界来未必会使人意志颓废。例如念了"寒波淡淡起,白鸟悠悠下"两句诗,哪有一星半点不健全的感觉?假定如此,自然界的良辰美景岂不成年累月摆在人面前,人如何不消沉至于不可救药的呢?相反,我认为生活越紧张越需要这一类的调剂;多亲近大自然倒是维持身心平衡最好的办法。近代人的大病即在于拼命损害了一种机能(或一切机能)去发展某一种机能,造成许多畸形与病态。我不断劝你去郊外散步,也是此意。幸而你东西奔走的路上还能常常接触高山峻岭,海洋流水,日出日落,月色星光,无形中更新你的感觉,解除你的疲劳。等你读

一九六一年

了《希腊雕塑》的译文，对这些方面一定有更深的体会。

另一方面，终日在琐碎家务与世俗应对中过生活的人，也该时时到野外去洗掉一些尘俗气，别让这尘俗气积聚日久成为宿垢。弥拉接到我黄山照片后来信说，从未想到山水之美有如此者。可知她虽家居瑞士，只是偶尔在山脚下小住，根本不曾登高临远，见到神奇的景色。在这方面你得随时培养她。此外我也希望她每天挤出时间，哪怕半小时吧，作为阅读之用。而阅读也不宜老拣轻松的东西当作消遣；应当每年选定一二部名著用功细读。比如丹纳的《艺术哲学》之类，若能彻底消化，做人方面，气度方面，理解与领会方面都有进步，不仅仅是增加知识而已。巴尔扎克的小说也不是只供消闲的。像你们目前的生活，要经常不断地阅读正经书不是件容易的事，需要很强的意志与纪律才行。望时常与她提及你老师勃隆斯丹近七八年来的生活，除了做饭、洗衣，照管丈夫孩子以外，居然坚持练琴，每日一小时至一小时半，到今日每月有四五次演出。这种精神值得弥拉学习。

你岳丈灌的唱片，十之八九已听过，觉得以贝多芬的协奏曲与巴赫的 *Solo Sonata*（《独奏奏鸣曲》）为最好。Bartok（巴托克）不容易领会，Bach（巴赫）的协奏曲不及 piano 的协奏曲动人。不知怎么，polyphonic（复调）音乐对我终觉太抽象。便是巴赫的 *Cantata*（《清唱剧》）听来也不觉感动。一则我领会音乐的限度已到了尽头，二则一般中国人的气质和那种宗教音乐距离太远——语言的隔阂在歌唱中也是一个大阻碍。（勃拉姆斯的《小提琴协奏曲》似乎不及钢琴协奏曲美，是不是我程度太低呢？）

Louis Kentner（路易斯·肯特纳）似乎并不高明，不知是与你岳丈合作得不大好，还是本来演奏不过尔尔？他的 Franck（弗兰克）:朔拿大远不及 Menuhin（梅纽因）的 violin party（提琴部分）。Kreutzer（克罗采）更差，2nd movement（第二乐章）的变奏曲部分 weak（弱）之至（老是躲躲缩缩，退在后面，便是 piano 为主的段落亦然如此）。你大概听过他独奏，不知你的看法如何？是不是我了解他不够或竟了解差了？

你往海外预备拿什么节目出去？协奏曲是哪几支？恐怕 Van Wyck（范怀克）首先要考虑那边群众的好恶；我觉得考虑是应当的，但也不宜太迁就。最好还是挑自己最有把握的东西。真有吸引力的还是一个人的本色；而保持本色最多的当然是你理解最深的作品。暑假中最好结合工作与休息，不去远地登台，一方面你们俩都需要松松，一方面你也好集中准备海外节目。

一九六一年

五月二十三日至二十五日

亲爱的孩子，越知道你中文生疏，我越需要和你多写中文；同时免得弥拉和我们隔膜，也要尽量写英文。有时一些话不免在中英文信中重复，望勿误会是我老糊涂。从你婚后，我觉得对弥拉如同对你一样负有指导的责任：许多有关人生和家常琐事的经验，你不知道还不打紧，弥拉可不能不学习，否则如何能帮助你解决问题呢？既然她自幼的遭遇不很幸福，得到父母指点的地方不见得很充分，再加西方人总有许多观点与我们有距离，特别在人生的淡泊、起居享用的俭朴方面，我更认为应当逐渐把我们东方民族（虽然她也是东方血统，但她的东方只是徒有其名了！）的明智的传统灌输给她。前信问你有关她与生母的感情，务望来信告知。这是人伦至性，我们不能不关心弥拉在这方面的心情或苦闷。

……

不愿意把物质的事挂在嘴边是一件事，不糊里糊涂莫名其妙地丢失钱是另一件事！这是我与你大不相同之处。我也觉得提到阿堵物是俗气，可是我年轻时母亲（你的祖母）对我的零用抓得极紧，加上二十四岁独立当家，收入不丰；所以比你在经济上会计算，会筹划，尤其比你原则性强。当然，这些对你的艺术家气质不很调和，但也只是对像你这样的艺术家是如此；精明能干的艺术家也有的是，肖邦即是一个有名的例子：他从来不让出版商剥削，和他们谈判条件从不怕烦。你在金钱方面的洁癖，在我们眼中是高尚的节操，在西方拜金世界和吸血世界中却是任人鱼肉的好材料。我不和人争利，但也绝不肯被人剥削，遇到这种情形不能不争——这也是我与你不同之处。但你也知道，我争的还是一个理而不是为钱，争的是一口气而不是为的利。在这一点上你和我仍然相像。

总而言之，理财有方法、有系统，并不与重视物质有必然的联系，而只是为了不吃物质的亏而采取的预防措施；正如日常生活有规律，并非求生活刻板枯燥，而是为了争取更多的时间，节省更多的精力来做些有用的事，读些有益的书，总之是为了更完美地享受人生。

……

柏辽兹，我一向认为最能代表法兰西民族，最不受德、意两国音乐传统的影响。《基督童年》一曲朴素而又精雅，热烈而又含蓄，虔诚而又健康，完全写出一个健全的人的宗教情绪，广义的宗教情绪，对一切神圣、纯洁、美好、无邪的事物的崇敬。来信说得很对，那个曲子又有热情又有恬静，又兴奋又淡泊，第二段的古风尤其可爱。怪不得当初巴黎的批评家都受了骗，以为真是新发现的十六世纪法国教士作的。但那 narrator（讲述者）唱得

一九六一年

太过火了些,我觉得家中原有老哥伦比亚的一个片段比这个新片更素雅自然。可惜你不懂法文,全篇唱词之美在英文译文中完全消失了。我对照看了几段,简直不能传达原作的美于万一!原文写得像《圣经》一般单纯!可是多美!想你也知道全部脚本是出于柏辽兹的手笔。

你既对柏辽兹感到很大兴趣,应当赶快买一本罗曼·罗兰的《今代音乐家》,读一读论柏辽兹的一篇。那篇文章写得好极了!倘英译本还有同一作者的《古代音乐家》当然也该买。正因为柏辽兹完全表达他自己,不理会也不知道(据说他早期根本不知道巴赫)过去的成规俗套,所以你听来格外清新、亲切、真诚,而且独具一格。也正因为你是中国人,受西洋音乐传统的熏陶较浅,所以你更能欣赏独往独来,在音乐上追求自由甚于一切的柏辽兹。而也由于同样的理由,我热切期望未来的中国音乐应该是这样一个境界。为什么不呢?俄罗斯五大家不也由于同样的理由爱好柏辽兹吗?同时,不也是由于同样的理由,穆索尔斯基对近代各国的乐派发生极大的影响吗?

你说的很对,"学然后知不足",只有不学无术或是浅尝即止的人才会自大自满。我愈来愈觉得读书太少,聊以自慰的就是还算会吸收、消化、贯通。像你这样的艺术家,应当无书不读,像Busoni(布索尼)、Hindemith(欣德米特)那样。就因为此,你

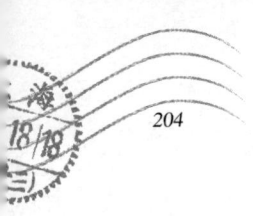

更需和弥拉俩妥善安排日常生活,一切起居小节都该有规律有计划,才能挤出时间来。当然,艺术家也不能没有懒洋洋的耽于幻想的时间,可不能太多;否则成了习惯就浪费光阴了。没有音乐会的期间也该有个计划,哪几天招待朋友,哪几天听音乐会,哪几天照常练琴,哪几天读哪一本书。一朝有了安排,就不至于因为无目的无任务而感到空虚与烦躁了。这些琐琐碎碎的项目其实就是生活艺术的内容。否则空谈"人生也是艺术",究竟指什么呢?对自己有什么好处呢?但愿你与弥拉多谈谈这些问题,定出计划来按部就班地做去。最要紧的是定的计划不能随便打破或打乱。你该回想一下我的作风,可以加强你实践的意志。

一九四五年我和周伯伯办《新语》,写的文章每字每句脱不了罗曼·罗兰的气息和口吻,我苦苦挣扎了十多天,终于摆脱了,重新找到了我自己的文风。这事我始终不能忘怀——你现在思想方式受外国语文束缚,与我当时受罗曼·罗兰(翻了他120万字的长篇自然免不了受影响)的束缚有些相似,只是你生活在外国语文的环境中,更不容易解脱,但并非绝对不可能解决。例如我能写中文,也能写法文和英文,固然时间要花得多一些,但不至于像你这样二百多字的一页中文(在我应当是英文——因我从来没有实地应用英文的机会)要花费一小时。问题在于你的意志,只要你立意克服,恢复中文的困难早晚能克服。我建议你每天写

一九六一年

一些中文日记，便是简简单单写一篇三四行的流水账，记一些生活琐事也好，唯一的条件是有恒。倘你天天写一二百字，持续到四五星期，你的中文必然会流畅得多——最近翻出你一九五〇年十月昆明来信，读了感慨很多。到今天为止，敏还写不出你十六岁时写的那样的中文。既然你有相当根基，恢复并不太难，希望你有信心，不要胆怯，要坚持、持久！你这次写的第一页，虽然气力花了不少，中文还是很好，很能表达你的真情实感——要长此生疏下去，我倒真替你着急呢！我竟说不出我和你两人为这个问题谁更焦急。可是干着急无济于事，主要是想办法解决，想了办法该坚决贯彻！再告诉你一点：你从英国写回来的中文信，不论从措辞或从风格上看，都还比你的英文强得多；因为你的中文毕竟有许多古书做底子，不比你的英文只是浮光掠影撷拾得来的。你知道了这一点应该更有自信心了吧！

五月二十三日

……我自己常常发觉译的东西过了几个月就不满意；往往当时感到得意的段落，隔一些时候就觉得平淡得很，甚至于糟糕得很。当然，也有很多情形，人家对我的批评与我自己的批评并不

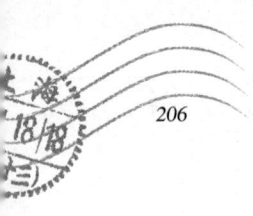

对头；人家指出的，我不认为是毛病；自己认为毛病的，人家却并未指出。想来你也有同样的经验。

在空闲即无音乐会期间有朋友来往，不但是应有的调剂，使自己不致与现实隔膜，同时也表示别人喜欢你，是件大好事。主要是这些应酬也得有限度有计划。最忌有求必应，每会必到；也最忌临时添出新客新事，西方习惯多半先用电话预约，很少人会做不速之客——即使有不速之客，必是极知己的人，不致妨碍你原定计划的——希望弥拉慢慢能学会这一套安排的技术。原则就是要取主动，不能处处被动！

孩子，来信有句话很奇怪。沉默如何就等于同意或了解呢？不同意或不领会，岂非也可用沉默来表现吗？在我，因为太追求逻辑与合理，往往什么话都要说得明白，问得明白，答复别人也答复得分明；沉默倒像表示躲避，引起别人的感觉不是信任或放心，而是疑虑或焦急。过去我常问到你经济情况，怕你开支浩大，演出太多，有伤身体与精神的健康；主要是因为我深知一个艺术家在西方世界中保持独立多么不容易，而唯有经济有切实保障才能维持人格的独立。并且父母对儿女的物质生活总是特别关心。再过一二十年，等你的孩子长成以后，你就会体验到这种心情。

五月二十四日

一九六一年

倘写纯粹中文信太费时间，不妨夹着英文一起写，作为初步训练，那总比根本不写中文强，也比从头至尾写中文省力省时。设法每天看半小时（至少一刻钟）的中国书，坚持半年以后必有成绩。

五月二十五日

六月二十六日晚

六月十八日信（邮戳十九）今晨收到。虽然花了很多钟点，信写得很好。多写几回就会感到更容易更省力。最高兴的是你的民族性格和特征保持得那么完整，居然还不忘记："一箪食（读如'嗣'）一瓢饮，回也不改其乐。"唯有如此，才不致被西方的物质文明湮没。你屡次来信说我们的信给你看到和回想到另外一个世界，理想气息那么浓的、豪迈的、真诚的、光明正大的、慈悲的、无我的（即你此次信中说的 idealistic, generous, devoted, loyal, kind, selfless）世界。我知道东方西方之间的鸿沟，只有豪杰之上，领悟颖异，感觉敏锐而深刻的极少数人方能体会。换句话说，东方人要理解西方人及其文化和西方人理解东方人及其文化同样不容易。即使理解了,实际生活中也未必真能接受。这是近代人的苦闷:既不能闭关自守,东方与西方各管各的生活,各管各的思想,又不能避免两种精神两种文化两种哲学的冲突和矛盾。当然,除了冲突与矛盾,两种文化也彼此吸引,相互之间有特殊的魅力使人神往。东方的智慧、明哲、超脱,要是能与西方的活力、热情、大无畏的精神融合起来,人类可能看到另一种新文化出现。西方人那种孜孜矻矻,白首穷经,只知为学,不问成败的精神还是存在(现在和克利斯朵夫的时代一样存在),值得我们学习。你我都不是大国主义者,也深恶痛绝大国主义,但你我的民族自觉、民族自豪和爱国热忱并无一星半点的排外意味。相反,这是一个有根有蒂的人应有的感觉与感情。每次看到你有这种表现,我都快活得心儿直跳,觉得你不愧为中华民族的儿子!妈妈也为之自豪,对你特别高兴,特别满意。

分析你岳父的一段大有见地,但愿作为你的鉴戒。你的两点结论,不幸的婚姻和太多与太早的成功是艺术家最大的敌人,说得太中肯了。我过去为你的婚姻问题操心,多半也是从这一点出发。如今弥拉不是有野心的女孩子,至少不会把你拉上热衷名利的路,让你能始终维持艺术的尊严,维持你严肃朴素的人生观,已经是你的大幸。还有你淡于名利的胸怀,与我一样的自我批评精神,对你的艺术都是一种保障。但愿十年二十年之后,我不在

一九六一年

人世的时候,你永远能坚持这两点。恬淡的胸怀,在西方世界中特别少见,希望你能树立一个榜样!

说到弥拉,你是否仍和去年八月初订婚时来信说的一样预备培养她?不是说培养她成一个什么专门人才,而是带她走上严肃、正直、坦白、爱美、爱善、爱真理的路。希望以身作则,鼓励她多多读书,有计划有系统地正规地读书,不是消闲趋时地读书。你也该培养她的意志:便是有规律有系统地处理家务,掌握家庭开支,经常读书,等等,都是训练意志的具体机会。不随便向自己的 fancy(幻想,爱好)让步,也不随便向你的 fancy 让步,也是锻炼意志的机会。孩子气是可贵的,但决不能损害 taste,更不能影响家庭生活,起居饮食的规律。有些脾气也许一辈子也改不了,但主观上改,总比听其自然或是放纵(即所谓 indulging)好。你说对吗?弥拉与我们通信近来少得多,我们不怪她,但那也是她道义上感情上的一种责任。我们原谅她是一回事,你不从旁提醒她可就不合理,不尽你督促之责了。做人是整体的,对我们经常写信也表示她对人生对家庭的态度。你别误会,我再说一遍,别误会我们嗔怪她,而是为了她太年轻,需要养成一个好作风,处理实际事务的严格的态度;以上的话主要是为她好,而不是仅仅为我们多得一些你们消息的快乐。可是千万注意,和她提到给我们写信的时候,说话要和软,否则反而会影响她与我们的感情。

翁姑与媳妇的关系与父母子女的关系大不相同,你慢慢会咂摸到,所以处理要非常细致。

最近几次来信,你对我们托办的事多半有交代,我很高兴。你终于在实际生活方面也成熟起来了,表示你有头有尾,责任感更强了。你的录音机迄未置办,我很诧异;照理你布置新居时,应与床铺在预算表上占同样重要的地位。在我想来,少一两条地毯倒没关系,少一架好的录音机却太不明智。足见你们俩仍太年轻,分不出轻重缓急。但愿你去美洲回来就有能力置办!

我早料到你读了《论希腊雕塑》以后的兴奋。那样的时代是一去不复返的了,正如一个人从童年到少年那个天真可爱的阶段一样,也如同我们的先秦时代、两晋六朝一样。近来常翻阅《世说新语》(正在寻一部铅印而篇幅不太笨重的预备寄你),觉得那时的风流文采既有点儿近古希腊,也有点儿像文艺复兴时期的意大利;但那种高远、恬淡、素雅的意味仍然不同于西方文化史上的任何一个时期。人真是奇怪的动物,文明的时候会那么文明,谈玄说理会那么隽永,野蛮的时候又同野兽毫无分别,甚至更残酷。奇怪的是这两个极端就表现在同一批人同一时代的人身上。两晋六朝多少野心家,想夺天下、称孤道寡的人,坐下来清谈竟是深通老庄与佛教哲学的哲人!

韩德尔的神剧固然追求异教精神,但他毕竟不是公元前四五

一九六一年

世纪的希腊人,他的作品只是十八世纪一个意大利化的日耳曼人向往古希腊文化的表现。便是《赛米里》吧,口吻仍不免带点儿浮夸(pompous)。这不是韩德尔个人之过,而是民族与时代之不同,绝对勉强不来的。将来你有空闲的时候(我想再过三五年,你音乐会一定可大大减少,多一些从各方面晋修的时间),读几部英译的柏拉图、色诺芬一类的作品,你对希腊文化可有更多更深的体会。再不然你一朝去雅典,尽管山陵剥落(如丹纳书中所说)面目全非,但是那种天光水色(我只能从亲自见过的罗马和那不勒斯的天光水色去想象),以及巴台农神庙的废墟,一定会给你强烈的激动、狂喜,非言语所能形容,好比四五十年以前邓肯在已德农废墟上光着脚不由自主地跳起舞来(《邓肯自传》,倘在旧书店中看到,可买来一读)。真正体会古文化,除了从小"泡"过来之外,只有接触那古文化的遗物。我所以不断寄吾国的艺术复制品给你,一方面是满足你思念故国,缅怀我们古老文化的饥渴,一方面也想用具体事物来影响弥拉。从文化上、艺术上认识而爱好异国,才是真正认识和爱好一个异国;而且我认为也是加强你们俩精神契合的最可靠的链锁。

石刻画你喜欢吗?是否感觉到那是真正汉族的艺术品,不像敦煌壁画云冈石刻有外来因素。我觉得光是那种宽袍大袖、简洁有力的线条、浑合的轮廓、古朴的屋宇车辆、强劲雄壮的马匹,

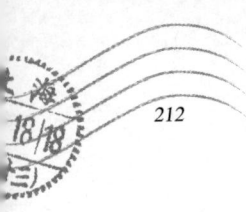

已使我看了怦然心动,神游于两千年以前的天地中去了(装了框子看更有效果)。

几个月来做翻译巴尔扎克《幻灭》三部曲的准备工作,七百五十余页原文,共有一千一百余生字。发个狠每天温三百至四百生字,大有好处。正如你后悔不早开始把肖邦的 Etudes(《练习曲》)作为每天的日课,我也后悔不早开始记生字的苦功。否则这部书的生字至多只有二三百。倘有钱伯伯那种记忆力,生字可减至数十。天资不足,只能用苦功补足。我虽到了这年纪,身体挺坏,这种苦功还是愿意下的。

你对 Michelangeli(米开兰琪利)的观感大有不同,足见你六年来的进步与成熟。同时,"曾经沧海难为水","登东山而小鲁,登泰山而小天下",也是你意见大变的原因。伦敦毕竟是国际性的乐坛,你这两年半的逗留不是没有收获的。

最近在美国的《旅行家杂志》(National Geographic)上读到一篇英国人写的爱尔兰游记,文字很长,图片很多。他是三十年中第二次去周游全岛,结论是:"什么是爱尔兰最有意思的东西?是爱尔兰人。"这句话与你在杜伯林匆匆一过的印象完全相同。

……

吃过晚饭,又读了一遍(第三遍)来信。你自己说写得乱七八糟,其实并不。你有的是真情实感,真正和真实的观察、分析、

一九六一年

判断,便是杂乱也乱不到哪里去。中文也并未退步:你爸爸最挑剔文字,我说不退步你可相信是真的不退步。而你那股热情和正义感不知不觉洋溢于字里行间,教我看了安慰,兴奋……有些段落好像是我十几年来和你说的话的回声……你没有辜负园丁!

老好人往往太迁就,迁就世俗,迁就褊狭的家庭愿望,迁就自己内心中不大高明的因素;不幸真理和艺术需要高度的原则性和永不妥协的良心。物质的幸运也常常毁坏艺术家。可见艺术永远离不开道德——广义的道德,包括正直、刚强、斗争(和自己的斗争以及和社会的斗争)、毅力、意志、信仰……的确,中国优秀传统的人生哲学,很少西方人能接受,更不用说实践了。比如"富贵于我如浮云"在你我是一条极崇高极可羡的理想准则,但像巴尔扎克笔下的那些人物,正好把富贵作为人生最重要的,甚至是唯一的目标。他们那股向上爬、求成功的蛮劲与狂热,我个人简直觉得难以理解。也许是气质不同,并非多数中国人全是那么淡泊。我们不能把自己人太理想化。

你提到英国人的抑制(inhibition)其实正表示他们旷野强悍的程度,不能不深自敛抑,一旦决堤而出,就是莎士比亚笔下的那些人物,如麦克白斯、奥赛罗等,岂不wild(狂野)到极点?

Bath(巴斯)在欧洲亦是鼎鼎大名的风景区和温泉疗养地,无怪你觉得是英国最美的城市。看了你寄来的节目,其中几张风景使我回想起我住过的法国内地古城：那种古色古香，那种幽静与悠闲，至今常在梦寐间出现——说到这里，希望你七月去维也纳，百忙中买一些美丽的风景片给我。爸爸坐井观天，让我从纸面上也接触一下贝多芬、莫扎特、舒伯特住过的名城！

提醒你一句：信中把"自以为是"写作"自已为是"，此是笔误，但也得提一下。

七月七日至八日

《近代文明中的音乐》和你岳父的传记，同日收到。接连三个下午看完传记，感想之多，情绪的波动，近十年中几乎是绝无仅有的经历。写当代人的传记有一个很大的便宜，人证物证多，容易从四面八方搜集材料，相互引证、核对。当然也有缺点：作者与对象之间距离太近，不容易看清客观事实和真正的面目；当事人所牵涉的人和事大半尚在目前，作者不能毫无顾虑，内容的可靠性和作者的意见难免打很大的折扣。总的说来，马吉道夫写得很精彩；对人生、艺术、心理变化都有深刻的观察和真切的感受；taste 不错，没有过分的恭维。作者本人的修养和人生观都相当深广。许多小故事的引用也并非仅仅为了吸引读者，而是旁敲侧击

一九六一年

地烘托出人物的性格。

你大概马上想象得到，此书对我有特殊的吸引力。教育儿童的部分，天才儿童的成长及其苦闷的历史，缺乏苦功而在二十六岁至三十岁之间闭门（不是说绝对退隐，而是独自摸索）补课，两次的婚姻和战时战后的活动，都引起我无数的感触。关于教育，你岳父的经历对你我两人都是一面镜子。我许多地方像他的父母，不论是优点还是缺点，也有许多地方不及他的父母，也有某些地方比他们开明。我很庆幸没有把你关在家里太久，这也是时代使然，也是你我的个性同样倔强使然。父母子女之间的摩擦与冲突，甚至是反目，当时虽然对双方都是极痛苦的事，从长里看对儿女的成长倒是利多弊少。你祖岳母的骄傲简直到了不近人情的地步，完全与她的宗教信仰不相容——世界上除了回教我完全茫然以外，没有一个宗教不教人谦卑和隐忍，不教人克制骄傲和狂妄的。可是她对待老友 Goldman（哥尔门）的态度，对伊虚提在台上先向托斯卡尼尼鞠躬的责备，竟是发展到自高自大、目空一切的程度。她教儿女从小轻视金钱权势，不向政治与资本家低头，不许他们自满，唯恐师友宠坏他们，这一切当然是对的。她与她丈夫竭力教育子女，而且如此全面，当然也是正确的，可敬可佩的；可是归根结底，她始终没有弄清楚教育的目的，只笼笼统统说要儿女做一个好人，哪怕当鞋匠也不妨；她却并未给好人

（honest man）二字下过定义。在我看来，她的所谓好人实在是非常狭小的，限于respectable（品行端正的）而从未想到更积极更阔大的天地和理想。假如她心目中有此意念，她必然会鼓励孩子"培养自己以便对社会对人类有所贡献"。她绝未尊敬艺术，她对真、美、善毫无虔诚的崇敬心理；因此她看到别人自告奋勇帮助伊虚提（如埃尔曼资助他去欧洲留学，哥尔门送他Prince K……小提琴，等等）并不有所感动，而只觉得自尊心受损。她从未认识人的伟大是在于帮助别人，受教育的目的只是培养和积聚更大的力量去帮助别人，而绝对不是盲目地自我扩张。梅纽因老夫人只看见她自己，她一家、她的和丈夫的姓氏与种族；所以她看别人的行为也永远从别人的自私出发。自己没有理想，如何会想到茫茫人海中竟有具备理想的人呢？她学问丰富，只缺少一个高远的理想作为指南针。她为人正直，只缺少忘我的牺牲精神——她为儿女是忘我的，是有牺牲精神的；但"为儿女"实际仍是"为她自己"；她没有急公好义、慷慨豪侠的仁慈！幸亏你岳父得天独厚，凡是家庭教育所没有给他的东西，他从音乐中吸收了，从古代到近代的乐曲中，从他接触的前辈，尤其埃奈斯库身上得到了启示。他没有感染他母亲那种狭窄、闭塞、贫乏、自私的道德观，即西方人所谓的prudery（拘谨）。也幸而残酷的战争教了他更多的东西，扩大了他的心灵和胸襟，烧起他内在的热情……你

一九六一年

岳父今日的成就,特别在人品和人生观方面,可以说是 in spite of his mother(尽管母亲如此,他也未受影响)。我相信真有程度的群众欣赏你岳父的地方(仍是指艺术以外的为人),他父母未必体会到什么伟大。但他在海牙为一个快要病死的女孩子演奏 Bach(巴赫)的 Chaconne(《夏空》),以及他一九四七年在柏林对犹太难民的说话,以后在以色列的表现,等等,我认为是你岳父最了不起的举动,符合我们威武不能屈的古训。

书中值得我们深思的段落,多至不胜枚举,对音乐,对莫扎特、巴赫直到巴托克的见解;对音乐记忆的分析,小提琴技术的分析,还有对协奏曲(和你一开始即浸入音乐的习惯完全相似的)态度,都大有细细体会的价值。他的两次 re-study(重新学习)——最后一次是一九四二至一九四五年——你都可以作为借鉴。

了解人是一门最高深的艺术,便是最伟大的哲人、诗人、宗教家、小说家、政治家、医生、律师,都只能掌握一些原则,不能说对某些具体的实例——个人——有彻底的了解。人真是矛盾百出,复杂万分,神秘到极点的动物,看了传记,好像对人物有了相当认识,其实还不过是一些粗疏的概念。尤其他是性情温和、从小隐忍惯的人,更不易摸透他的底。我想你也有同感。

你上次信中分析他的话,我不敢下任何断语。可是世界上就是到处残缺,没有完善的人或事。大家说他目前的夫人不太理想,但弥拉的母亲又未尝使他幸福。他现在的夫人的确多才多艺，精明强干，而连带也免不了多才多艺和精明强干带来的缺点。假如你和其他友人对你岳父的看法不错，那也只能希望他的艺术良心会再一次觉醒，提到一个新的更高的水平，再来一次严格的自我批评。是否会有这幸运的一天，就得看他的生命力如何了。人的发展总是波浪式的，和自然界一样：低潮之后还有高潮再起的可能，峰回路转，也许"柳暗花明又一村"，又来一个新天地呢！所以古人说对人要"盖棺论定"。

你说过的那位匈牙利老太太，指导过 Anni Fischer（安妮·费希尔）的，千万上门去请教，便是去一两次也好。你有足够的聪明，人家三言两语，你就能悟出许多道理。可是从古到今没有一个人聪明到不需要听任何人的意见。智者千虑，必有一失。也许你去美访问以前就该去拜访那位老人家！亲爱的孩子，听爸爸的话，安排时间去试一试好吗？再附带一句：去之前一定要存心去听"不入耳之言"才会有所得，你得随时去寻访你周围的大大小小的伊萨伊！

话愈说愈远——也许是愈说愈近了。假如念的书不能应用到自己身上来，念书干嘛？

我已有几次问你弥拉是否开始怀孕，因为她近来信少，与你半年前的情形相仿。若是怀孕而不舒服，则下面的话只当没说！

一九六一年

否则妈妈送了她东西，她一个字都没有，未免太不礼貌。尤其我们没有真好的东西给她（环境限制），可是"礼轻心意重"，总希望受的人接受我们一份情意。倘不是为了身体不好，光是忙，不能成为一声不出的理由。这是体统和规矩问题。我看她过去与后母之间不大融洽；说不定一半也由于她太"少不更事"。——但这事你得非常和缓地向她提出，也别露出是我信中嗔怪她，只作为你自己发觉这样不大好，不够 kind（周到），不合乎做人之道。你得解释，这不过是一例，做人是对整个社会，不仅仅是应付家属。但对近亲不讲礼貌的人也容易得罪一般的亲友——以上种种，你需要掌握时机，候她心情愉快的当口委婉细致，心平气和，像对知己朋友进忠告一般地谈，假如为了我们使你们小夫妇俩不欢，是我极不愿意的。你总得让她感觉到一切是为她好，帮助她学习 live the life（为人处世）；而绝非为了父母而埋怨她。孩子，这件微妙的任务希望你顺利完成！对你也是一种学习和考验。忠言逆耳，但必须出以一百二十分柔和的态度，对方才能接受。

七月七日晚

在过去的农业社会里，人的生活比较闲散，周围没有紧张的空气，随遇而安，得过且过的生活方式还能对付。现在时代大变，尤其在西方世界，整天整月整年社会像一个瞬息不停的万花筒，生存竞争的剧烈，想你完全体会到了。最好做事要有计划，至少一个季度事先要有打算，定下的程序非万不得已切勿临时打乱。你是一个经常出台的演奏家，与教授、学者等等不同：生活忙乱得多，不容易控制。但愈忙乱愈需要有全面计划，我总觉得你太被动，常常 be carried away（入迷、忘形），被环境和大大小小的事故带着走，从长远看，不是好办法。过去我一再问及你经济情况，主要是为了解你的物质基础，想推测一下再要多少时期可以减少演出，加强学习——不仅仅音乐方面的学习。我很明白在西方社会中物质生活无保障，任何高远的理想都谈不上。但所谓物质保障首先要看你的生活水准，其次要看你会不会安排收支，保持平衡，经常有规律的储蓄。生活水准本身就是可上可下，好坏程度、高低等级多至不可胜计的；究竟自己预备以哪一种水准为准，需要想个清楚，弄个彻底，然后用坚强的意志去贯彻。唯有如此，方谈得到安排收支等等的理财之道。孩子，光是瞧不起金钱不解决问题；相反，正因为瞧不起金钱而不加控制，不会处理，临了竟会吃金钱的亏，做物质的奴役。单身汉还可用颜回的刻苦办法应急，有了家室就不行，你若希望弥拉也会甘于素衣淡食就要求太苛，不合实际了。为了避免落到这一步，倒是应当及

一九六一年

早定出一个中等的生活水准使弥拉能同意,能实践,帮助你定计划执行。越是轻视物质越需要控制物质。你既要保持你艺术的尊严,人格的独立,控制物质更成为最迫切最重要的先决条件。孩子,假如你相信我这个论点,就得及早行动。

经济有了计划,就可按照目前的实际情况定一个音乐活动的计划。比如下一季度是你最忙,但也是收入最多的季度:那笔收入应该事先做好预算;切勿钱在手头,散漫使花,而是要作为今后减少演出的基础——说明白些就是基金。你常说音乐世界是茫茫大海,但音乐还不过是艺术中的一支,学问中的一门。望洋兴叹是无济于事的,要钻研仍然要定计划——这又跟你的演出的多少,物质生活的基础有密切关系。你结了婚,不久家累会更重;尔已站定脚跟,但最要防止将来为了家累,为了物质基础不稳固,不知不觉地把演出、音乐为你一家数口服务。古往今来——尤其近代,多少艺术家(包括各个部门的)到中年的以后走下坡路,难道真是他们愿意的吗?多半是为家庭拖下水的,而已拖下水的经过完全出于不知不觉。

孩子,我为了你的前途不能不长篇累牍地告诫。现在正是设计你下一阶段生活的时候,应当振作精神,面对当前,眼望将来,从长考虑,何况我相信三五年到十年之内,会有一个你觉得非退隐一年两年不可的时期。一切真有成就的演奏家都逃不过这一关。

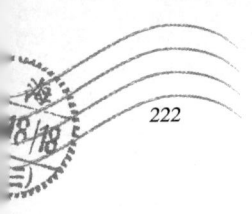

你得及早准备。

　　最近三个月,你每个月都有一封长信,使我们好像和你对面谈天一样:这是你所能给我和你妈妈的最大安慰。父母老了,精神上不免一天天地感到寂寞。唯有万里外的游子归鸿使我们生活中还有一些光彩和生气。希望以后信中除了艺术,也谈谈实际问题。你当然领会到我做爸爸的只想竭尽所能帮助你进步,增进你的幸福,想必不致嫌我烦琐吧?

七月八日上午

八月一日

　　二十四日接弥拉十六日长信,快慰之至。几个月不见她手迹着实令人挂心,不知怎么,我们真当她亲生女儿一般疼她;从未见过一面,却像久已认识的人那样亲切。读她的信,神情笑貌跃然纸上。口吻那么天真那么朴素,taste 很好,真叫人喜欢。成功的婚姻不仅对当事人是莫大的幸福,而且温暖的光和无穷的诗意一直照射到、渗透入双方的家庭。敏读了弥拉的信也非常欣赏她的人品。

一九六一年

弥拉报告中有一件事教我们特别高兴:你居然去找过了那位匈牙利太太!(姓名弥拉写得不清楚,望告知!)多少个月来(在杰老师心中已是一年多了),我们盼望你做这一件事,一旦实现,不能不为你的音乐前途庆幸。——写到此,又接你明信片;那么原来希望本月四日左右接你长信,又得推迟十天了。但愿你把技巧改进的经过与实际谈得详细些,让我转告李先生好慢慢帮助国内的音乐青年,想必也是你极愿意做的事。本月十二至二十六日间,九月二十二日以前,你都有空闲的时间,除了出门休息(想你们一定会出门吧?)以外,尽量再去拜访那位老太太,向她请教。尤其维也纳派(莫扎特、贝多芬、舒伯特),那种所谓repose(恬静)的风味必须彻底体会。好些评论对你这方面的欠缺都一再提及——至于追求细节太过,以致妨碍音乐的朴素与乐曲的总的轮廓,批评家也说过很多次。据我的推想,你很可能犯了这些毛病。往往你会追求一个目的,忘了其他,不知不觉钻入牛角尖(今后望深自警惕)。可是深信你一朝醒悟,信从了高明的指点,你回头是岸,纠正起来是极快的,只是别矫枉过正,往另一极端摇摆过去就好了。

像你这样的年龄与经验,随时随地吸收别人的意见非常重要。经常请教前辈更是必需。你敏感得很,准会很快领会到那位前辈的特色与专长,尽量汲取——不到汲取完了决不轻易调换老师。

上面说到维也纳派的 repose，推想当是一种闲适恬淡而又富于旷达胸怀的境界，有点儿像陶靖节、杜甫（某一部分田园写景）、苏东坡、辛稼轩（也是田园曲与牧歌式的词）。但我还捉摸不到真正维也纳派的所谓 repose，不知你的体会是怎么回事？

近代有名的悲剧演员可分两派：一派是浑身投入，忘其所以，观众好像看到真正的剧中人在面前歌哭；情绪的激动，呼吸的起伏，竟会把人在火热的浪潮中卷走，Sarah Bernhardt（莎拉·伯恩哈特）即是此派代表（巴黎有她的纪念剧院）。一派刻画人物唯妙唯肖，也有大起大落的激情，同时又处处有一个恰如其分的节度，从来不流于"狂易"之境。心理学家说这等演员似乎有双重人格：既是演员，同时又是观众。演员使他与剧中人物合一，观众使他一切演技不会过火（即是能入能出的那句老话）。因为他随时随地站在圈子以外冷眼观察自己，故即使到了猛烈的高潮峰顶仍然能控制自己。以艺术而论，我想第二种演员应当是更高级。观众除了与剧中人发生共鸣，亲身经受强烈的情感以外，还感到理性节制的伟大，人不被自己情欲完全支配的伟大。这伟大也就是一种美。感情的美近于火焰的美、浪涛的美、急风暴雨之美，或是风和日暖、鸟语花香的美；理性的美却近于钻石的闪光、星星的闪光，近于雕刻精工的美、完满无疵的美，也就是智慧之美！情感与理性平衡所以最美，因为是最上乘的人生哲学，生活艺术。

一九六一年

记得好多年前我已与你谈起这一类话。现在经过千百次实际登台的阅历,大概更能体会到上述的分析可应用于音乐了吧?去冬你岳父来信说你弹两支莫扎特协奏曲,能把强烈的感情纳入古典的形式之内,他意思即是指感情与理性的平衡。但你还年轻,出台太多,往往体力不济,或技巧不够放松,难免临场紧张,或是情不由己,be carried away(情难自禁)。并且你整个品性的涵养也还没到此地步。不过早晚你会在这方面成功的,尤其技巧有了大改进以后……

八月十九日

近几年来常常想到人在大千世界、星云世界中多么微不足道,因此更感到人自命为万物之灵实在狂妄可笑。但一切外界的事物仍不断对我发生强烈的作用,引起强烈的反应和波动,忧时忧国不能自己;另一时期又觉得转眼之间即可撒手而去,一切于我何有哉!这一类矛盾的心情几乎经常控制了我:主观上并无出世之意,事实上常常浮起虚无幻灭之感。个人对一切感觉都敏锐、强烈,而常常又自笑愚妄。不知这是现代中国知识分子的共同苦闷,还是我特殊的气质使然。即使想到你,有些安慰,却也立刻会想到

随时有离开你们的可能,你的将来,你的发展,我永远看不见的了,你十年二十年后的情形,对于我将永远是个谜,正如世界上的一切,人生的一切,到我脱离尘世之时都将成为一个谜——个人消灭了,茫茫宇宙照样进行,个人算得什么呢!

八月三十一日夜至九月二日中午

八月二十四日接十八日信,高兴万分。你最近的学习心得引起我许多感想。杰老师的话真是至理名言,我深有同感。会学的人举一反三,稍经点拨,即能跃进。不会学的不用说闻一以知十,连闻一以知一都不容易办到,甚至还要缠夹,误入歧途,临了反抱怨老师指引错了。所谓会学,条件很多,除了悟性高以外,还要足够的人生经验。……现代青年头脑太单纯,说他纯洁固然不错,无奈遇到现实,纯洁没法作为斗争的武器,倒反因天真幼稚而多走不必要的弯路。玩世不恭,cynical(愤世嫉俗,见利忘义)的态度当然为我们所排斥,但不懂得什么叫作 cynical 也反映入世太浅,眼睛只会朝一个方向看。周总理最近批评我们的教育,使青年只看见现实世界中没有的理想人物,将来到社会上去一定感到失望与苦闷。胸襟眼界狭小的人,即使老辈告诉他许多旧社会的风俗人情,也几乎会骇而却走。他们既不懂得人是从历史上发展出来的,经过几千年上万年的演变过程才有今日的所谓文明人,所谓社会主义制度下的人,一切也就免不了管中窥豹之弊。这种人倘使学文学艺术,要求体会比较复杂的感情,光暗交错、善恶并列的现实人生,就难之又难了。要他们从理论到实践,从抽象到具体,样样结合起来,也极不容易。但若不能在理论→实践、实践→理论、具体→抽象、抽象→具体中不断来回,任何学问都难以入门。

以上是综合的感想。现在谈谈你最近学习所引起的特殊问题。

据来信,似乎你说的relax(放松)不是五六年以前谈的纯粹技巧上的relax,而主要是精神、感情、情绪、思想上的一种安详、闲适、淡泊、超逸的意境,即使牵涉到技术,也是表现上述意境的一种相应的手法,音色与tempo rubato(弹性节奏),等等。假如我这样体会你的意思并不错,那我就觉得你过去并非完全不能表达relax的境界,只是你没有认识到某些作品某些作家确有那种relax的精神。一年多以来,英国批评家有些说你的贝多芬(当然指后期的奏鸣曲)缺少那种viennese repose(维也纳式的宁静),恐怕即是指某种特殊的安闲、恬淡、宁静之境,贝多芬在早年中年剧烈挣扎与苦斗之后,到晚年达到的一个peaceful mind(平和的心境),也就是一种特殊的serenity(安详),是一种resignation(隐忍,顺从）产生的 serenity。但精神上的清明恬静之境也因人而异，贝多芬的清明恬静既不同于莫扎特的，也不同于舒伯特的。稍一混淆，在水平较高的批评家、音乐家以及听众耳中就会感到气息不对，风格不合，口吻不真。我是用这种看法来说明你为何在弹斯卡拉蒂和莫扎特时能完全 relax，而遇到贝多芬与舒伯特就成问题。另外两点，你自己已分析得很清楚：一是看到大多的 drama（戏剧效果），把主观的情感加诸原作；二是你的个性与气质使你不容易 relax，除非遇到斯卡拉蒂与莫扎特，只有轻灵、松动、活泼、幽默、妩媚、温婉而没法找出一点儿借口可以装进你自己的 drama（角色情感）。因为莫扎特的 drama（气质）不是十九世纪的 drama，不是英雄式的斗争、波涛汹涌的感情激动、如醉若狂的 fanaticism（激情着迷）；你身上所有的近代人的 drama 气息绝对应用不到莫扎特作品中去；反之，那种十八世纪式的 flirting（情调）和诙谐、俏皮、讥讽，等等，你倒也很能体会；所以能把莫扎特表达得恰如其分。还有一个原因，凡作品整体都是 relax 的，在你不难掌握；其中有激烈的波动又有苍茫惆怅的那种 relax 的作品，如肖邦，因为与你气味相投，故成绩也较有把握。但若既有激情又有隐忍恬淡如贝多芬晚年之作，你即不免抓握不准。你目前的发展阶段，已经到了理性的控制力相当强，手指神经很驯服的能听从头脑的指挥，故一朝悟出了关键所在的作品精神，领会到某个作家的 relax 该是何种境界何种情调时，即不难在短时期内改变面目，而技巧也跟着适应要求，像你所说"有些东西一下子显得容易了"。旧习未除，亦非短期所能根绝，你也分析得很彻底：悟是一回事，养成新习惯来体现你的"悟"是另一回事。

最后你提到你与我气质相同的问题，确是非常中肯。你我秉性都过敏，容易紧张。而且凡是热情的人多半流于执着，有 fanatic（狂热）倾向。你的观察与分析一点不错。我也常说应该学学周伯伯那种潇洒，超脱，随意游戏的艺术风格，冲淡一下太多的主观与肯定，所谓 positivism（自信）。无奈向往是一事，能否做到是另一事。有时个性竟是顽强到底，什么都扭它不过。幸而你还年轻，不像我业已定型；也许随着阅历与修养，加上你在音乐中的熏陶，早晚能获致一个既有热情又能冷静，能入能出的境界。总之，今年你请教 Kobos（卡波斯）太太后，所有的进步是我与杰老师久已期待的；我早料到你并不需要到四十左右才悟到某些淡泊、朴素、闲适之美——像去年四月《泰晤士报》评论你两次肖邦音乐会所说的。附带又想起批评界常说你追求细节太过，我相信事实确是如此，你专追一门的劲也是 fanatic 得厉害，比我还要执着。或许近二个月以来，在这方面你也有所改变了吧？注意局部而忽视整体，雕琢细节而动摇大的轮廓固谈不上艺术；即使不妨碍完整，雕琢也要无斧凿痕，明明是人工，听来却宛如天成，才算得艺术之上乘。这些常识你早已知道，问题在于某一时期目光大集中在某一方面，以致耳不聪，目不明，或如孟子所说"明察秋毫而不见舆薪"。一旦醒悟，回头一看，自己就会大吃一惊，正如一九五五年时你何等欣赏米开兰琪利，最近却弄不明白当年为何如此着迷。

八月三十一日夜

早在一九五七年李赫特在沪演出时，我即觉得他的舒伯特没有 grace（魅力）。以他的身世而论很可能于不知不觉中走上神秘主义的路。生活在另外一个世界中，那世界只有他一个人能进去，其中的感觉、刺激、形象、色彩、音响都另有一套，非我们所能梦见。神秘主义者往往只有纯洁、朴素、真诚，但缺少一般的温馨妩媚。便是文艺复兴初期的意大利与佛兰德斯宗教画上的 grace 也带一种圣洁的他世界的情调，与十九世纪初期维也纳派的风流蕴藉，熨帖细腻，同时也带一些淡淡的感伤的柔情毫无共通之处。而斯拉夫族，尤其俄罗斯民族的神秘主义又与西欧的罗马正教一派的神秘主义不同。听众对李赫特演奏的反应如此悬殊也是理所当然的。二十世纪六十年代的人还有几个能容忍音乐上的神秘主义呢？至于捧他上天的批评只好目之为梦呓，不值一哂。

从通信所得的印象，你岳父说话不多而含蓄甚深，涵养功夫极好，但一言半语中流露出他对人生与艺术确有深刻的体会。以他成年前所受的教育和那么严格的纪律而论，能长成为今日这样一个独立自由的人，在艺术上保持鲜明的个性，已是不大容易的了；可见他秉性还是很强，不过藏在内里，一时看不出罢了。他自己在书中说："我外表是赫夫齐芭，内心是雅尔太。"但他坚强的个性不曾发展到他母亲的路上，没有那种过分的民族自傲，也算大幸。

尽管那本传记经过狄安娜夫人校阅，但其中并无对狄安娜特别恭维的段落，对诺拉亦无贬词——这些我读的时候都很注意。上流社会的妇女总免不了当面一套，背后一套：为了在西方社会中应付，也有不得已的苦衷。主要仍须从大事情大原则上察看一个人的品质。希望你竭力客观，头脑冷静，前妻的子女对后母必有成见，我们局外人只能以亲眼目睹的事实来判断，而且还须分析透彻。年轻人对成年人的看法往往不大公平，何况对待后母！故凡以过去的事为论证的批评最好先打个问号，采取保留态度，勿急于下断语。家务事曲折最多，单凭一面之词难以窥见真相。

九月一日

从去年冬天起,党中央颁布了关于农业工作十二条,今年春季又扩充为六十条,纠正过去人民公社中的歪风(所谓乱刮"共产风"),定出许多新的措施,提高农民的积极性,增加物质报酬,刺激生产。大半年以来农村情况大有改变,农民工作都有了劲,不再拖拉、磨洋工。据说六十条是中央派了四十人的调查团,分别深入各地,住在农民家中实地调查研究以后得出的结论。可见党对人民生活的关心,及时大力扭转偏差,在天灾频仍的关头提出"大办农业,大种粮食"的口号。我个人感觉:人事方面,社会主义制度下最重要的关键仍然要消灭官僚主义;农业增产要达到理想指标必须机耕与化肥两大问题基本解决以后才有可能。并且吾国人民的饮食习惯倘不逐渐改变,不用油脂和蛋白、肉类,来代替大量的淀粉,光靠各类增产还是有困难。吾国人口多,生育率高,消耗淀粉(米、麦、高粱及一切杂粮)的总量大得惊人,以绝大部分的可耕地种谷类所能供应人的热量(即卡路里),远不如少量面积种油脂作物所能供应人的热量为多。在经济核算上,在国民健康观点上,油脂的价值远过于谷类。我们工农阶级的食物,油脂与淀粉质消耗的比例,正好和西欧工农在这两类上的比例相反。结果我们的胃撑得很大,到相当年纪又容易下垂,所得营养却少得可怜——但要改变大家几千年来多吃谷类的习惯大不容易,至少也要一二代才能解决。同时增加油脂作物和畜牧生产也是件大事。以上仅仅是我个人的感想，社会上尚未听见有人提出。

　　教育与文艺方面，半年来有不少党中央的报告，和前几年的看法做法也大有不同。对知识分子思想水平的要求有所调整，对"红""专"问题的标准简化为：只要有国际主义爱国主义精神，接受马列主义，就算"红"。当然"红"与"专"都无止境，以之为终身努力的目标是应该的，但对目前知识分子不能要求过高，期望太急。文艺创作的题材亦可不限于工农兵，只消工农兵喜爱，能为工农兵看了以后消除疲劳也就是为工农兵服务。政治固然是判断作品的第一标准，但并非"唯一的"标准。以后要注意艺术性。学校教育不能再片面强调政治，不能停了课"搞运动"。周扬部长与陈副总理都提到工厂不搞生产如何成为工厂，学校不搞学习如何成为学校；今后培养青年一定要注重业务，要"专"，决不允许红而不专。诸如此类的指示有许许多多，大致都根据以上说的几个方针。问题在于如何执行，如何贯彻。基层干部的水平不可能一转眼就提高，也就不可能一下子正确领会党中央的政策与精神。大家"拨一拨、动一动"的惰性已相当深，要能主动掌握，彻底推行中央决定，必须经过长时期地教育与自我教育。国家这样大，人这么多，摊子摆得这么多、这么大，哪里一下就能扭转错误！现在只是调整方向方针，还未到全面实现的阶段。不过有

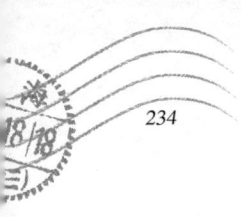

此转变已经是可喜之至了。

以往四年简直不和你谈到这些,原因你自会猜到。我的感想与意见写起来也许会积成一厚本:我吃亏的就是平日想的太多,无论日常生活,大事小事,街头巷尾所见所闻,都引起我许多感想;更吃亏的是看问题水平提得太高(我一向说不是我水平高,而是一般的水平太低),发现症结为时太早:许多现在大家承认为正确的意见,我在四五年、六七年以前就有了;而在那时的形势下,在大家眼中我是思想落后,所以有那些看法。

九月是你比较空闲的一月,我屡次要你去博物馆看画,无论如何在这个月中去一二回!先定好目标看哪一时期的哪一派,集中看,切勿分散精力。早期与中期文艺复兴(意大利派)也许对你理解斯卡拉蒂更有帮助。造型艺术与大自然最能培养一个人身心 relax!你的中文信并未退步,词汇也仍丰富,只是做主词的"我"字用得太多,不必要的虚字也用多了些。因你时间有限,我不苛求;仅仅指出你的毛病,让你知道而已。

九月二日中午

一九六一年

九月十四日

你工作那么紧张,不知还有时间和弥拉谈天吗?我无论如何忙,要是一天之内不与你妈谈上一刻钟十分钟,就像漏了什么功课似的。时事感想,人生或大或小的事务的感想,文学艺术的观感,读书的心得,翻译方面的问题,你们的来信,你的行踪……上下古今,无所不谈,拉拉扯扯,不一定有系统,可是一边谈一边自己的思想也会整理出一个头绪来,变得明确;而妈妈今日所达到的文化、艺术与人生哲学的水平,不能不说一部分是这种长年的闲谈熏陶出来的。去秋你信中说到培养弥拉,不知事实上如何做?也许你父母数十年的经历和生活方式还有值得你参考的地方。以上所提的日常闲聊便是熏陶人最好的一种方法。或是饭前饭后或是下午喝茶(想你们也有英国人喝 tea 的习惯吧?)的时候,随便交换交换意见,无形中彼此都得到不少好处:启发,批评,不知不觉地提高自己,提高对方,总不能因为忙,各人独自生活在一个小圈子里。少女少妇更忌精神上的孤独。共同的理想、热情,需要长期不断地灌溉栽培,不是光靠兴奋时说几句空话所能支持的。而一本正经地说大道理,远不如日常生活中琐琐碎碎的一言半语来得有效——只要一言半语中处处贯彻你的做人之道和处世的原则。孩子,别因为埋头于业务而忘记了你自己定下的目标,

别为了音乐的艺术而抛荒生活的艺术。弥拉年轻，根基未固，你得耐性细致、孜孜不倦地关怀她，在人生琐事方面，读书修养方面，感情方面，处处观察、分析、思索，以诚挚深厚的爱做原动力，以冷静的理智做行动的指针，加以教导，加以诱引，和她一同进步！倘或做这些工作的时候有什么困难，千万告诉我们，可帮你出主意解决。你在音乐艺术中固然只许成功，不许失败；在人生艺术中，婚姻艺术中也只许成功，不许失败！这是你爸爸妈妈最关心的，也是你一生幸福所系。而且你很明白，像你这种性格的人，人生没法与艺术分离，所以要对你的艺术有所贡献，家庭生活与夫妇生活更需要安排得美满——语重心长，但愿你深深体会我们爱你和爱你的艺术的热诚，从而在行动上彻底实践！

　　我老想帮助弥拉，但自知手段笨拙，深怕信中处处流露出说教口吻和家长面孔。青年人对中年老年人另有一套看法，尤其西方少妇。你该留意我的信对弥拉起什么作用：要是她觉得我太古板、太迂，等等，得赶快告诉我，让我以后对信中的措辞多加修饰。我决不嗔怪她，可是我极需要知道她的反应来调节我教导的方式方法。你务须实事求是，切勿粉饰太平，歪曲真相：日子久了，这个办法只能产生极大的弊害。你与她有什么不协和，我们就来解释，劝说；她与我们之间有什么不协和，你就来解释，劝说：这样才能做到所谓"同舟共济"。我在中文信中谈的问题，你都

一九六一年

可挑出一二题目与她讨论；我说到敏的情形也好告诉她：这叫作旁敲侧击，使她更了解我们，我知道她家务杂务，里里外外忙得不可开交，故至今不敢在读书方面督促她。我屡屡希望你经济稳定，早日打定基础，酌量减少演出，使家庭中多些闲暇，一方面也是为了弥拉的晋修（要人晋修，非给他相当时间不可）。我一再提议你去森林或郊外散步，去博物馆欣赏名作，大半为了你，一小半也是为了弥拉。多和大自然与造型艺术接触，无形中能使人恬静旷达（古人所云"荡涤胸中尘俗"，大概即是此意），维持精神与心理的健康。在众生万物面前不自居为"万物之灵"，方能祛除我们的狂妄，打破纸醉金迷的俗梦，养成淡泊洒脱的胸怀，同时扩大我们的同情心。欣赏前人的遗迹，看到人类伟大的创造，才能不使自己被眼前的局势弄得悲观，从而鞭策自己，竭尽所能地在尘世留下些少成绩。以上不过是与大自然及造型艺术接触的好处的一部分；其余你们自能体会。

九月十四日晨

前几日细细翻阅你一九六〇、一九六一两年的节目，发觉你练的新作品寥寥无几。一方面演出太多，一方面你的表达方式与

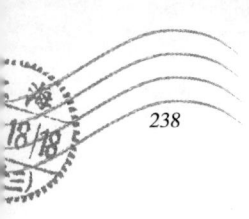

技术正在波动与转变，没有时间精力与必要的心情练新作品。这些都不难理解；但为长久之计，不能不及早考虑增加"曲码"的问题。预计哪一年可腾出较多的时间，今后的日课应如何安排以便挤出时间来，起居生活的细节应如何加速动作，不让占去很多工作时间……都有待于仔细筹划。

在英国演出现代作品的机会太少，在美澳两洲是否较多呢？可是放下已久的东西，如在华沙时练好的普罗利菲埃夫与肖斯塔科维奇的朔拿大，以及巴托克的《协奏曲》，恐非短时期的温习就能拿出去登台，是不是？可是这一方面的学习计划不妨与我谈谈！

九月十四日下午

十月五日夜（母亲信）

孩子，你跟爸爸相似的地方太多了，连日常生活也如此相似，老关在家里练琴，听唱片，未免太单调。要你出去走走，看看博物馆，无非是调剂生活，丰富你的精神生活。你的主观、固执，看来与爸爸不相上下，这个我是绝对同情弥拉的，我决不愿意身受折磨会在下一代的儿女身上重现——你是自幼跟我在一起，生

一九六一年

活细节也看得多,你是最爱妈妈的,也应该是最理解妈妈的,我对你爸爸性情脾气的委曲求全、逆来顺受,都是有原则的,因为我太了解他,他一贯的秉性乖戾、疾恶如仇,是有根源的。当时你祖父受土豪劣绅的欺侮压迫,二十四岁上就郁闷而死,寡母孤儿(你祖母和你爸爸)悲惨凄凉的生活,修道院式的童年,真是不堪回首。到成年后,孤军奋斗,爱真理,恨一切不合理的旧传统和杀人不见血的旧礼教,为人正直不苟,对事业忠心耿耿,我爱他,我原谅他。为了家庭的幸福,儿女的幸福,以及他孜孜不倦的事业的成就,放弃小我,顾全大局。爸爸常常抱恨自己把许多坏脾气影响了你,所以我们要你及早注意,克制自己,把我们家上代悲剧的烙印从此结束,而这个结束就要从你开始,才能不再遗留到后代身上去。现在弥拉还年轻,有幻想,有热情,多少应该满足她活跃的青春的梦,偶尔看看电影,上博物馆,陶醉在过去的历史的成果中,欣赏体会;周末去郊外或公园散步闲游,吸收自然界的美,要过这种有计划有调节的生活,人生才有意思。我们是年老了,可是心里未尝不向往这种生活呢!目前你赶巡回演出的节目,一切都谈不上,可是让你心中有数,碰到有时间有机会的时候,千万争取利用,不可随便放弃。好孩子,你是爱父母的,那么千言万语,无非要你们更美满更幸福,总要接受父母的劝告,让我们也跟着你们快活,何乐而不为呢。

十月五日深夜

八九两月你统共只有三次演出,但似乎你一次也没去郊外或博物馆。我知道你因技术与表达都有大改变,需要持续加工和巩固;访美的节目也得加紧准备;可是两个月内毫不松散也不是办法。两年来我不知道说了多少次,劝你到森林和博物馆走走,你始终不能接受。孩子,我多担心你身心的健康和平衡;一切都得未雨绸缪,切勿到后来悔之无及。单说技巧吧,有时硬是别扭,倘若丢开一个下午,往大自然中跑跑,或许下一天就能顺利解决。人的心理活动总需要一个酝酿的时期,不成熟时硬要克服难关,只能弄得心烦意躁,浪费精力。音乐理解亦然如此。我始终觉得你犯一个毛病,太偏重以音乐本身去领会音乐。你的思想与信念并不如此狭窄,很会海阔天空地用想象力;但与音乐以外的别的艺术,尤其大自然,实际上接触太少。整天看谱、练琴、听唱片……久而久之会减少艺术的新鲜气息,趋于抽象、闭塞,缺少生命的活跃与搏击飞纵的气势。我常常为你预感到这样一个危机,不能不舌敝唇焦,及早提醒,要你及早防止。你的专业与我的大不同。我是不需要多大创新的,我也不是有创新才具的人;长年关在家里不致在业务上有什么坏影响。你的艺术需要时时刻刻的创造,便是领会原作的精神也得从多方面(音乐以外的感受)去探讨:正因为过去的大师就是从大自然,从

一九六一年

人生各方面的材料中"泡"出来的,把一切现实升华为 emotion(情感)与 sentiment(情操),所以表达他们的作品也得走同样的路。这些理论你未始不知道,但似乎并未深信到身体力行的程度。另外我很奇怪:你年纪还轻,应该比我爱活动;你也强烈地爱好自然,怎么实际生活中反而不想去亲近自然呢。我记得很清楚,我二十二三岁在巴黎、瑞士、意大利以及法国乡间,常常在月光星光之下,独自在林中水边踏着绿茵,呼吸浓烈的草香与泥土味、水味,或是借此舒散苦闷,或是沉思默想。便是三十多岁在上海,一逛公园就觉得心平气和,精神健康多了。太多与刺激感官的东西(音乐便是刺激感官最强烈的)接触,会不知不觉失去身心平衡。你既憧憬希腊精神,为何不学学古希腊人的榜样呢?你既热爱陶潜、李白,为什么不试试去体会"采菊东篱下,悠然见南山"的境界(实地体会)呢?你既从小熟读克利斯朵夫,总不致忘了克利斯朵夫与大自然的关系吧?还有造型艺术,别以家中挂的一些为满足:干吗不上大不列颠博物馆去流连一下呢?大概你会回答我说没有时间:做了这样就得放弃那样。可是暑假中比较空闲,难道去一两次郊外与美术馆也抽不出时间吗?只要你有兴致,便是不在假中,也可能特意上美术馆,在心爱的一两幅画前面呆上一刻钟半小时。不必多,每次只消集中一两幅,来回统共也花不了一个半小时;无形中积累起来的收获可是不小呢!你说我信中的话,你"没有一句是过耳不入"的;好吧,那么在这方面希望你思想上慢慢酝酿，考虑我的建议，有机会随时试一试，怎么样？行不行呢？我一生为你的苦心，你近年来都体会到了。可是我未老先衰，常有为日无多之感，总想尽我仅有的一些力量，在我眼光所能见到的范围以内帮助你，指导你，特别是早早指出你身心与艺术方面可能发生的危机，使你能预先避免。"语重心长"这四个字形容我对你的态度是再贴切没有了。只要你真正爱你的爸爸，爱你自己，爱你的艺术，一定会郑重考虑我的劝告，接受我数十年如一日的这股赤诚的心意！

你也很明白，钢琴上要求放松先要精神上放松：过度的室内生活与书斋生活恰恰是造成现代知识分子神经紧张与病态的主要原因；而萧然意远、旷达恬静、不滞于物、不凝于心的境界只有从自然界中获得，你总不能否认吧？

还有很重要的一点：弥拉比你小五岁，应该是喜欢活动的年纪。你要是闭户家居，岂不连带她感到岑寂枯索？而看她的气质，倒也很爱艺术与大自然，那就更应该同去欣赏，对彼此都有好处。只有不断与森林、小溪、花木、鸟兽、虫鱼和美术馆中的杰作亲炙的人，才会永远保持童心，纯洁与美好的理想。培养一个人，空有志愿有什么用？主要从行动着手！无论多么优秀的种子，没有适当的环境、水土、养分，也难以开花结果，说不定还会中途变质或夭折。弥拉的妈妈诺拉本性何尝不好、不纯洁，就是与伊虚提之间缺少一个共同的信仰与热爱，缺少共同的devotion（目标），才会如此下场。即使有了共同的理想与努力的目标，仍然需要年纪较长的伙伴给她熨帖的指点，带上健全的路，帮助她发展，给她可能发展的环境和条件。你切不可只顾着你的艺术，也得分神顾到你一生的伴侣。二十世纪登台演出的人更非上一世纪的演奏家可比，他要紧张得多，工作繁重得多，生活忙乱得多，更有赖于一个贤内助。所以分些精神顾到弥拉（修养、休息、文娱活动……），实际上仍是为了你的艺术；虽然是间接的，影响与后果之大却非你意想所及。你首先不能不以你爸爸的缺点——脾气暴躁为深戒，其次不能期待弥拉也像你妈妈一样和顺。在西方女子中，我与你妈妈都深切感到弥拉已是很好的好脾气了，你该知足，该约制自己。天下父母的心总希望子女活得比自己更幸福；只要我一旦离开世界的时候，对你们俩的结合能有确切不移的信心，也是我一生极大的酬报了！

十一月至明春二月是你去英后最忙的时期，也是出入重大的关头；旅途辛苦，演出劳累，难免神经脆弱，希望以最大的忍耐控制一切，处处为了此行的使命，与祖国荣辱攸关着想。但愿你明年三月能够以演出与性情脾气双重的成功报告我们，那我们真要快乐到心花怒放了！

另一问题始终说服不了你，但为你的长久利益与未来的幸福不得不再和你唠叨。你历来厌恶物质，避而不谈；殊不知避而不谈并不解决问题。要不受物质之累,只有克服物质、控制物质,把收支情况让我们知道一个大概,帮你出主意妥善安排。唯有妥善安排才能不受物质奴役。凡不长于理财的人少有不吃银钱之苦的。我和你妈妈在这方面自问还有相当经验可给你做参考。你怕烦,不妨要弥拉在信中告诉我们。她年少不更事,只要你从旁怂恿一下,她未始不愿向我们学学理财的方法。你们早晚要有儿女,如不及早准备,临时又得你增加演出来弥补,对你的艺术却无裨益。其次要弥拉进修,多用些书本功夫也该给她时间;目前只有一个每周来二次的 maid(女佣人),可见弥拉平日处理家务还很忙。最好先逐步争取,经济上能雇一个每日来帮半天的女佣。每年暑假至少要出门完全休息两星期。这种种都得在家庭收支上调度得法,定好计划,方能于半年或一年之后实现。当然主要在于实际执行而不仅仅是一纸空文的预算和计划。唱片购买也以随时克制为宜,勿见新即买。我一向主张多读谱,少听唱片,对一个像你这样的艺术家帮助更大。读谱好比弹琴用 urtext(德文字,指原谱版本),听唱片近乎用某人某人 edit(编)的谱。何况我知道你十年二十年后不一定永远当演奏家;假定还可能向别方面发展,长时期读谱也是极好的准备。我一心一意为你打算,不论为目前或将来,尤其为将来。你忙,没空闲来静静地分析、考虑;倘我能代你筹划筹划,使我身后你还能得到我一些好处——及时播种的好处,那我真是太高兴了。

一九六二年

一九六二年

一月十四日下午

聪,亲爱的孩子,又快一个月没给你写信了。你们信少,我们的信也不知不觉跟着减少。你在外忙得昏天黑地,未必有闲情逸致读长信;有些话和你说了你亦过日即忘;再说你的情形我们一无所知,许多话也无从谈起。十日收到来电,想必你们俩久不执笔,不免内疚,又怕我们着急之故吧?不管怎样,一个电报引得妈妈眉开眼笑,在吃饭前说:"开心来……"我问:"为什么?"她说:"为了孩子。"今天星期日,本想休息,谁知一提笔就写了七封信,这一封是第八封了。从十一月初自苏州回来后,一口气工作到今,赛过跑马拉松,昨天晚上九点半放下笔也感到脑子疲惫得很了。想想自己也可笑,开头只做四小时多工作,加到六小时,译一千字已经很高兴了;最近几星期每天做到八九小时,译到两千字,便又拿两千字作为新定量,好似老是跟自己劳动竞赛,抢"红旗"似的。幸而脑力还能支持,关节炎也不常发。只是每天上午泪水滔滔,呵欠连连;大概是目力用得过度之故。

此次出外四月,收入是否预先定好计划?不管你们俩听从与否,我总得一再提醒你们。既然生活在金钱世界中,就不能不好好地控制金钱,才不致为金钱所奴役。

当然,世界上到处没有两全之事,一切全赖自己掌握,目的无非是少受些物质烦恼,多一些时间献给学问和艺术。理想的世界始终是理想:无论天南地北,看不上眼的事总是多于看得上眼的。但求不妨碍你的钻研,别的一切也就可以淡然置之。烦闷徒然浪费时间。扰乱心绪,犯不上!你恐怕对这些也想过很多,旷达了不少吧?

一月二十一日夜

这次弥拉的信写得特别好,细腻,婉转,显出她很了解你,也对你的艺术关切到一百二十分。从头至尾感情丰富。而且文字也比以前进步。我得大大夸奖她一番才好。此次出门,到处受到华侨欢迎,对她也大有教育作用,让她看看我们的民族的气魄,同时也能培养她的热情豪侠。我早知道你对于夫妇生活的牢骚不足为凭。第一,我只要看看我自己,回想自己的过去,就知道你也是遇事挑剔,说话爱夸大,往往三分事实会说成六七分;其次青年人婚后,特别是有性格的人,多半要经过长时期的摸索方始能逐渐知情识性,相处融洽。恐怕此次旅行,要不是她始终在你身旁,你要受到许多影响呢,琐碎杂务最打扰人,尤其你需要在琴上花足时间,经不起零星打搅。我们一年多观察下来,弥拉确是本性善良、绝顶聪明的人,只要耐着性子,多过几年,一切小小的对立自会不知不觉地解决的。总而言之,我们不但为你此次的成功感到欣慰,也为你们二人一路和谐相处感到欣慰!

二月二十一日夜

今年春节假期中来客特别多,有些已四五年不见面了,雷伯伯也从芜湖回中(他于一九五八年调往安徽皖南大学),听了你最近的唱片,说你的肖邦确有特点,诗意极浓。近于李白的味道,此话与你数年来的感受不谋而合。可见真有艺术家心灵的人总是一拍即合的。雷伯伯远在内地,很少接触音乐的机会,他的提琴亦放弃多年,可是一听到好东西马上会感受。想你听了也高兴。

他是你的开蒙钢琴老师,亦是第一个赏识你的人(一九五二年你在兰心演出半场,他事后特意来信,称道你沉浸在音乐内的忘我境界,国内未有前例),至今也仍然是你的知己。

三月八日（给傅敏的信）

很高兴知道你有了一个女友,也高兴你现在就告诉我们,让我们有机会指导你。对恋爱的经验和文学艺术的研究,朋友中数十年悲欢离合的事迹和平时的观察思考,使我们在儿女的终身大事上能比别的父母更有参加意见的条件……

首先态度和心情都要尽可能的冷静。否则观察不会准确。初期交往容易感情冲动,单凭印象,只看见对方的优点,看不出缺点,甚至夸大优点,美化缺点。便是与同性朋友相交也不免如此,对异性更是常有的事。许多青年男女婚前极好,而婚后逐渐相左,甚至反目,往往是这个原因。感情激动时期不仅会耳不聪,目不明,看不清对方;自己也会无意识地只表现好的方面,把缺点隐藏起来。保持冷静还有一个好处,就是不至于为了谈恋爱而荒废正业,或是影响功课或是浪费时间或是损害健康,或是遇到或大或小的波折时扰乱心情。

一九六二年

所谓冷静,不但是表面的行动,尤其内心和思想都要做到。当然这一点是很难。人总是人,感情上来,不容易控制,年轻人没有恋爱经验更难维持身心的平衡,同时与各人的气质有关。我生平总不能临事沉着,极容易激动,这是我的大缺点。幸而事后还能客观分析,周密思考,才不致于使当场的意气继续发展,闹得不可收拾。我告诉你这一点,让你知道如临时不能克制,过后必须由理智来控制大局:该纠正的就纠正,该向人道歉的就道歉,该收篷时就收篷,总而言之,以上二点归纳起来只是:感情必须由理智控制。要做到,必须下一番苦功在实际生活中长期锻炼。

我一生从来不曾有过"恋爱至上"的看法。"真理至上""道德至上""正义至上"这种种都应当作为立身的原则。恋爱不论在如何狂热的高潮阶段也不能侵犯这些原则。朋友也好,妻子也好,爱人也好,一遇到重大关头,与真理、道德、正义等有关的问题,决不让步。

其次,人是最复杂的动物,观察决不可简单化,而要耐心、细致、深入,经过相当的时间,各种不同的事故和场合。处处要把科学的客观精神和大慈大悲的同情心结合起来。对方的优点,要认清是不是真实可靠的,是不是你自己想象出来的,或者是夸大的。对方的缺点,要分出是否与本质有关。与本质有关的缺点,不能因为其他次要的优点而加以忽视。次要的缺点也得辨别是否能改，是否发展下去会影响品性或日常生活。人人都有缺点，谈恋爱的男女双方都是如此。问题不在于找一个全无缺点的对象，而是要找一个双方缺点都能各自认识，各自承认，愿意逐渐改，同时能彼此容忍的伴侣（此点很重要。有些缺点双方都能容忍，有些则不能容忍，日子一久即造成裂痕）。最好双方尽量自然，不要做作，各人都拿出真面目来，优缺点一齐让对方看到。必须彼此看到了优点，也看到了缺点，觉得都可以相忍相让，不会影响大局的时候，才谈得上进一步的了解；否则只能做一个普通的朋友。可是要完全看出彼此的优缺点，需要相当时间，也需要各种大大小小的事故来考验；绝对急不来！更不能轻易下结论（不论是好的结论或坏的结论）！唯有极坦白，才能暴露自己；而暴露自己的缺点总是越早越好，越晚越糟！为了求恋爱成功而尽量隐藏自己的缺点的人其实是愚蠢的。当然，在恋爱中不知不觉表现出自己的光明面，不知不觉隐藏自己的缺点，不在此例。因为这是人的本能，而且也证明爱情能促使我们进步，往善与美的方向发展，正是爱情的伟大之处，也是古往今来的诗人歌颂爱情的主要原因。小说家常常提到，我们在生活中也一再经历：恋爱中的男女往往比平时聪明；读起书来也理解得快；心地也往往格外善良，为了自己幸福而也想使别人幸福，或者减少别人的苦难；同情心扩大就是爱情可贵的具体表现。

一九六二年

事情主观上固盼望必成,客观方面仍须有万一不成的思想准备,为了避免失恋等等的痛苦,这一点"明智"我觉得一开头就应当充分掌握。最好勿把对方做过于肯定的想法,一切听凭自然演变。

总之,一切不能急,越是事关重要,越要心平气和,态度安详,从长考虑,细细观察,力求客观!感情冲上高峰很容易,无奈任何事物的高峰(或高潮)都只能维持一个短时间,要久而弥笃的维持长久的友谊可很难了……

除了优缺点,两人性格脾气是否相投也是重要因素。刚柔、软硬、缓急的差别要能相互适应调剂。还有许多表现在举动、态度、言笑、声音……之间说不出也数不清的小习惯,在男女之间也有很大作用,要弄清这些就得冷眼旁观慢慢咂摸。所谓经得起考验,乃是指有形无形的许许多多批评与自我批评(对人家一举一动所引起的反应即是无形的批评),诗人常说爱情是盲目的,但不盲目的爱毕竟更健全更可靠。

人生观、世界观问题你都知道,不用我谈了。人的雅俗和胸襟气量倒是要非常注意的。据我的经验:雅俗与胸襟往往带先天性的,后天改造很少能把低的往高的水平上提;故交往期间应该注意对方是否有胜于自己的地方,将来可帮助我进步,而不至于反过来使我往后退。你自幼看惯家里的作风,想必不会忍受量窄心浅的性格。

　　以上谈的全是笼笼统统的原则问题。不认识具体的对象，也只能谈这些。来信所说上半学期的苦闷，暇时不妨告诉我们，一则可以看看你对人生的观念对不对，二则可间接了解一部分对方。

　　长相身材虽不是主要考虑点，但在一个爱美的人也不能过于忽视。

　　交友期间，尽量少送礼物，少花钱：一方面表明你的恋爱观念与物质关系极少牵连，另一方面也是考验对方。

三月九日

　　三、四两个月还是那么忙，我们只操心你身体。平日饮食睡眠休息都得经常注意。只要身心支持得住，音乐感觉不迟钝不麻木，那么演出多一些亦无妨；否则即须酌减。演奏家若果发现感觉的灵敏有下降趋势，就该及早设法，万不能因循拖延！多多为长远利益打算才是！万一感到出台是很重的负担，你就应警惕，分析原因何在，是否由于演出过多而疲劳过度。其次你出台频繁，还有时间与精力补充新的 repertoire（曲目）吗？这也是我常常关心的一点。

一九六二年

我近来目力又退步，工作一停就要流泪打呵欠，平日总觉眼皮沉重得很，尤其左眼，简直不容易张开来。这几天不能不休息，但又苦于不能看书（休息原是为了眼睛嘛），心烦得厉害。知识分子一离开书本真是六神无主。

昨天晚上陪妈妈去看了"青年京昆剧团赴港归来汇报演出"的《白蛇传》。自一九五七年五月至今，是我第一次看戏。剧本是田汉改编的，其中有昆腔也有京腔。以演技来说，青年戏曲学生有此成就也很不差了，但并不如港九报纸捧得那么了不起。可见港九群众艺术水平实在不高，平时接触的戏剧太蹩脚了。至于剧本，我的意见可多啦。老本子是乾隆时代的改本，倒颇有神话气息，而且便是荒诞妖异的故事也编得入情入理，有曲折有照应，逻辑很强，主题的思想，不管正确与否，从头至尾是一贯的、完整的。目前改编本仍称为"神话剧"，说明中却大有翻案意味，而戏剧内容并不彰明较著表现出来，令人只感到态度不明朗，思想混乱，好像主张恋爱自由，又好像不是；说是（据说明书）金山寺高僧法海嫉妒白蛇（所谓白娘娘）与许宣（俗称许仙）的爱情，但一个和尚为什么无事端端嫉妒青年男女的恋爱呢？青年恋爱的实事多得很，为什么嫉妒这一对呢？总之是违背情理，没有logic（逻辑）。有些场面简单化到可笑的地步：例如许仙初遇白素贞后次日去登门拜访，老本说是二人有了情，白氏与许生订婚，并送许白金百两；今则改为拜访当场定亲成婚：岂不荒谬！古人编神怪剧仍顾到常理，二十世纪的人改编反而不顾一切，视同儿戏。改编理当去芜存菁，今则将武戏场面全部保留，满足观众看杂耍要求，未免太低级趣味。倘若节略一部分，反而精彩（就武功而论）。"断桥"一出在昆剧中最细腻，今仍用京剧演出，粗糙单调；诚不知改编的人所谓昆京合演，取舍根据什么原则。总而言之，无论思想、精神、结构、情节、唱词、演技，新编之本都缺点太多了，真弄不明白剧坛老前辈的艺术眼光与艺术手腕会如此不行；也不明白内部从上到下竟无人提意见：解放以来不是一切剧本都走群众路线吗？相信我以上的看法，老艺人中一定有许多是见到的；文化部领导中也有人感觉到的。结果演出的情形如此，着实费解。报上也从未见到批评，可知文艺家还是噤若寒蝉，没办法做到百家争鸣。

四月初你和 London Mozart Players（伦敦莫扎特乐团）同在瑞士演出七场，想必以 Mozart 为主。近来多弹了 Mozart，不知对你心情的恬静可有帮助？我始终觉得艺术的进步应当同时促成自己心情方面的恬淡、安详，提高自己气质方面的修养。又去年六月与 Kabos（卡波斯）讨教过后，到现在为止你在 relax（放松）方面是否继续有改进？对 Schubert（舒伯特）与 Beethoven 的理解是否进了一步？你出外四个月间演奏成绩，想必心中有数；很想听

一九六二年

听你自己的评价。

过去听你的话，似乎有时对作品钻得过分，有点儿钻牛角尖：原作所没有的，在你主观强烈追求之下未免强加了进去，虽然仍有吸引力，仍然 convincing（令人心悦诚服）（像你自己所说），但究竟违背了原作的精神，越出了 interpreter（演绎者）的界限。近来你在这方面是不是有进步，能克制自己，不过于无中生有地追求细节呢？

三月十四日晚（给傅敏的信）

……有理想有热情而又理智很强的人往往令人望而生畏，大概你不多几年以前对我还有这种感觉。去年你哥哥信中说："爸爸文章的每一字每一句都充满了热情，很执着，almost fanatic（近乎狂热）。"最后一句尤其说得中肯。这是我的长处，也是我的短处。因为理想高，热情强，故处处流露出好为人师与拼命要说服人的意味。可是孩子，别害怕，我年过半百，世情已淡，而且天性中也有极洒脱的一面，就是中国民族性中的"老庄"精神：换句话说，我执着的时候非常执着，摆脱的时候生死皆置之度外。对儿女们也抱着说不说由我，听不听由你的态度。只是责任感强，是非心强，

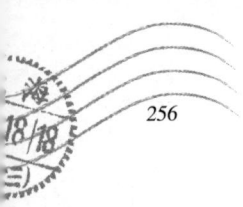

见到的总不能不说而已……

　　当然上述的特点我并没有完全具备,更没有具备到恰如其分的程度,仅仅是那种特点的倾向很强,而且是我一生向往的境界罢了。比如说,我对人类抱有崇高的理想与希望,同时也用天文学地质学的观点看人类的演变,多少年前就惯于用"星际"思想看待一些大事情,并不把人类看作万物之灵,觉得人在世界上对一切生物表示"唯我独尊"是狂妄可笑的。对某个大原则可能完全赞同,抱有信心,我可照样对具体事例与执行情况有许多不同意见。对善恶美丑的爱憎心极强,为了一部坏作品,为了社会上某个不合理现象,会愤怒得大生其气,过后我却也会心平气和地分析、解释,从而对个别事例加以宽怒。我执着真理,却又时时抱怀疑态度,觉得死抱一些眼前的真理反而使我们停滞,得不到更高级更进步的真理。以上也是随便闲扯,让你多体会到你爸爸的复杂心理,从而知道一个人愈有知识愈不简单,愈不能单从一二点三四点上去判断。

　　很高兴你和她都同意我前信说的一些原则,但愿切实做去,为着共同的理想(包括个人的幸福和为集体贡献自己的力量两项)一步步一步步相勉相策。许多问题只有在实践中才能真正认识,光是理性上的认识是浮表的,靠不住的,经不住风狂雨骤的考验的……

　　从小不大由父母严格管教的青年也有另外一些长处,就是独

一九六二年

立自主的能力较强,像你所谓能自己管自己。可是有一部分也是先天比后天更强:你该记得,我们对你数十年的教育即使缺点很多,但在劳动家务、守纪律、有秩序等方面从未对你放松过,而我和你妈妈给你的榜样总还是勤劳认真的……我们过了半世,仍旧做人不够全面,缺点累累,如何能责人太苛呢?可是古人常说:取法乎上,得乎其中;取法乎中,得乎其下。而我对青年人、对我自己的要求,除了吃苦(肉体上、物质上的吃苦)以外,从不比党对党团员的要求低,这是你知道的。但愿我们大家都来不断提高自己,不仅是学识,而尤其是修养和品德!

三月二十五日至四月一日

每次接读来信,总是说不出的兴奋、激动、喜悦、感慨、惆怅!最近报告美澳演出的两信,我看了在屋内屋外尽兜圈子,多少的感触使我定不下心来。人吃人的残酷和丑恶的把戏多可怕!你辛苦了四五个月落得两手空空,我们想到就心痛。固然你不以求利为目的,做父母的也从不希望你发什么洋财——而且还一向鄙视这种思想;可是那些中间人凭什么来霸占艺术家的劳动所得呢!眼看孩子被人剥削到这个地步,像你小时候被强暴欺凌一样,使我们对你又疼又怜惜，对那些吸血鬼又气又恼，恨得牙痒痒的！相信早晚你能从魔掌之下挣脱出来，不再做鱼肉。巴尔扎克说得好：社会踩不死你，就跪在你面前。在西方世界，不经过天翻地覆的革命，这种丑剧还得演下去呢。当然四个月的巡回演出在艺术上你得益不少，你对许多作品又有了新的体会，深入下一步。可见唯有艺术和学问从来不辜负人：花多少劳力，用多少苦功，拿出多少忠诚和热情，就得到多少收获与进步。写到这儿，想起你对新出的莫扎特唱片的自我批评，真是高兴。一个人停滞不前才会永远对自己的成绩满意。变就是进步——当然也有好的变质，成为坏的——眼光一天天不同，才窥见学问艺术的新天地，能不断地创造。妈妈看了那一段叹道："聪真像你，老是不满意自己，老是在批评自己！"

美国的评论绝大多数平庸浅薄，赞美也是皮毛。英国毕竟还有音乐学者兼写报刊评论，如伦敦 Times（《泰晤士报》）和曼彻斯特的《导报》，两位批评家水平都很高；纽约两家大报的批评家就不像样了，那位《纽约时报》的更可笑。很高兴看到你的中文并不退步，除了个别的词汇。我们说"心乱如麻"，不说"心痛如麻"，形容后者只能说"心痛如割"或"心如刀割"；又鄙塞、鄙陋不能说成"陋塞"，也许是你笔误。读你的信，声音笑貌历历在目；议论口吻所流露的坦率、真诚、朴素、热情、爱憎分明，

一九六二年

正和你在琴上表现出来的一致。孩子,你说过我们的信对你有如一面镜子;其实你的信对我们也是一面镜子。有些地方你我二人太相像了,有些话就像是我自己说的。平时盼望你的信即因为"薰莸同臭",也因为对人生、艺术,周围可谈之人太少。不过我们很原谅你,你忙成这样,怎么忍心再要你多写呢?此次来信已觉出于望外,原以为你一回英国,演出那么多,不会再动笔了。可是这几年来,我们俩最大的安慰和快乐,的确莫过于定期接读来信。还得告诉你,你写的中等大的字(如此次评论封套上写的)非常好看;近来我的钢笔字已难看得不像话了。你难得写中国字,真难为你了!

三月二十五日

月初看了盖叫天口述、由别人笔录的《粉墨春秋》,倒是解放以来谈艺术最好的书。人生——教育——伦理——艺术,再没有结合得更完满的了。从头至尾都有实例,决不是枯燥的理论。关于学习,他提出,"慢就是快",说明根基不打好,一切都筑在沙上,永久爬不上去。我觉得这一点特别值得我们深思。倘若一开始就猛冲,只求速成,临了非但一无结果,还造成不踏实的坏风气。德国人要不在整个十九世纪的前半期埋头苦干,在每一项学问中用死功夫,哪会在十九世纪末一直到今天,能在科学、考据、文学各方面放异彩?盖叫天对艺术更有深刻的体会。他说学戏必需经过一番"默"的功夫。学会了唱、念、做,不算数;还得坐下来叫自己"魂灵出窍",就是自己分身出去,把一出戏默默地做一遍、唱一遍;同时自己细细观察,有什么缺点该怎样改。然后站起身来再做、再唱、再念。那时定会发觉刚才思想上修整很好的东西又跑了,做起来同想的完全走了样。那就得再练,再下苦功,再"默",再做。如此反复做去,一出戏才算真正学会了,拿稳了。你看,这段话说得多透彻,把自我批评贯彻得多好!老艺人的自我批评决不放在嘴边,而是在业务中不断实践。其次,经过一再"默"练,作品必然深深地打进我们心里,与我们的思想感情完全化为一片。此外,盖叫天现身说法,谈了不少艺术家的品德、操守、做人,必须与艺术一致的话。我觉得这部书值得写一长篇书评:不仅学艺术的青年、中年、老年人,不论学的哪一门,应当列为必读书,便是从上到下一切的文艺领导干部也该细读几遍;做教育工作的人读了也有好处。不久我就把这书寄给你,你一定喜欢,看了也一定无限兴奋。

四月一日

一九六二年

四月三十日

最近买到一本法文旧书，专论写作艺术。其中谈到"自然"（natural），引用罗马文豪西塞罗的一句名言：It is an art to look like without art.（浑然天成的艺术才是真正的艺术。）作者认为写得自然不是无意识的天赋，而要靠后天的学习。甚至可以说自然是努力的结果（The natural is result of efforts），要靠苦功磨炼出来。此话固然不错，但我觉得首先要能体会到"自然"的境界，然后才能望这个境界迈进。要爱好自然，与个人的气质、教育、年龄，都有关系；一方面是勉强不来，不能操之过急；一方面也不能不逐渐做有意识的培养。也许浸淫中国古典文学的人比较容易欣赏自然之美，因为自然就是朴素、淡雅、天真；而我们的古典文学就是具备这些特点的。

五月九日

昨天收到你上月二十七自都灵（Torino）发的短信，感慨得很。艺术最需要静观默想，凝神壹志；现代生活偏偏把艺术弄得如此商业化,一方面经理人作为生财之道,把艺术家当作摇钱树式的机器,忙得不可开交,一方面把群众作为看杂耍或马戏班的单纯的好奇者。在这种混浊的洪流中打滚的,当然包括所有老辈小辈,有名无名的演奏家歌唱家。像你这样初出道的固然另有苦闷,便是久已打定天下的前辈也不免随波逐流,那就更可叹了。也许他们对艺术已经缺乏信心、热诚,仅仅作为维持已得名利的工具。年轻人想要保卫艺术的纯洁与清新,唯一的办法是减少演出;这却需要三个先决条件:(一)经理人剥削得不那么凶(这是要靠演奏家的年资积累,逐渐争取的);(二)个人的生活开支安排得极好,这要靠理财的本领与高度理性的控制;(三)减少出台不至于冷下去,使群众忘记你。我知道这都是极不容易做到的,一时也急不来。可是为了艺术的尊严,为了你艺术的前途,也就是为了你的长远利益和一生的理想,不能不把以上三个条件作为努力的目标。任何一门的艺术家,一生中都免不了有几次艺术难关(crisis),我们应当早做思想准备和实际安排。愈能保持身心平衡(那就决不能太忙乱),艺术难关也愈容易闯过去。希望你平时多从这方面高瞻远瞩,切勿被终年忙忙碌碌的漩涡弄得昏昏沉沉,就是说要对艺术生涯多从高处远处着眼;即使有许多实际困难,一时不能实现你的计划,但经常在脑子里思考成熟以后,遇到机会就能紧紧抓住这一类的话恐怕将来我不在之后,再没有第二个人和你说；因为我自信对艺术的热爱与执着，在整个中国也不是很多人有的。

近来我正在经历一个艺术上的大难关，眼光比从前又高出许多（一九五七年前译的都已看不上眼），脑子却笨了许多，目力体力也不行，睡眠近十多天又不好了。大概是精神苦闷的影响。生就惶惶不安的性格，有什么办法呢？

八月十二日

很少这么久不给你写信的。从七月初起你忽而维也纳，忽而南美，行踪飘忽，恐去信落空。弥拉又说南美各处邮政很不可靠，故虽给了我许多通讯处，也不想寄往那儿。七月二十九用七张风景片写成的信已于八月九日收到。委内瑞拉的城街，智利的河山，前年曾在外国杂志上见过彩色照相，来信所云，颇能想象一二。现代国家的发展太畸形了，尤其像南美那些落后的国家。一方面人民生活穷困，一方面物质的设备享用应有尽有。照我们的理想，当然先得消灭不平等，再来逐步提高。无奈现代史实告诉我们，革命比建设容易，消灭少数人所垄断的享受并不大难，提高多数人的生活却非三五年、八九年所能见效。尤其是精神文明，总是普及易,提高难;而在普及的阶段中往往降低原有的水准,连保持过去的高峰都难以办到。再加老年、中年、青年三代脱节,缺乏接班人,国内外沟通交流几乎停止,恐怕下一辈连什么叫标准,前人达到过怎样的高峰,眼前别人又到了怎样的高峰,都不大能知道;再要迎头赶上也就更谈不到了。这是前途的隐忧;过去十一二年中所造成的偏差与副作用,最近一年正想竭力扭转;可是十年种的果,已有积重难返之势;而中老年知识分子的意气消沉的情形,尚无改变迹象——当然不是从他们口头上,而是从实际行动上观察。人究竟是唯物的,没有相当的客观条件,单单指望知识界凭热情苦干,而且干出成绩来,也是不现实的。我所以能坚守阵地,耕种自己的小园子,也有我特殊优越的条件,不能责望于每个人。何况就以我来说,体力精力的衰退,已经给了我很大的限制,老是感到心有余而力不足!

前信你提到灌唱片问题,认为太机械。那是因为你习惯于流动性特大的艺术(音乐)之故,也是因为你的气质特别容易变化,情绪容易波动的缘故。文艺作品一朝完成,总是固定的东西:一幅画,一首诗,一部小说,哪有像音乐演奏那样能够每次予人以不同的感受?观众对绘画,读者对作品,固然每次可有不同的印象,那是在于作品的暗示与含蓄非一时一次所能体会,也在于观众与读者自身情绪的变化波动。唱片即使开十次二十次,听的人感觉也不会千篇一律,除非演奏太差太呆板;因为音乐的流动性那么强,所以听的人也不容易感到多听了会变成机械。何况唱片不仅有普及的效用,对演奏家自身的学习改进也有很大帮助。我认为主要是克服你在microphone(麦克风)前面的紧张,使你在灌片室中跟在台上的心情没有太大差别。再经过几次实习,相信你是做得到的。至于完美与生动的冲突,有时几乎不可避免;记得有些批评家就说过,perfection(完美)往往要牺牲一部分life(生动)。但这个弊病恐怕也在于演奏家属于cold(冷静)型。热烈的演奏往往难以perfect(完美),万一perfec的时候,那就是incomparable(无与伦比)了!

九月二日

听过你的唱片,更觉得贝多芬是部读不完的大书,他心灵的深度、广度的确代表了日耳曼民族在智力、感情、感觉方面的特点,也显出人格与意志的顽强,飘渺不可名状的幽思,上天下地的幻想,对人生的追求,不知其中有多少深奥的谜。贝多芬实在不仅仅是一个音乐家,无怪罗曼·罗兰要把歌德与贝多芬作为不仅是日耳曼民族并且是全人类的两个近代的高峰。

……七月份《音乐与音乐家》杂志 P. 35 有书评,介绍 Eva & Paul Badura Skoda(伊娃及保罗·巴杜拉·斯可达)合著 *Interpreting Mozart on the Keyboard*(《在琴键上演绎莫扎特》),你知道这本书吗?似乎值得一读,尤其你特别关心莫扎特。

前昨二夜听了李斯特的《第二协奏曲》(匈牙利钢琴家弹),但丁朔拿大、意大利巡礼集第一首,以及 Annie Fischer(安妮·费希尔)弹的 *B Min Sonata*(《B 小调奏鸣曲》)都不感兴趣。只觉得炫耀新奇,并无真情实感;浮而不实,没有深度,没有逻辑,不知是不是我的偏见?

上月十三日有信(No.41)寄瑞士,由弥拉回伦敦时面交,收到没有?在那封信中,我谈到对唱片的看法,主要不能因为音乐是流动的艺术,或者因为个人的气质多变而忽视唱片的重要。在话筒面前的紧张并不难于克服。灌《协奏曲》时,指挥务必先经郑重考虑,早早与唱片公司谈妥。为了艺术,为了向群众负责,也为了唱片公司的利益,独奏者对合作的乐队与指挥,应当有特别的主张,有坚持的权利,望以后在此等地方勿太"好说话"!

想到你们俩的忙碌,不忍心要求多动笔,但除了在外演出,平时你们该反过来想一想:假定我们也住在伦敦,难道每两星期不得上你们家吃一顿饭,你们也得花费一两小时陪我们谈谈话吗?今既相隔万里,则每个月花两小时写封比较详细的信,不也应该而且比同在一地已经省掉你们很多时间吗?要是你们能常常做此想,就会多给我们一些消息了。

长期旅行演出后,务必好好休息,只会工作不会休息,也不是生活的艺术,而且对你本门的艺术,亦无好处!

九月二十三日

你的笑话叫我们捧腹不置,可是当时你的确是窘极了的。南美人的性格真是不可思议,如此自由散漫的无政府状态,居然还能立国,社会不至于大乱,可谓奇迹。经历了这些怪事,今后无论何处遇到什么荒唐事儿都将见怪不怪,不以为奇了。也可见要人类合理的发展,社会一切上轨道,不知还得等几百年,甚至上千年呢。

还有,在那么美丽的自然环境中,人民也那么天真可爱,就是不能适应二十世纪的生活。究竟是这些人不宜于过现代生活呢,还是现代生活不适于他们?换句话说:人应当任情适性的过日子呢,还是要削足适履,迁就客观现实?有一点可以肯定:就是人在世界上活了几千年,还仍然没法按照自己的本性去设计一个社会。世界大同看来永远是个美丽的空想:既然不能在精神生活物质生活方面五大洲的人用同一步伐同一速度向前，那么先进与落后的冲突永远没法避免。试想二千三百年以前的希腊人如果生在今日，岂不一样搅得一团糟，哪儿还能创造出雅典那样的城市和雅典文明？反过来，假定今日的巴西人和其他的南美民族，生在文艺复兴前后，至少是生在闭关自守，没有被近代的工业革命侵入之前，安知他们不会创造出一种和他们的民族性同样天真可爱，与他们优美的自然界调和的文化？

巴尔扎克说过："现在的政府，缺点是过分要人去适应社会，而不想叫社会去适应人。"这句话值得一切抱救世渡人的理想的人深思！

……

前信已和你建议找个时期休息一下，无论在身心健康或艺术方面都有必要。你与我缺点相同：能张不能弛，能劳不能逸。可是你的艺术生活不比我的闲散，整月整年、天南地北地奔波，一方面体力精力消耗多，一方面所见所闻也需要静下来消化吸收——而这两者又都与你的艺术密切相关。何况你条件比我好，音乐会虽多，也有空隙可利用，随便哪个乡村待上三天五天也有莫大好处。听说你岳父岳母正在筹备于年底年初到巴伐利亚区阿尔卑斯山中休养，照样可以练琴。我觉得对你再好没有：去北美之前正该养精蓄锐。山中去住两三星期一涤尘秽，便是寻常人也会得益。

一九六二年

狄阿娜来信常常表示关心你,看来也是出于真情。岳父母想约你一同去山中的好意千万勿辜负了。望勿多所顾虑,早日打定主意,让我们和弥拉一齐高兴高兴。真的,我体会得很清楚:不管你怎么说,弥拉始终十二分关怀你的健康和艺术。而我为了休息问题也不知向你提过多少回了,如果是口头说的话,早已舌敝唇焦了。你该知道我这个爸爸不仅是爱孩子,而且热爱艺术;爱你也就是为爱艺术,爱艺术也是为爱你!你千万别学我的样,你我年龄不同,在你的年纪,我也不像你现在足不出户。便是今日,只要物质条件可能,每逢春秋佳日,还是极喜欢徜徉于山巅水涯呢!

八月号的《音乐与音乐家》杂志有三篇纪念德彪西的文章,都很好。Maggie Teyte(玛姬·泰特)的 *Memoiries of Debussv*(《德彪西纪念》)对贝莱阿斯与梅丽桑特的理解很深。不知你注意到没有?前信也与你提到新出讨论莫扎特钢琴乐曲的书,想必记得。《音乐与音乐家》月刊自改版以来,格式新颖,内容也更丰富。

南美之行收入如何?是否比去冬北美演出较实惠?你尽管不爱谈物质问题,父母却是对此和其他有关儿子的事同样迫切的关心,总想都知道一些。

《世说新语》久已想寄你一部,因找不到好版子,又想弄一部比较小型轻巧的,便于出门携带。今向友人索得一部是商务铅印,中国纸线装的,等妈妈换好封面,分册重钉后即寄。我常常认为这部书可与希腊的《对话录》媲美，怪不得日本人历来作为枕中秘笈，作为床头常读的书。你小时念的国文，一小部分我即从此中取材。

爸爸　九月二十三日

你为了艺术，为了生活，到处奔波，精神身体难免受损。目前年轻力壮，满不在乎，可是中年以后，就要大打折扣，为长远利益计，为调剂一下生活，有空隙的阶段，必须出门旅行休息，同时和弥拉、岳父母同叙一起，无忧无虑，不管世事俗务的逃避短短的一二星期，岂不美！人生很短促，不及早享些清福，等到晚年后悔不及。我和爸爸苦口婆心地劝你，希望你能听话，那我们才高兴呢！希望你多写些笑话给我们听，我们的生活就丰富多彩，心里多快慰啊！

妈妈　附笔

一九六二年

十月二十日

　　十四日信发出后第二天即接瑞典来信，看了又高兴又激动，本想即复，因日常工作不便打断，延到今天方始提笔。这一回你答复了许多问题，尤其对舒曼的表达解除了我们的疑团。我既没亲耳朵听你演奏，即使听了也够不上判别是非好坏，只有从评论上略窥一二；评论正确与否完全不知道，便是怀疑人家说的不可靠，也没有别的方法得到真实报道。可见我不是把评论太当真，而是无法可想。现在听你自己分析，当然一切都弄明白了。以后还是跟我们多谈谈这一类的问题，让我们经常对你的艺术有所了解。

　　文章千古事，得失寸心知，哪一门艺术不如此！真懂是非，识得美丑的，普天之下能有几个？你对艺术上的客观真理很执着，对自己的成绩也能冷静检查，批评精神很强，我早已放心你不会误入歧途；可是单知道这些原则并不能了解你对个别作品的表达，我要多多探听这方面的情形：一方面是关切你，一方面也是关切整个音乐艺术，渴欲知道外面的趋向与潮流。

　　你常常梦见回来，我和你妈妈也常常有这种梦。除了骨肉的感情，跟乡土的千丝万缕，割不断的关系，纯粹出于人类的本能之外，还有一点是真正的知识分子所独有的，就是对祖国文化的热爱。不单是风俗习惯、文学艺术，使我们离不开祖国，便是对大大小小的事情的看法和反应，也随时使身处异乡的人有孤独寂寞之感。但愿早晚能看到你在我们身边！你心情的复杂矛盾，我敢说都体会到，可是一时也无法帮你解决。原则和具体的矛盾，理想和实际的矛盾，生活环境和艺术前途的矛盾，东方人和西方人根本气质的矛盾，还有我们自己内心的许许多多矛盾……如何统一起来呢？何况旧矛盾解决了，又有新矛盾，循环不已，短短一生就在这过程中消磨！幸而你我都有工作寄托，工作上的无数的小矛盾，往往把人生中的大矛盾暂时遮盖了，使我们还有喘息的机会。至于"认真"受人尊重或被人讪笑的问题，事实上并不像你说的那么简单。一切要靠资历与工作成绩的积累。即使在你认为更合理的社会中，认真而受到重视的实例也很少；反之在乌烟瘴气的场合，正义与真理得胜的事情也未始没有。你该记得一九五六年至一九五七年间毛主席说过党员若欲坚持真理，必须准备经受折磨等等的话，可见他把事情看得多透彻多深刻。再回想一下罗曼·罗兰写的《名人传》和《约翰·克利斯朵夫》，执着真理一方面要看客观的环境，一方面更在于主观的斗争精神。客观环境较好，个人为斗争付出的代价就比较小，并非完全不要付代价。以我而论，侥幸的是青壮年时代还在五四运动的精神没有消亡，而另一股更进步的力量正在兴起的时期，并且我国解放前的文艺界和出版界还没有被资本主义腐蚀到不可救药的地步。

反过来，一百三十年前的法国文坛、报界、出版界，早已腐败得出于我们意想之外；但法国学术至今尚未完全死亡，至今还有一些认真严肃的学者在钻研：这岂不证明便是在恶劣的形势之下，有骨头、有勇气、能坚持的人，仍旧能撑持下来吗？

十一月二十五日

敏尚在京等待分配……大概在北京当中学教员，单位尚未定。他心情波动，再加女友身体坏极，又多了一个包袱。我们当然去信劝慰。青年初出校门，未经锻炼，经不起挫折。过去的思想训练，未受实际生活陶冶，仍是空的。从小的家庭环境使他重是非，处处认真，倒是害苦了他。在这个年纪上还不懂现实与理想的距离，即使理性上认识到，也未能心甘情愿地接受。只好等社会教育慢慢地再磨炼他。

……

本月初弥拉信中谈到理想主义者不会快乐，艺术家看事情与一般人大大不同，等等，足见她对人生有了更深的了解。我们很高兴。可见结婚两年，她进步了不少，人总要到婚后才成熟。

十二月五日（给傅敏的信）

宿舍的情形令我想起一九三六年冬天在洛阳住的房子，虽是正式瓦房，厕所也是露天的，严寒之夜，大小便确是冷得可以。洛阳的风刮在脸上像刀割。去龙门调查石刻，睡的是土墙砌的小屋，窗子只有几条木栅，糊一些七穿八洞的纸，房门也没有，临时借了一扇竹篱门靠上，人在床上可以望见天上的星，原来屋瓦也没盖严。白天三顿吃的面条像柴草，实在不容易咽下去。那样的日子也过了好几天，而每十天就得去一次龙门尝尝这种生活。我国社会南北发展太不平衡，一般都是过的苦日子，不是短时期所能扭转。你从小家庭生活过得比较好，害你今天不习惯清苦的环境。若是棚户出身或是五六个人挤在一间阁楼上长大的，就不会对你眼前的情形叫苦了。

我们决非埋怨你，你也是被过去的环境、教育、生活习惯养娇了的。可是你该知道现代的青年吃不了苦是最大的缺点（除了思想不正确之外），同学、同事、各级领导首先要注意到这一点。这是一个大关，每个年轻人都要过。闯得过的比闯不过的人多了几分力量，多了一重武装。以我来说，也是犯了大娇的毛病，朋友中如裘伯伯（复生），仑布伯伯都比我能吃苦，在这方面不知比我强多少。如今到了中年以上，身体又不好，谈不到吃苦的锻炼,但若这几年得不到上级照顾,拿不到稿费,没有你哥哥的接济,过去存的稿费用完了,不是也得生活逐渐下降,说不定有朝一日也得住阁楼或亭子间吗?那个时候我难道就不活了吗?

我告诉你这些,只是提醒你万一家庭经济有了问题,连我也得过从来未有的艰苦生活,更说不上照顾儿女了。物质的苦,在知识分子眼中,究竟不比精神的苦那样刻骨铭心。我对此深有体会,不过一向不和你提罢了。总而言之,新中国的青年决不会被物质的困难压倒,决不会因此而丧气。你几年来受的思想教育不谓不深,此刻正应该应用到实际生活中去。你也看过不少共产党员艰苦斗争和壮烈牺牲的故事,也可以拿来鼓励自己。要是能熬上两三年,你一定会坚强得多。而我相信你是的确有此勇气的。目前你首先要做好教学工作,勤勤谨谨老老实实。其次是尽量充实学识,有计划有步骤地提高业务,养成一种工作纪律。假如宿舍四周不安静,是否有图书阅览室可利用?

……还有,北京图书馆也离校不远,是否其中的阅览室可以利用?不妨去摸摸情况。总而言之,要千方百计克服自修的困难。等你安排定当,再和我谈谈你进修的计划,最好先结合你担任的科目,作为第一步。

身体也得注意,关节炎有否复发?肠胃如何?睡眠如何?健康情况不好是事实,无需瞒人,必要时领导上自会照顾。夜晚上厕所，衣服宜多穿，防受凉！切切切切。

千句并一句：无论如何要咬紧牙关挺下去，堂堂好男儿岂可为了这些生活上的不方便而消沉、泄气！抗战期间黄宾虹老先生在北京住的房子也是破烂不堪，仅仅比较清静而已。你想这样一代艺人也不过居于陋巷，墙壁还不是乌黑一片，桌椅还不是东倒西歪，这都是我和你妈妈目睹的。

……你该想象得到父母对儿女的牵挂，可是时代不同，环境不同，父母也有父母的苦衷，并非不想帮你改善生活。可是大家都在吃苦，国家还有困难，一切不能操之过急。年轻时受过的锻炼，一辈子受用不说，将来你应付物质生活的伸缩性一定比我强得多，这就是你占便宜的地方。一切多往远处想、大处想，多想大众，少顾到自己，自然容易满足。一个人不一定付了代价有报酬，可是不付代价的报酬是永远不会有的。即使有，也是不可靠的。

望多想多考虑，多拿比你更苦的人作比，不久就会想通，心情开朗愉快，做起工作来成绩也更好。千万保重！保重！

十二月三十日

来信提到音乐批评，看了很感慨。一个人只能求一个问心无

一九六二年

愧。世界大局，文化趋势，都很不妙。看到一些所谓抽象派的绘画、雕塑的图片，简直可怕。我认为这种"艺术家"大概可以分为两种，一种是极少数的病态的人，真正以为自己在创造一种反映时代的新艺术，以为抽象也是现实；一种——绝大多数，则完全利用少数腐烂的资产阶级为时髦的 snobbish（势利，附庸风雅），卖野人头，欺哄人，当作生意经。总而言之，是二十世纪愈来愈没落的病象。另一方面，不学无术的批评界也泯灭了良心，甘心做资产阶级的清客，真是无耻之尤。

我近来身体不能说坏，就是精力不行。除了每天日课（七八小时）之外，晚上再想看书，就眼力不济，簌落落地直掉眼泪，有时还会莫名其妙地头痛几小时。应看想看的东西一大堆，只苦无力应付。

林风眠先生于十二月中开过画展，作品七十余件，十分之九均精，为近年少见。尚须移至北京展出。

一九六三年

三月十七日

两个多月没给你提笔了,知道你行踪无定,东奔西走,我们的信未必收到,收到也无心细看。去纽约途中以及在新墨西哥发的信均先后接读;你那股理想主义的热情实可惊,相形之下,我真是老朽了。一年来心如死水,只有对自己的工作还是一个劲儿死干;对文学艺术的热爱并未稍减,只是常有一种"废然而返""怅然若失"的心情。也许是中国人气质太重,尤其是所谓"洒脱"与"超然物外"的消极精神影响了我,也许是童年的阴影与家庭历史的惨痛经验无形中在我心坎里扎了根,年纪越大越容易人格分化,好像不时会置身于另外一个星球来看尘世,也好像自己随时随地会失去知觉,化为物质的元素。天文与地质的宇宙观常常盘踞在我脑子里,像服尔德某些短篇所写的那种境界,

一九六三年

使我对现实多多少少带着 detached（豁然）的态度。可是在工作上，日常生活上，斤斤较量的认真还是老样子，正好和上述的心情相反——可以说人格分化；说不定习惯成了天性，而自己的天性又本来和我理智冲突。intellectually（理智上）我是纯粹东方人，emotionally & instinctively（情感上及本能上）又是极像西方人。其实也仍然是我们固有的两种人生观：一种是四大皆空的看法，一种是知其不可为而为之的精神。或许人从青少年到壮年到老年，基本上就是从积极到消极的一个过程，只是有的人表现得明显一些，有的人不明显一些。自然界的生物也逃不出这个规律。你将近三十，正是年富力强的时候，好比暮春时节，自应蓬蓬勃勃往发荣滋长的路上趱奔。最近两信的乐观与积极气息，多少也给我一些刺激，接信当天着实兴奋了一下。你的中国人的自豪感使我为你自豪，你善于赏识别的民族与广大人民的优点使我感到宽慰。唯有民族自豪与赏识别人两者结合起来，才不致沦为狭窄的沙文主义，在个人也不致陷于自大狂自溺狂；而且这是爱国主义与国际主义真正的交融。我们的领导对国际形势是看得很清楚的，从未说过美国有爆发国内革命的可能性的话，你前信所云或许是外国记者的揣测和不正确的引申。我们的问题，我觉得主要在于如何建设社会主义，如何在生产关系改变之后发挥个人的积极性，如何从实践上、物质成就上显示我们制度的优越性，如何使口头上"红"化为事业上的"红",如何防止集体主义不被官僚主义拖后腿,如何提高上上下下干部的领导水平,如何做到实事求是,如何普及文化而不是降低,如何培养与爱护下一代……

我的工作愈来愈吃力。初译稿每天译千字上下,第二次修改(初稿誊清后),一天也只能改三千余字,几等重译。而改来改去还是不满意(线条太硬,棱角凸出,色彩太单调,等等)。改稿誊清后(即第三稿)还得改一次。等到书印出了,看看仍有不少毛病。这些情形大致和你对待灌唱片差不多。可是我已到了日暮途穷的阶段,能力只有衰退,不可能再进步;不比你尽管对自己不满,始终在提高。想到这点,我真艳羡你不置。近来我情绪不高,大概与我对工作不满有关。

四月二十六日

……你在外跑了近两月,疲劳过度,也该安排一下,到乡间去住个三五天。几年来为这件事我不知和你说过多少回,你总不肯接受我们的意见。人生是多方面的,艺术也得从多方面培养,劳逸调剂得恰当,对艺术只有好处。三天不弹琴,决不损害你的技术;你应该有这点儿自信。况且所谓 relax 也不能仅仅在

一九六三年

technique 上求,也不能单独地抽象地追求心情的 relax。长年不离琴决不可能有真正的 relax;唯有经常与大自然亲近,放下一切,才能有 relax 的心情,有了这心情,艺术上的 relax 可不求而自得。我也犯了过于紧张的毛病,可是近两年来总还春秋两季抽空出门几天。回来后精神的确感到新鲜,工作效率反而可以提高。Kabos(卡波斯)太太批评你不能竭尽可能地 relax,我认为基本原因就在于生活太紧张。平时老是提足精神,能张不能弛!你又很固执,多少爱你的人连弥拉和我们在内,都没法说服你每年抽空出去一下,至少自己放三五天假。这是我们常常想起了要喟然长叹的,觉得你始终不体谅我们爱护你的热忱,尤其我们,你岳父,弥拉,都是深切领会艺术的人,劝你休息的话决不会妨碍你的艺术!

你太片面强调艺术,对艺术也是危险的:你要不听从我们的忠告,三五年七八年之后定会后悔。孩子,你就是不够 wise(智慧)。还有,弥拉身体并不十分强壮,你也得为她着想,不能把人生百分之百地献给艺术。勃隆斯丹太太也没有为了艺术疏忽了家庭。你能一年往外散心一两次,哪怕每次三天,对弥拉也有好处,对艺术也没有害处,为什么你不肯试验一下看看结果呢?

扬州是五代六朝隋唐以来的古城,可惜屡经战祸,甲于天下的园林大半荡然,可是最近也修复了一部分。瘦西湖风景大有江南境界。我们玩了五天,半休息半游玩,住的是招待所,一切供应都很好。慢慢寄照片给你。

六月二日晚

既然批评界敌意持续至一年之久,还是多分析分析自己,再多问问客观、中立、有高度音乐水平的人的意见。我知道你自我批评很强,但外界的敌意仍应当使我们对自己提高警惕:也许有些不自觉的毛病,自己和相熟的朋友们不曾看出。多探讨一下没有害处。若真正是批评界存心作对,当然不必介意。历史上受莫名其妙的指摘的人不知有多少,连伽利略、服尔德、巴尔扎克辈都不免,何况区区我辈!主要还是以君子之心度人,作为借鉴之助,对自己只有好处。老话说得好:是非自有公论,日子久了自然会黑白分明!

七月二十二日

亲爱的孩子,五十多天不写信了。千言万语,无从下笔;老不写信又心神不安;真是矛盾百出。我和妈妈常常梦见你们,声

一九六三年

音笑貌都逼真。梦后总想写信，也写过好几次没写成。我知道你的心情也波动得很。有理想就有苦闷，不随波逐流就到处龃龉，可是能想到易地则皆然，或许会平静一些。生年不满百，常怀千岁忧：此二语可为你我写照。两个多月没有你们消息，但愿身心健康，勿过紧张。你俩体格都不很强壮，平时总要善自保养。劳逸调剂得好，才是久长之计。我们别的不担心，只怕你工作过度，连带弥拉也吃不消。任何耽溺都有流弊，为了耽溺艺术而牺牲人生也不是明智的！

六月下旬起我的许多老毛病次第平复，目前仅过敏性鼻炎纠缠不休。关节炎根本是治不好的，气候一变或劳顿过度即会复发。也只能过一天算一天，只要发作时不太剧烈，妨碍工作，就是上上大吉。

九月一日

很高兴知道你终于彻底休息了一下。瑞士确是避暑最好的地方。三十四年前我在日内瓦的西端，一个小小的法国村子里住过三个月，天天看到白峰（Mont Blanc）上的皑皑积雪，使人在盛暑也感到一股凉意。可惜没有去过瑞士北部的几口湖，听说比日

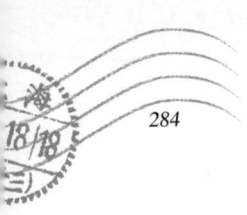

内瓦湖更美更幽。你从南非来的信上本说要去希腊,那儿天气太热,不该在夏季去。你们改变游程倒是聪明的。威尼斯去了没有?其实意大利北部几口湖也风景秀丽,值得小住几天。相信这次旅行定能使你感觉新鲜,精神上洗个痛快的澡。弥拉想来特别快乐。她到底身体怎样?在Zurich(苏黎世)疗养院检查结果又怎么样?除了此次的明信片以外,她从五月十日起没有来过信,不知中间有没有遗失?我写到Gstaad的信,你们收到没有?下次写信来,最好提一笔我信上的编号,别笼笼统统只说"来信都收到"。最好也提一笔你们上一封信的日期,否则丢了信也不知道。七月下旬勃隆斯丹夫人有信来,报告你们二月中会面的情形,简直是排日描写,不仅详细,而且事隔五月,字里行间的感情还是那么强烈,看了真感动。世界上这样真诚,感情这样深的人是不多的!

　　巴尔扎克的长篇小说《幻灭》(Lost Illusions)三部曲,从一九六一年起动手,最近才译完初稿。第一二部已改过,第三部还要改,便是第一二部也得再修饰一遍,预计改完誊清总在明年四五月间。总共五十万字,前前后后要花到我三年半时间。文学研究所有意把《高老头》收入"文学名著丛书",要重排一遍,所以这几天我又在从头至尾修改,也得花一二十天。翻译工作要做得好,必须一改再改三改四改。《高老头》还是在抗战期译的,一九五二年已重译一过,这次是第三次大修改了。此外也得写一

一九六三年

篇序。第二次战后,法国学术界对巴尔扎克的研究大有发展,那种热情和渊博(erudition)令人钦佩不置。

敏在家住了一月,又已回京。他教书颇有兴趣,也很热心负责,拼命在课外找补充材料。校长很重视他,学生也喜欢他,虽然辛苦些,只要能踏踏实实为人民做点工作,总是值得的。

十月十四日

你赫辛斯基来信和弥拉伦敦来信都收到。原来她瑞士写过一信,遗失了。她写起长信来可真有意思:报告意大利之行又详细又生动。从此想你对意大利绘画,尤其威尼斯派,领会得一定更深切。瑞士和意大利的湖泊都在高原上,真正是山高水深,非他处所及。再加人工修饰,古迹林立,令人缅怀以往,更加徘徊不忍去。我们的名胜最吃亏的是建筑:先是砖木结构,抵抗不了天灾人祸、风雨侵蚀;其次,建筑也是中国艺术中比较落后的一门。

接弥拉信后,我大查字典,大翻地图和旅行指南。一九三一年去罗马时曾买了一本《蓝色导游》(*Guide Bleu*)中的《意大利》,厚厚一小册,五百多面,好比一部字典。这是法国最完全最详细的指南,包括各国各大城市(每国都是一厚册),竟是一部旅行丛书。你们去过的几口湖，Maggiore（马焦雷湖），Lugarno（卢加诺湖），Como（科莫湖），Iseo（伊塞奥湖），Garda（加尔达湖），你们歇宿的Stresa（斯特雷萨）和Bellagio（贝拉焦）。都在图上找到了，并且每个湖各有详图。我们翻了一遍，好比跟着你们"神游"了一次。弥拉一路驾驶，到底是险峻的山路，又常常摸黑，真是多亏她了，不知驾的是不是你们自己的车，还是租的？

此刻江南也已转入暮秋，桂花已谢，菊花即将开放。想不到伦敦已是风啊雨啊雾啊，如此沉闷！我很想下月初去天目山（浙西）赏玩秋色，届时能否如愿，不得而知。一九四八年十一月曾和仑布伯伯同去东西天目，秋色斑斓，江山如锦绣，十余年来常在梦寐中。

《高老头》已改讫，译序也写好寄出。如今写序要有批判，极难下笔。我写了一星期，几乎弄得废寝忘食，紧张得不得了。至于译文，改来改去，总觉得能力已经到了顶，多数不满意的地方明知还可修改，却都无法胜任，受了我个人文笔的限制。这四五年来愈来愈清楚地感觉到自己的 limit（局限），仿佛一道不可超越的鸿沟。

一九六三年

十一月三日

亲爱的孩子，最近一信使我看了多么兴奋，不知你是否想象得到？真诚而努力的艺术家每隔几年必然会经过一次脱胎换骨，达到一个新的高峰。能够从纯粹的感觉（sensation）转化到观念（idea）当然是迈进一大步，这一步也不是每个艺术家所能办到的，因为同各人的性情气质有关。不过到了观念世界也该提防一个 pitfall（陷阱）：在精神上能跟踪你的人越来越少的时候，难免钻牛角尖，走上太抽象的路，和群众脱离。哗众取宠（就是一味用新奇唬人）和取媚庸俗固然都要不得，太沉醉于自己理想也有它的危险。我这话不大说得清楚，只是具体的例子也可以作为我们的警戒。李赫特某些演奏某些理解很能说明问题。归根结底，仍然是"出"和"入"的老话。高远绝俗而不失人间性人情味，才不会叫人感到 cold（冷漠）。像你说的"一切都远了，同时一切也都近了"，正是莫扎特晚年和舒伯特的作品达到的境界。古往今来的最优秀的中国人多半是这个气息，尽管 sublime（崇高），可不是 mystic（神秘）（西方式的）；尽管超脱，仍是 warm（热情），intimate（亲密），human（人性）到极点！你不但深切了解这些，你的性格也有这种倾向，那就是你的艺术的 safeguard（保障）。基本上我对你的信心始终如一，以上有些话不过是随便提到，作为"闻者足戒"的提示罢了。

我和妈妈特别高兴的是你身体居然不摇摆了：这不仅是给听众的印象问题，也是一个对待艺术的态度，掌握自己的感情，控制表现，能入能出的问题，也具体证明你能化为一个 idea（意念），而超过了被音乐带着跑，变得不由自主的阶段。只有感情净化，人格升华，从 dramatic（激动人心的）进到 contemplative（令人沉思）的时候，才能做到。可见这样一个细节也不是单靠注意所能解决的，修养到家了，自会迎刃而解（胸中的感受不能完全在手上表达出来，自然会身体摇摆，好像无意识地要"手舞足蹈"地帮助表达。我这个分析你说对不对？）。相形之下，我却是愈来愈不行了。也说不出是退步呢，还是本来能力有限，以前对自己的缺点不像现在这样感觉清楚。越是对原作体会深刻，越是欣赏原文的美妙，越觉得心长力绌，越觉得译文远远地传达不出原作的神韵。返工的次数愈来愈多，时间也花得愈来愈多，结果却总是不满意。时时刻刻看到自己的 limit，运用脑子的 limit，措辞造句的 limit，先天的 limit——例如句子的转弯抹角太生硬，色彩单调，说理强而描绘弱，处处都和我性格的缺陷与偏差有关。自然，我并不因此灰心，照样"知其不可为而为之"，不过要心情愉快也很难了。工作有成绩才是最大的快乐：这一点你我都一样。

另外有一点是肯定的，就是西方人的思想方式同我们距离太大了。不做翻译工作的人恐怕不会体会得这么深切。他们刻画心理和描写感情的时候,有些曲折和细腻的地方,复杂烦琐,简直与我们格格不入。我们对人生琐事往往有许多是认为不值一提而省略的,有许多只是罗列事实而不加分析的;如果要写情就用诗人的态度来写;西方作家却多半用科学家的态度,历史学家的态度(特别巴尔扎克),像解剖昆虫一般。译的人固然懂得了,也感觉到它的特色、妙处,可是要叫思想方式完全不一样的读者领会就难了。思想方式反映整个的人生观、宇宙观,和几千年文化的发展,怎能一下子就能和另一民族的思想沟通呢?你很幸运,音乐不像语言的局限性那么大,你还是用音符表达前人的音符,不是用另一种语言文字,另一种逻辑。

真了解西方的东方人,真了解东方人的西方人,不是没有,只是稀如星凤。对自己的文化遗产彻底消化的人,文化遗产决不会变成包袱,反而养成一种无所不包的胸襟,既明白本民族的长处短处,也明白别的民族的长处短处,进一步会截长补短,吸收新鲜的养料。任何孤独都不怕,只怕文化的孤独,精神思想的孤独。你前信所谓孤独,大概也是指这一点吧?

尽管我们隔得这么远,彼此的心始终在一起,我从来不觉得和你有什么精神上的隔阂。父子两代之间能如此也不容易:我为此很快慰。

一九六四年

一月十二日

莫扎特的 Fantasy in b Min.（《b 小调幻想曲》）记得一九五三年前就跟你提过。罗曼·罗兰极推崇此作，认为他的痛苦的经历都在这作品中流露了，流露的深度便是韦伯与贝多芬也未必超过。罗曼·罗兰的两本名著：(1) Muscians of the Past（《古代音乐家》），(2) Muscians of Today（《今代音乐家》）英文中均有译本，不妨买来细读。其中论莫扎特、柏辽兹、德彪西各篇非常精彩。名家的音乐论著，可以帮助我们更准确地了解以往的大师，也可以纠正我们太主观的看法。我觉得艺术家不但需要在本门艺术中勤修苦练，也得博览群书，也得常常做 meditation（深思），防止自己的偏向和钻牛角尖。感情强烈的人不怕别的，就怕不够客观；防止之道在于多多借鉴，从别人的镜子里检验自己的看法和感受。其

一九六四年

次磁带录音机为你学习的必需品——也是另一面自己的镜子。我过去常常提醒你理财之道，就是要你能有购买此种必需品的财力，Kabos（卡波斯）太太那儿是否还去？十二月轮空，有没有利用机会去请教她？学问上艺术上的师友必须经常接触、交流，只顾关着门练琴也有流弊。

近来除日课外，每天抓紧时间看一些书。国外研究巴尔扎克的有分量的书，二次战前战后出了不少，只嫌没时间，来不及补课。好些研究虽不以马列主义自命，实际做的就是马列主义工作：比如搜罗十九世纪前五十年的报刊著作、回忆录，去跟《人间喜剧》中写的政治、经济、法律、文化对证，看看巴尔扎克的现实主义究竟有多少真实性。好些书店重印巴尔扎克的作品，或全集，或零本，都请专家做详尽的考据注释。老实说，从最近一年起，我才开始从翻译巴尔扎克，进一步做了些研究，不过仅仅开了头，五年十年以后是否做得出一些成绩来也不敢说。

三月一日

弥拉的信比你从加拿大发的早到四天。我们听到喜讯，都说不出的快乐，妈妈更是坐也不是，立也不是，兴奋几日。她母性强，抱孙心切，已经盼望很久了，常说：怎么聪还没有孩子呢？每次长时期不接弥拉来信，总疑心她有了喜不舒服。我却是担心加重你的负担，也怕你们俩不得自由：总之，同样地爱儿女，不过看问题的角度不同而已。有责任感的人遇到这等大事都不免一则以喜，一则以忧。可是结婚的时候早知道有这么一天，也不必临时慌张。回想三十年前你初出世的一刹那，在医院的妇产科外听见你妈妈呻吟，有一种说不出的"肃然"的感觉，仿佛从那时起才真正体会到做母亲的艰苦与伟大，同时感到自己在人生中又迈了一大步。一个人的成长往往是不自觉的，我对自己的长成却是清清楚楚意识到，至今忘不了。相信你和弥拉到时也都会有类似的经验。

有了孩子，父母双方为了爱孩子，难免不生出许多零星琐碎的争执，应当事先彼此谈谈，让你们俩都有个思想准备：既不要在小地方固执，也不必为了难免的小争执而闹脾气。还有母性特强的妻子，往往会引起丈夫的妒忌，似乎一有孩子，自己在妻子心中的地位缩小了很多——这一点不能不先提醒你。因为大多数的西方女子，母性比东方女子表现得更强——我说"表现"，因为东方人的母爱，正如别的感情一样，不像西方女子那么显著地形诸于外。但过分地形诸于外，就容易惹动丈夫的妒意。

在经济方面，与其为了孩子将临而忧虑，不如切实想办法，

一九六四年

好好安排一下。衣、食、住、行的固定开支,每月要多少,零用要多少,以量入为出的原则全面做一个计划,然后严格执行。大多数人的经验,总是零用不易掌握,最需要克制功夫。遇到每一笔非生活必需开支,都得冷静地想一想,是否确实必不可少。我平时看到书画、文物、小玩意儿(连价钱稍昂的图书在内),从不敢当场就买,总是左思右想,横考虑竖考虑,还要和妈妈商量再决定;很多就此打消了。凡是小玩意儿一类,过了十天八天,欲望自然会淡下来的。即使与你研究学问有关的东西,也得考虑一下是否必需,例如唱片,少买几张也未必妨碍你艺术上的进步。只有每一次掏出钱去的时候,都经过一番客观的思索,才能贯彻预算,做到收支平衡而还能有些小小的储蓄。我们在最困难的时候,曾经把每月的每一笔开支,分别装在信封内,写明"伙食""水电""图书"等;一个信封内的钱用完了,决不挪用别的信封内的钱,更不提前用下个月的钱。现在查看账目,便是那几年花费最少。我们此刻还经常检查账目,看上个月哪几样用途是可用不可用的,使我们在本月和以后的几个月注意节约。我不是要你如法炮制,而是举实例给你看,我们是用什么方法控制开销的。

"理财",若作为"生财"解,固是一件难事,作为"不亏空而略有储蓄"解,却也容易做到。只要有意志,有决心,不跟自己妥协,有狠心压制自己的 fancy(爱好)!老话说得好:开源不如节流。我们的欲望无穷,所谓"欲壑难填",若一手来一手去,有多少用多少,即使日进斗金也不会觉得宽裕的。既然要保持清白,保持人格独立,又要养家活口,防旦夕祸福,更只有自己紧缩,将"出口"的关口牢牢把住。"入口"操在人家手中,你不能也不愿奴颜婢膝地乞求;"出口"却完全操诸我手,由我做主。你该记得中国古代的所谓清流,有傲骨的人,都是自甘淡泊的清贫之士。"清贫"二字为何连在一起,值得我们深思。我的理解是,清则贫,亦维贫而后能清!我不是要你"贫",仅仅是约制自己的欲望,做到量入为出,不能说要求太高吧!这些道理你全明白,毋须我啰唆,问题是在于实践。你在艺术上想得到,做得到,所以成功;倘在人生大小事务上也能说能行,只要及到你艺术方面的一半,你的生活烦虑也就十分中去了八分。古往今来,艺术家多半不会生活,这不是他们的光荣,而是他们的失败。失败的原因并非真的对现实生活太笨拙,而是不去注意,不下决心。因为我所谓"会生活"不是指发财、剥削人或是啬刻,做守财奴,而是指生活有条理,收支相抵而略有剩余。要做到这两点,只消把对付艺术的注意力和决心拿出一小部分来应用一下就绰乎有余了!

至于弥拉,记得你结婚以前有过培养她的意思,即使结果与你的理想仍有距离,(哪个人的理想能与现实一致呢?)也不能说三年来没有成绩。首先,你近两年来信中不止一次地提到,你

一九六四年

和她的感情融洽多了；证明你们互相的了解是在增进，不是停滞。这便是夫妇之爱的最重要的基础。其次，她对我们的感情，即使在海外娶的中国媳妇，也未必及得上她。很多朋友的儿子在外结婚多年，媳妇（还是中国人）仍像外人一般，也难得写信，哪像弥拉和我们这么亲切！最后，她对孩子的教育（最近已和我们谈了），明明是接受了你的理想。她本人也想学中文，不论将来效果如何，总是"其志可嘉"。对中国文化的仰慕爱好，间接表示她对你的赏识。固然她很多孩子气，许多地方还不成熟，但孩子气的优点是天真无邪。她对你的艺术的理解与感受，恐怕在西方女子中也不一定很多。她至少不是冒充风雅的时髦女子，她对艺术的态度是真诚的。一九五九年八月以前的弥拉和一九六四年一月的弥拉，有多少差别，只有你衡量得出。我相信你对她做的工作并没有白费。就算是她走得慢一些，至少在跟着你前进。

再说，做一个艺术家的妻子，本来很难，做你的妻子，尤其不容易。一般的艺术家都少不了仆仆风尘。可不见得像你我这样喜欢闭户不出，过修院生活。这是西方女子很难适应的。而经常奔波，视家庭如传舍（即驿站、逆旅）的方式，也需要 Penelope（珀涅罗珀）对待 Ulysses（尤利西斯）那样坚贞的耐性才行——要是在这些方面，弥拉多少已经习惯，便是很大的成功，值得你高兴的了。我们还得有自知之明：你脾气和我一样不好，即使略好,也不过五十步与百步。想到这个,夫妇之间的小小争执,也许责任是一半一半,也许我这方面还要多担一些责任——我国虽然有过五四运动,新女性运动(一九二〇年前后),夫权还是比西方重,西方妇女可不容易接受这一点。我特别提出,希望你注意。至于持家之道,你也不能以身作则的训练人家;你自己行事就很难做到有规律有条理,经常旅行也使你有很大困难:只能两人同时学习,多多商量。我相信你们俩在相忍相让上面已有不少成就。只是艺术家的心情容易波动,常有些莫名其妙的骚扰、烦闷、苦恼,影响家庭生活。平时不妨多冷静地想到这些,免得为了小龃龉而动摇根本。你信中的话,我们并不太当真。两个年轻人相处,本来要摸索多年。我以上的话,你思想中大半都有,我不过像在舞台上做一番"提示"工作。特别想提醒你的是信念,对两人的前途的信念。若存了"将来讲究如何,不得而知"的心,对方早晚体会得到,那就动了根本,一切不好办了。往往会无事变小事,小事变大事;反之,信念坚定,就会大事化小,小事化无。再过一二十年,你们回顾三十岁前后的生活,想起两人之间的无数小争执,定会哑然失笑。你不是说你已经会把事情推远去看么?这便是一个实例。预先体会十年二十年以后的感想,往往能够使人把眼前的艰苦看淡。

总之,你的生活艺术固然不及你的音乐艺术,可也不是没有

一九六四年

进步,没有收获。安德烈·莫洛阿说过:夫妇之间往往是智力较差,意志较弱的一个把较高较强的一个往下拉,很少较高较强的一个能把较差较弱的对方往上提。三年来你至少是把她往上提,这也足以使你感到安慰了。

弥拉要学中文,最好先进"东方语言学校"之类开蒙。我即将寄一本《汉英合璧》给她,其中注音字母,你可以先教她。这是外国传教士编的,很不错。China Inland Missiom 中文名叫"内地会",解放后当然没有了。当年在牯岭,有许多房子便是那个团体的。他们做学问确实下了一番苦功。教弥拉要非常耐性,西方人学东方语言,比东方人学西方语言难得多。先是西方语言是分析的,东方语言是综合的、暗示的、含蓄的。并且我们从小有学西方语言的环境。你对弥拉要多鼓励,少批评,否则很容易使她知难而退。一切慢慢来,不要急。记住盖叫天的话:慢就是快!你也得告诉她这个道理。开头根基打得扎实,以后就好办。

孩子的教育,眼前不必多想。将来看形势再商量。我们没有不愿意帮你们解决的。名字待我慢慢想,也需要 inspiration(灵感)。弥拉怀孕期间,更要让她神经安静,心情愉快。定期检查等等,你们有的是医生,不必我们多说。她说胃口太好,胖得 like a cow(像头牛),这倒要小心,劝她克制一些。母体太胖,婴儿也跟着太胖,分娩的时候,大人和小孩都要吃苦的!故有孕时不宜过分劳动,却也不宜太不劳动。

……像我们这种人,从来不以恋爱为至上,不以家庭为至上,而是把艺术、学问放在第一位,作为人生目标的人,对物质方面的烦恼还是容易摆脱的,可是为了免得后顾之忧,更好地从事艺术与学问,也不能不好好地安排物质生活;光是瞧不起金钱,一切取消极态度,早晚要影响你的人生最高目标——艺术的!希望克日下决心,在这方面采取行动!一切保重!

四月十二日

你从北美回来后还没来过信,不知心情如何?写信的确要有适当的心情,我也常有此感。弥拉去弥阿弥后,你一日三餐如何解决?生怕你练琴出了神,又怕出门麻烦,只吃咖啡面包了事,那可不是日常生活之道。尤其你工作消耗多,切勿饮食太随便,营养(有规律进食)毕竟是要紧的。你行踪无定,即使在伦敦,琴声不断;房间又隔音,挂号信送上门,打铃很可能听不见,故此信由你岳父家转,免得第三次退回。瑞士的 tour(观光)想必满意,地方既好,气候也好,乐队又是老搭档,瑞士人也喜爱莫扎特,效果一定不坏吧?六月南美之行,必有巴西在内;近来那

一九六四年

边时局突变,是否有问题,出发前务须考虑周到,多问问新闻界的朋友,同伦敦的代理人多商量商量,不要临时找麻烦,切记切记!三月十五日前后欧美大风雪,我们看到新闻也代你担忧,幸而那时不是你飞渡大西洋的时候。此间连续几星期春寒春雨,从早到晚,阴沉沉的,我老眼昏花,只能常在灯下工作,天气如此,人也特别闷塞,别说郊外踏青,便是跑跑书店古董店也不成。即使风和日暖,也舍不得离开书桌。要做的事,要读的书实在太多了,不能怪我吝惜光阴。从二十五岁至四十岁,我浪费了多少宝贵的时日!

  近几月老是研究巴尔扎克,他的一部分哲学味特别浓的小说,在西方公认为极重要,我却花了很大的劲儿才勉强读完,也花了很大的耐性读了几部研究这些作品的论著。总觉得神秘气息玄学气息不容易接受,至多是了解而已,谈不上欣赏和共鸣。中国人不是不讲形而上学,但不像西方人抽象,而往往用诗化的意境把形而上学的理论说得很空灵,真正的意义固然不易捉摸,却不至于像西方形而上学那么枯燥,也没那种刻舟求剑的宗教味儿叫人厌烦。西方人对万有的本原,无论如何要归结到一个神,所谓 God(上帝),似乎除了 God,不能解释宇宙,不能说明人生,所以非肯定一个造物主不可。好在谁也提不出证明 God 是没有的,只好由他们去说;可是他们的正面论证也牵强得很,没有说服力。他们首先肯定人生必有意义，灵魂必然不死，从此推论下去，就归纳出一个有计划有意志的神！可是为什么人生必有意义呢？灵魂必然不死呢？他们认为这是不辩自明之理，我认为欧洲人比我们更骄傲，更狂妄，更ambitious（有雄心），把人这个生物看作天下第一，所以千方百计要造出一套哲学和形而上学来，证明这个"人为万物之灵"的看法，仿佛我们真是负有神的使命，执行神的意志一般。在我个人看来，这都是vanity（虚荣心）作祟。东方的哲学家玄学家要比他们谦虚得多。除了程朱一派理学家dogmatic（武断）很厉害之外，别人就是讲什么阴阳太极，也不像西方人讲God那么绝对，凿凿有据，咄咄逼人，也许骨子里我们多少是怀疑派，接受不了太强的insist（坚持），太过分的certainty（确定）。

前天偶尔想起，你们要是生女孩子的话，外文名字不妨叫Gracia（葛拉齐亚），此字来历想你一定记得。意大利字读音好听，grace（优雅）一字的意义也可爱。弥拉不喜欢名字太普通，大概可以合乎她的条件。阴历今年是甲辰，辰年出生的人肖龙，龙从云，风从虎，我们提议女孩子叫"凌云"（Lin Yun），男孩子叫"凌霄"（Lin Sio）。你看如何？男孩的外文名没有inspiration（灵感），或者你们决定，或者我想到了以后再告。这些我都另外去信讲给弥拉听了。（凌云=to tower over the clouds，凌霄 = to tower over the sky，我和 Mira 就是这样解释的。）

四月十二日 （母亲信）

　　最近一个月来，陆陆续续打了几件毛线衣，另外买了一件小斗篷、小被头，作为做祖母的一番心意，不日就要去寄了，怕你们都不在，还是由你岳父转的。我也不知对你们合适否？衣服尺寸都是望空做的，好在穿绒线衣时要九十月才用得着，将来需要，不妨来信告知，我可以经常代你们打。孩子的名字，我们俩常在商量，因为今年是龙年，就根据龙的特性来想，前两星期去新城隍庙看看花草，有一种叫凌霄的花，据周朝帧先生说，此花开在初夏，色带火黄，非常艳丽，我们就买了一棵回来，后来我灵机一动，"凌霄"作为男孩子的名字不是很好么？声音也好听，意义有高翔的意思；传说龙在云中，那么女孩子叫"凌云"再贴切没有了，我们就这么决定了。再有我们姓傅的，三代都是单名（你祖父叫傅鹏，父雷，你聪），来一个双名也挺有意思，你觉得怎样？

　　阿敏去冬年假没回来，工作非常紧张，他对教学相当认真，相当钻研，校方很重视他。他最近来信说："我教了一年多书，深深体会到传授知识比教人容易，如果只教书而不教人的话，书

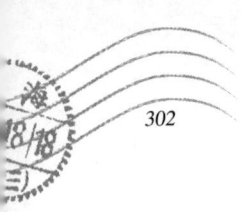

绝对教不好,而要教好人,把学生教育好,必须注意身教和言教,更重要的是身教,处处要严格要求自己,以身作则。越是纪律不好的班,聪明的孩子越多,他们就更敏感,这就要求自己以身作则,否则很难把书教好。"他对教学的具体情况,有他的看法,也有他的一套,爸爸非常赞同。你看我多高兴,阿敏居然长成得走正路,这正是我俩教育孩子的目的,我们没有名利思想,只要做好本门工作就很好了,你做哥哥的知道弟弟有些成绩,一定也庆幸。

四月二十四日

孤独的感觉,彼此差不多,只是程度不同,次数多少有异而已。我们并未离乡背井,生活也稳定,比绝大多数人都过得好;无奈人总是思想大多,不免常受空虚感的侵袭。唯一的安慰是骨肉之间推心置腹,所以不论你来信多么稀少,我总尽量多给你写信,但愿能消解一些你的苦闷与寂寞。只是心愿是一件事,写信的心情是另一件事:往往极想提笔而精神不平静,提不起笔来;或是勉强写了,写得十分枯燥,好像说话的声音口吻僵得很,自己听了也不痛快。

一方面狂热、执着,一方面洒脱、旷达、怀疑,甚至于消极:

一九六四年

这个性格大概是我遗传给你的。妈妈没有这种矛盾,她从来不这么极端。弥拉常说你跟我真像,可见你在她面前提到我的次数不可胜计,所以她虽未见过我一面,也像多年相识一样。

你们夫妇关系,我们从来不真正担心过。你的精神波动,我们知之有素,千句并一句,只要基本信心不动摇,任何小争执大争执都会跟着时间淡忘的。我三月二日(No.59)信中的结论就是这话。人生的每个阶段都是一边学一边过的,从来没有一个人具备了所有的(理论上的)条件才结婚,才生儿育女的。你为了孩子而惶惶然,表示你对人生态度严肃,却也不必想得太多。一点不想是不负责任,当然不好;想得过分也徒然自苦,问题是彻底考虑一番,下决心把每个阶段的事情做好,想好办法实行就是了。

人不知而不愠是人生最高修养,自非一时所能达到。对批评家的话我过去并非不加保留,只是增加了我的警惕。即是人言籍籍,自当格外反躬自省,多征求真正内行而善意的师友的意见。你的自我批评精神,我完全信得过;可是艺术家有时会钻牛角尖而自以为走的是独创而正确的路。要避免这一点,需要经常保持冷静和客观的态度。所谓艺术上的 illusion(幻觉),有时会蒙蔽一个人到几年之久的。至于批评界的黑幕,我近三年译巴尔扎克的《幻灭》,得到不少知识。一世纪前尚且如此,何况今日!二月号《音乐与音乐家》杂志上有一篇 Karajan(卡拉扬)的访问记,说他对于批评只认为是某先生的意见，如此而已。他对所钦佩的学者，则自会倾听，或者竟自动去请教。这个态度大致与你相仿。

认真的人很少会满意自己的成绩，我的主要苦闷即在于此。所不同的，你是天天在变，能变出新体会、新境界、新表演，我则是眼光不断提高而能力始终停滞在老地方。每次听你的唱片总心上想：不知他现在弹这个曲子又是怎么一个样子了。

十月三十一日

亲爱的孩子，几次三番动笔写你的信都没有写成，而几个月的保持沉默也使我魂不守舍，坐立不安。我们从八月到今的心境简直无法形容。你的处境，你的为难（我猜想你采取行动之前，并没和国际公法或私法的专家商量过。其实那是必要的），你的迫不得已的苦衷，我们都深深地体会到，怎么能责怪你呢？可是再彻底的谅解也减除不了我们沉重的心情。民族自尊心受了伤害，非短时期内所能平复；因为这不是一个"小我的"，个人的荣辱得失问题。便是万事随和处处乐观的你妈妈，也耿耿于怀，伤感不能自已。不经过这次考验；我也不知道自己在这方面的感觉有这样强。一九五九年你最初两信中说的话，以及你对记者发表

一九六四年

的话,自然而然的,不断地回到我们脑子里来,你想,这是多大的刺激!我们知道一切官方的文件只是一种形式,任何法律手续约束不了一个人的心——在这一点上我们始终相信你;我们也知道,文件可以单方面地取消,只是这样的一天遥远得望不见罢了。何况理性是理性,感情是感情,理性悟透的事情,不一定能叫感情接受。不知你是否理解我们几个月沉默的原因,能否想象我们这一回痛苦的深度?不论工作的时候或是休息的时候,精神上老罩着一道阴影,心坎里老压着一块石头,左一个譬解,右一个譬解,总是丢不下,放不开。我们比什么时候都更想念你,可是我和妈妈都不敢谈到你;大家都怕碰到双方的伤口,从而加剧自己的伤口。我还暗暗地提心吊胆,深怕国外的报纸、评论,以及今后的唱片说明提到你这件事……孩子出生的电报来了,我们的心情更复杂了。这样一件喜事发生在这么一个时期,我们的感觉竟说不出是什么滋味,百感交集,乱糟糟的一团,叫我们说什么好呢?怎么表示呢?所有这一切,你岳父都不能理解,他有他的民族性,他有他民族的悲剧式的命运(这个命运,他们两千年来已经习为故常,不以为悲剧了)看法当然和我们不一样。然而我决不承认我们的看法是民族自大,是顽固,他的一套是开明是正确。他把国籍看作一个侨民对东道国应有的感激的表示,这是我绝对不同意的!至于说弥拉万一来到中国,也必须加入中国籍,所以你的

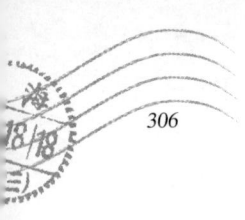

行动可以说是有往有来,等等,那完全是他毫不了解中国国情所做的猜测。我们的国家从来没有一条法律,要外国人入了中国籍才能久居!接到你岳父那样的信以后,我并不作复,为的是不愿和他争辩;可是我和他的意见分歧点应当让你知道。

孩子不足两个月,长得如此老成,足见弥拉成绩不错。大概她全部精力花在孩子身上了吧?家里是否有女工帮忙,减少一部分弥拉的劳累?做父母是人生第二大关,你们俩的性情脾气,连人生观等恐怕都会受到影响。但愿责任加重以后,你们支配经济会更合理,更想到将来(谁敢担保你们会有几个儿女呢),更能克制一些随心所欲的冲动,减少一些不必要的开支。孩子初生(一星期)的模样的确像襁褓中的你。后来几次的相片,尤其七星期的一张,眼睛与鼻梁距离较大,明明有了外家的影子——弥拉也更像她父亲了。不过婴儿的变化将来还多着呢。

　　　　　　　　　　　　　　爸爸　十月三十一日

　　凌霄出生的那天,中国旧历正是七月初七,叫作七巧,是神话中牛郎织女一年一度相会的那天,因为天上有两颗星,一叫牛郎,一叫织女,一年只有七月七日才同时在天空出现。你不妨跟

一九六四年

弥拉谈谈,能知道牛郎织女的故事更有意思!我给凌霄打的毛线衣是否能穿?恐怕太小了,看孩子的样子很老练。我不时要看看孩子的照片,你们真不知我心里多快乐!孩子的照片,不论好坏,一有马上寄来,让我们在寂寞的生活中多添些温暖!

妈妈　附笔

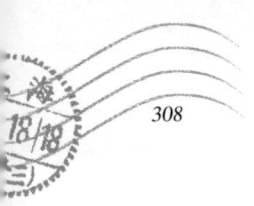

一九六五年

一月二十八日

将近六个月没有你的消息，我甚至要怀疑十月三十一日发的信你是否收到。上月二十日左右，几乎想打电报：如今跟以往更是不同，除了你们两人以外，又多了一个娃娃增加我们的忧虑。大人怎么样呢？孩子怎么样呢？是不是有谁闹病了？……毕竟你妈妈会体贴，说你长期地沉默恐怕不仅为了忙，主要还是心绪。对啦，她一定猜准了。你生活方面思想方面的烦恼，虽然我们不知道具体内容，总还想象得出一个大概。总而言之，以你的气质，任何环境都不会使你快乐的。你自己也知道。既然如此，还不如对人生多放弃一些理想；理想只能在你的艺术领域中去追求，那当然也永远追求不到，至少能逐渐接近，并且学术方面的苦闷也不致损害我们的心理健康。即使在排遣不开的时候，也希望你的

一九六五年

心绪不要太影响家庭生活。归根到底,你现在不是单身汉,而是负着三口之家的责任。用老话来说,你和弥拉要相依为命。外面的不如意事固然无法避免,家庭的小风波总还可以由自己掌握。客观的困难已经够多了,何必再加上主观的困难呢?当然这需要双方共同的努力,但自己总该竭尽所能的做去。处处克制些,冷静些,多些宽恕,少些苛求,多想自己的缺点,多想别人的长处。生活——尤其夫妇生活——之难,在于同弹琴一样,要时时刻刻警惕,才能不出乱子,或少出乱子。总要存着风雨同舟的思想,求一个和睦相处相忍相让的局面,挨过人生这个艰难困苦的关。这是我们做父母的愿望。能同艺术家做伴而日子过得和平顺适的女子,古往今来都寥寥无几。千句并一句,尽量缩小一个我字,也许是解除烦闷、减少纠纷的唯一的秘诀。久久得不到你们俩的信,我们总要担心你们俩的感情,当然也担心你们俩的健康,但对你们的感情更关切,因为你们找不到一个医生来治这种病,而且这是骨肉之间处于本能的忧虑。就算你把恶劣的心情瞒着也没用。我们不但同样焦急,还因为不知底细而胡乱猜测,急这个,急那个,弄得寝食不安。假如以上劝告你认为毫无根据,那更证明长期的沉默会引起我们焦虑到什么程度。你也不能忘记,你爸爸所以在这些事情上经常与你唠叨,因为他是过来人,不愿意上一代犯的错误在下一代身上重演。我和你说这一类的话永远抱着自责的沉痛的心情的!

　　从你南美回来以后,九个月中演出我们一无所知;弥拉提到一言半句又叫我们摸不着头脑。那个时期到目前为止的演出表,可不可以补一份来?(以前已经提过好几回了!)在你只要花半小时翻翻记事本,抄一抄。这种惠而不费的、一举手之劳的事能给我们多少喜悦,恐怕你还不能完全体会。还有你在艺术上的摸索、进展、困难、心得、自己的感受、经验、外界的反应,我们都想知道而近来知道得太少了。肖邦的《练习曲》是否仍排作日课?巴赫练得怎样了?一九六四年练出了哪些新作品?你过的日子变化多,事情多,即或心情不快,单是提供一些艺术方面的流水账,也不愁没有写信的材料;不比我的工作和生活,三百六十五天如一日,同十年以前谈不上有何分别。

　　说到我断断续续的小毛病,不必絮烦,只要不躺在床上打断工作,就很高兴了。睡眠老是很坏,脑子停不下来,说不上是神经衰弱还是什么。幸而妈妈身体健旺,样样都能照顾。我脑子一年不如一年,不用说每天七八百字的译文苦不堪言,要换二三道稿子,便是给你写信也非常吃力。只怕身体再坏下去,变为真正的老弱残兵。眼前还是能整天整年——除了闹病——地干,除了翻书,同时也做些研究工作,多亏巴黎不断有材料寄来。最苦的是我不会休息,睡时脑子停不下来,醒时更停不住了。失眠的主要的原因大概就在于此。

你公寓的室内的照片盼望了四年,终于弥拉寄来了几张,高兴得很。孩子的照片,妈妈不知翻来覆去,拿出拿进,看过多少遍了。她母性之强,你是知道的。伦敦必有中文录音带出售,不妨买来,孩子在摇篮里就开始听起来。

一月二十九日（母亲信）

提起笔来真不知千言万语何从说起!你这样长时期地不给我们信,真不知我们思念你的痛苦,爸爸晚上辗转不能入睡,大一半也在你身上,我们因为想你想得厉害,反怕提到你,可是我们的内心一样焦虑;我常常半夜惊醒,百感交集,忧心如焚这四个字,就可以说明父母思念儿子的心情。你现在有了孩子,应该体会得到。这半年来幸而弥拉有信来,还有凌霄可爱的照片,给了我们不少安慰,我真是万分地感谢她。你的行动多少还知道一鳞半爪,弥拉还很有趣的描写孩子的喜怒,我们真是从心底里欢喜。孩子越长越漂亮,朋友们看了,都说鼻子面型像你,额角眼睛有些像他母亲,如今快六个月了,恐怕又变了样,望多拍些照,经常寄来,让我们枯寂的生活中,多一些光彩,多一些温暖。

二月二十日

亲爱的孩子，半年来你唯一的一封信不知给我们多少快慰。看了日程表，照例跟着你天南地北地神游了一趟，做了半天白日梦。人就有这点儿奇妙，足不出户，身不离斗室，照样能把万里外的世界，各地的风光，听众的反应，游子的情怀，一样一样地体验过来。你说在南美仿佛回到了波兰和苏联，单凭这句话，我就咂摸到你当时的喜悦和激动；拉丁民族和斯拉夫民族的热情奔放的表现也历历如在目前。

照片则是给我们另一种兴奋，虎着脸的神气最像你。大概照相机离得太近了，孩子看见那怪东西对准着他，不免有些惊恐，有些提防。可惜带笑的两张都模糊了（神态也最不像你），下回拍动作，光圈要放大到 F. 2 或 F. 3.5，时间用 1/100 或 1/150 秒。若用闪光（即 flash）则用 F. 11，时间 1/100 或 1/150 秒。望着你弹琴的一张最好玩、最美；应当把你们俩作为特写放大，左手的空白完全不要；放大要五或六英寸才看得清，因原片实在太小了。另外一张不知坐的是椅子是车子？地下一张装中国画（谁的？）的玻璃框，我们猜来猜去猜不出是怎么回事，望说明！

你父性特别强是像你妈，不过还是得节制些，第一勿妨碍你的日常工作，第二勿宠坏了凌霄——小孩儿经常有人跟他玩，成了习惯,就非时时刻刻抓住你不可,不但苦了弥拉,而且对孩子也不好。耐得住寂寞是人生一大武器,而耐寂寞也要自幼训练的!疼孩子固然要紧,养成纪律同样要紧;几个月大的时候不注意,到两三岁时再收紧,大人小儿都要痛苦的。你的心绪我完全能体会。你说得不错,知子莫若父,因为父母子女的性情脾气总很相像,我不是常说你是我的一面镜子吗?且不说你我的感觉一样敏锐,便是变化无常的情绪,忽而高潮忽而低潮,忽而兴奋若狂,忽而消沉丧气等等的艺术家气质,你我也相差无几。不幸这些遗传(或者说后天的感染)对你的实际生活弊多利少。凡是有利于艺术的,往往不利于生活;因为艺术家两脚踏在地下,头脑却在天上,这种姿态当然不适应现实的世界。我们常常觉得弥拉总算不容易了,你切勿用你妈的性情脾气去衡量弥拉。你得随时提醒自己,你的苦闷没有理由发泄在第三者身上。况且她的童年也并不幸福,你们俩正该同病相怜才对。我一辈子没有做到克己的功夫,你要能比我成绩强,收效早,那我和妈妈不知要多么快活呢!

要说 exile(流放),从古到今多少大人物都受过这苦难,但丁便是其中的一个;我辈区区小子又何足道哉!据说《神曲》是受了 exile 的感应和刺激而写的,我们倒是应当以此为榜样,把 exile 的痛苦升华到艺术中去。以上的话,我知道不可能消除你的悲伤愁苦,但至少能供给你一些解脱的理由,使你在愤懑郁闷中有以自拔。做一个艺术家，要不带点儿宗教家的心肠，会变成追求纯技术或纯粹抽象观念的 virtuoso（演奏家），或者像所谓抽象主义者一类的狂人；要不带点儿哲学家的看法，又会自苦苦人（苦了你身边的伴侣），永远不能超脱。最后还有一个实际的论点：以你对音乐的热爱和理解，也许不能不在你厌恶的社会中挣扎下去。你自己说到处都是 outcast（被抛弃者），不就是这个意思吗？艺术也是一个 tyrant（暴君），因为做他奴隶的都心甘情愿，所以这个 tyrant 尤其可怕。你既然认了艺术做主子，一切的辛酸苦楚便是你向他的纳贡，你信了他的宗教，怎么能不把少牢太牢去做牺牲呢，每一行有每一行的 humiliation（羞辱）和 misery（痛苦），能够 resign（勉强接受）就是少痛苦的不二法门。你可曾想过，肖邦为什么后半世自愿流亡异国呢？他的 Op.25（作品第二十五号）以后的作品付的是什么代价呢？

任何艺术品都有一部分含蓄的东西，在文学上叫作言有尽而意无穷，西方人所谓 between lines（弦外之音）。作者不可能把心中的感受写尽，他给人的启示往往有些还出乎他自己的意想之外。绘画、雕塑、戏剧等，都有此潜在的境界。不过音乐所表现的最是飘忽，最是空灵，最难捉摸，最难肯定，弦外之音似乎比别的艺术更丰富，更神秘，因此一般人也就懒于探索，甚至根本感觉不到有什么弦外之音。其实真正的演奏家应当努力去体会这个潜

一九六五年

在的境界（即淮南子所谓"听无音之音者聪"，无音之音不是指这个潜藏的意境又是指什么呢？）而把它表现出来，虽然他的体会不一定都正确。能否体会与民族性无关。从哪一角度去体会，能体会作品中哪一些隐藏的东西，则多半取决于各个民族的性格及其文化传统。甲民族所体会的和乙民族所体会的，既有正确不正确的分别，也有种类的不同，程度深浅的不同。我猜想你和岳父的默契在于彼此都是东方人，感受事物的方式不无共同之处，看待事物的角度也往往相似。

你和董氏兄弟初次合作就觉得心心相印，也是这个缘故。大家都是中国人，感情方面的共同点自然更多了。你的中文还是比英文强，别灰心，多写信，多看中文书，就不会失去用中文思考的习惯。你的英文基础不够，看书太少，句型未免单调。

二月二十日（母亲信）

亲爱的聪、弥拉：接到你们来信前三四天，我梦见了你们，我暗忖不久该有你的信来了，果然不出所料，对我们来说真是大大的收获。我常有预感，屡次都应验。凌霄的照片真是太美了，一次比一次好看。我托萧伯母寄来一种不用贴照相角的日本货照

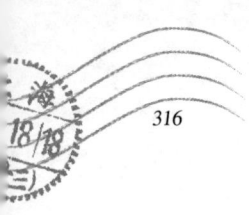

相簿，专放孩子的照片。凌霄坐在沙发上听你弹琴的一张暂时放在我房内五斗柜上，另外一张（下面有中国画的）放在床头小桌上，我不时可满怀高兴地看着他！我们虽然离得那么远，可是我会譬解，很达观。

……凌霄已过了六个月，该会格格地笑出声了，会咿咿哑哑地逗人乐了，我们何尝不望着他做梦呢！我打的毛衣恐怕太小，早已不能穿了吧，说来惭愧，我真不知如何表示我做祖母的心意！

此信我本想要爸爸翻成英文让弥拉高兴一下。我的外文，看是没有问题，弥拉每次来信，我总要反复看几遍，可以说是完全理解她的。可惜我不会动笔，有时很想叫爸爸翻译，无奈爸爸他太忙，我也不愿浪费他的时间，所以你一定要为我做这件事，耐心地讲给弥拉听，我才高兴。婆婆（爸爸的乳母）你不会忘记吧！你小时候，她抱着你从楼梯上摔下来，手臂半年多不能动。她今年七十八岁，还相当健，最近知道你有了孩子，特意赶来看了凌霄的照片，欢喜得尽笑。她说孩子像你，还再三叫我问你和弥拉好。祖姑母年迈孤独，每逢星期日来我家玩，你们的信她都能看，她的英文水平还不错呢！今年过冬一点不冷，我们都没有伤风，爸爸除了埋头工作，难得出门，偶尔我陪他逛逛古玩市场。

一九六五年

五月十六日至二十一日

从香港到马尼拉,恐怕一出机场就要直接去音乐厅,这样匆促也够辛苦紧张了,何况五月三日晚上你只睡了四五小时,亏你有精力应付得了!要不是刘抗伯伯四月二十三日来信报告,怎想得到你在曼谷和马尼拉之间加了两场新加坡演出,又兼做什么钢琴比赛的评判呢?在港登台原说是明年可能去日本时顺便来的,谁知今年就实现了。你定的日程使我大吃一惊:六月五日你不是要同 London Mozart Players(伦敦莫扎特乐团)合作 Mozart K. 503(莫扎特作品第 503 号),场子是 Croyden(克罗伊登)的 Fairfield Hall(费尔菲尔德大厅)吗?这一类定期演出不大可能在一两个月以前有变动,除非独奏的人临时因故不能出场,那也要到期前十天半个月才发生。是不是你一时太兴奋,看错了日程表呢?想来你不至于粗心到这个地步。那么到底是怎么回事呢?我既然发现了这个疑问,当然不能不让萧伯母知道,她的信五月十二日中午到沪,我吃过饭就写信,把你在新西兰四处地方的日程抄了一份给她,要她打电报给你问问清楚,免得出乱子。同时又去信要弥拉向 Van Wyck(范怀克)核对你六月五日伦敦的演出。我直要等弥拉回信来了以后,心上一块石头才能落地!我们知道你此次预备在港演出主要是为了增加一些收入,但伦敦原有的日程不知如何安排?

香港的长途电话给我们的兴奋，简直没法形容。五月四日整整一天我和你妈妈魂不守舍，吃饭做事都有些飘飘然，好像在做梦；我也根本定不下心来工作。尤其四日清晨妈妈告诉我说她梦见你还是小娃娃的模样，喂了你奶，你睡着了，她把你放在床上。她这话说过以后半小时，就来了电话！怪不得好些人要迷信梦！萧伯母的信又使我们兴奋了大半日，她把你过港二十三小时的情形详详细细写下来了，连你点的上海菜都一样一样报了出来，多有意思。信，照片，我们翻来覆去看了又看，电话中听到你的声音，今天看到你打电话前夜的人，这才合起来，成为一个完整的你！（我不是说你声音有些变了吗？过后想明白了，你和我一生通电话的次数最少，经过电话机变质以后的你的声音，我一向不熟悉；一九五六年你在北京打来长途电话，当时也觉得你声音异样。）看你五月三日晚刚下飞机的神态，知道你尽管风尘仆仆，身心照样健康，我们快慰之至。你能练出不怕紧张的神经，吃得起劳苦的身体，能应付二十世纪演奏家的生活，归根到底也是得天独厚。我和你妈妈年纪大了，越来越神经脆弱，一点儿小事就会使我们紧张得没有办法。一方面是性格生就，另一方面是多少年安静的生活越发叫我们没法适应天旋地转的现代 tempo（节奏）。

五月十六日夜

一九六五年

世上巧事真多:五月四日刚刚你来过电话,下楼就收到另外二张唱片:*Schubert Sonatas*(《舒伯特奏鸣曲集》), *Scarlatti Sonatas*(《斯卡拉蒂奏鸣曲集》)。至此为止,你新出的唱片都收齐了,只缺少全部的副本,弥拉信中说起由船上寄,大概即指 double copies(副本);我不担心别的,只担心她不用木匣子,仍用硬纸包装,那又要像两年前贝多芬唱片一样变成坏烧饼了,因为船上要走两个半月,而且堆在其他邮包中,往往会压得不成其为唱片。

至于唱片的成绩,从 Bach(巴赫), Handel(韩德尔), Scarlatti(斯卡拉蒂)听来,你弹古典作品的技巧比一九五六年又大大地提高了,李先生很欣赏你的 touch(触键),说是像 bubble(水珠)(我们说是像珍珠,白居易《琵琶行》中所谓"大珠小珠落玉盘")。Chromatic Fantasy(《半音阶幻想曲》)和以前的印象大不相同,根本认不得了。你说 Scarlatti 的创新有意想不到的地方,的确如此。Schubert(舒伯特)过去只熟悉他的 Lieder(歌曲),不知道他后期的 Sonata(奏鸣曲)有这种境界。我翻出你一九六一年九月二十一日挪威来信上说的一大段话,才对作品有一个初步的领会。关于他的 Sonata,恐怕至今西方的学者还意见不一,有的始终认为不能列为正宗的作品,有的(包括 Tovey[托维])则认为了不起。前几年杰老师来信,说他在布鲁塞尔与你相见,曾竭力劝你不要把这些 Sonata 放入节目,想来他也以为群众不大能接受。你说 timeless and boundless(永恒和无限),确实有此境界。总的说来,你的唱片总是带给我们极大的喜悦,你的 phrasing(句法)正如你的 breathing(呼吸),无论在 Mazurka(玛祖卡)中还是其他的作品中,特别是慢的乐章,我们太熟悉了,等于听到你说话一样。

五月二十一日深夜

五月二十七日

新西兰来信今日中午收到。早上先接林医生电话,他们也收到林伯母哥哥的信,报告你的情形,据说信中表示兴奋得了不得,还附有照片。国外侨胞的热爱祖国,真是叫人无话可说。

你谈到中国民族能"化"的特点,以及其他关于艺术方面的感想,我都彻底明白,那也是我的想法。多少年来常对妈妈说:越研究西方文化,越感到中国文化之美,而且更适合我的个性。我最早爱上中国画,也是在二十一二岁在巴黎卢浮宫钻研西洋画的时候开始的。这些问题以后再和你长谈。妙的是你每次这一类的议论都和我的不谋而合,信中有些话就像是我写的。不知是你从小受的影响太深了呢,还是你我二人中国人的根一样深?大概这个根是主要原因。

一个艺术家只有永远保持心胸的开朗和感觉的新鲜,才永远有新鲜的内容表白,才永远不会对自己的艺术厌倦,甚至像有些人那样觉得是做苦工。你能做到这一步——老是有无穷无尽的话从心坎里涌出来,我真是说不出的高兴,也替你欣幸不置!

六月十四日

亲爱的孩子,这一回一天两场的演出,我很替你担心,好姆妈说你事后喊手筋痛,不知是否马上就过去?到伦敦后在巴斯登台是否跟平时一样?那么重的节目,舒曼的 *Toccata*(《托卡塔》)和 *Kreisleriana*(《克莱斯勒偶记》)都相当别扭,最容易使手指疲劳;每次听见国内弹琴的人坏了手,都暗暗为你发愁。当然主要是方法问题,但过度疲劳也有关系,望千万注意!你从新西兰最后阶段起,前后紧张了一星期,回家后可曾完全松下来,恢复正常?可惜你的神经质也太像我们了!看书兴奋了睡不好,听音乐兴奋

了睡不好，想着一星半点的事也睡不好……简直跟你爸爸妈妈一模一样！但愿你每年暑期都能彻底 relax，下月去德国就希望能好好休息。年轻力壮的时候不要太逞强，过了四十五岁样样要走下坡路：最要紧及早留些余地，精力、体力、感情，要想法做到细水长流！孩子，千万记住这话：你干的这一行最伤人，做父母的时时刻刻挂念你的健康——不仅眼前的健康，而且是十年二十年后的健康！你在立身处世方面能够洁身自爱，我们完全放心；在节约精力、护养神经方面也要能自爱才好！

此外，你这一回最大的收获恐怕还是在感情方面，和我们三次通话，美中不足的是五月四日、六月五日早上两次电话中你没有叫我，大概你太紧张，当然不是争规矩，而是少听见一声"爸爸"好像大有损失。妈妈听你每次叫她，才高兴呢！好姆妈和好好爹爹那份慈母般的爱护与深情，多少消解了你思乡怀国的饥渴。昨天同时收到他们俩的长信，妈妈一面念信一面止不住流泪。这样的热情、激动，真是人生最宝贵的东西。我们有这样的朋友（李先生六月四日从下午六时起到晚上九时，心里就想着你的演出。上月二十三日就得到朋友报告，知道你大概的节目），你有这样的亲长（十多年来天舅舅一直关心你，好姆妈五月底以前的几封信，他都看了，看得眼睛也湿了，你知道天舅舅从不大流露感情的），把你当作自己的孩子一般，也够幸福了。她们把你四十多

一九六五年

小时的生活行动描写得详详细细,自从你一九五三年离家以后,你的实际生活我们从来没有知道得这么多的。她们的信,二十四小时内,我们已看了四遍,每看一遍都好像和你团聚一会儿。可是孩子,你回英后可曾去信向他们道谢?当然他们会原谅你忙乱,也不计较礼数,只是你不能不表示你的心意。信短一些不要紧,却绝对不能杳无消息。人家给了你那么多,怎么能不回报一星半点呢?何况你只消抽出半小时的时间写几行字,人家就够快慰了!刘抗和陈人浩伯伯处唱片一定要送,张数不拘,也是心意为重。此事本月底以前一定要办,否则一出门,一拖就是几个月。

你新西兰信中提到 horizontal(水平式)的与 vertical(垂直式)的两个字,不知是不是近来西方知识界流行的用语?还是你自己创造的?据我的理解,你说的水平的(或平面的,水平式的),是指从平等地位出发,不像垂直的是自上而下的;换言之,"水平的"是取的渗透的方式,不知不觉流入人的心坎里;垂直的是带强制性质的灌输方式,硬要人家接受。以客观的效果来说,前者是潜移默化,后者是被动的(或是被迫的)接受。不知我这个解释对不对?一个民族的文化假如取的渗透方式,它的力量就大而持久。个人对待新事物或外来的文化艺术采取"化"的态度,才可以达到融会贯通,彼为我用的境界,而不至于生搬硬套,削足适履。受也罢,与也罢,从"化"字出发(我消化人家的,让

人家消化我的），方始有真正的新文化。"化"不是没有斗争，不过并非表面化的短时期的猛烈的斗争，而是潜在的长期的比较缓和的斗争。谁能说"化"不包括"批判地接受"呢？

一九六三年十二月二十一日来信说在"重练莫扎特的 *Rondo in A Min.*（《A小调回旋曲》），*K.511* 和 *Adagio in B Min.*（《B小调柔板》）"，认为是莫扎特钢琴独奏曲中最好的作品。记得一九五三年以前你在家时，我曾告诉你，罗曼·罗兰最推重这两个曲子。现在你一定练出来了吧？有没有拿去上过台？还有舒伯特的 *Landler*（《兰德莱尔》）？这个类型的小品是否只宜于做 encore piece（加奏乐曲）？我简直毫无观念。莫扎特以上两支曲子，几时要能灌成唱片才好！否则我恐怕一辈子听不到的了。

六月十四日（母亲信）

亲爱的聪、弥拉：五月四日到现在，我的心情始终激动得无法平静。这期间好姆妈与我们之间不知来往了多少信，她为了要我们快乐，知道我们热切期待着你的消息，情愿牺牲了睡眠的时间，把你两次逗留香港的行动，不厌其烦地把生活细节都告诉我们（譬如说：六月四日下午我们通话，原来你满身肥皂，在浴缸

一九六五年

里跟我们讲话,怪不得你说:"明天再谈了,我要穿衣服。"我们满以为你要穿礼服过海,准备上台!我们为之大笑。还有你两口三口地吃掉一只粽子,很有滋味的样子),满足了做父母的贪得无厌的欲望,使我们真的感觉到和你生活在一起。这是多么伟大的深厚的友情!我们衷心感激,永远不会忘记的。我们一生中所能交往的朋友,没有一个不是忠诚老实,处处帮助我们的,总算下来,我们受之于人的大大超过了我们给人的,虽然难免内疚,毕竟也引以自傲。你在各地奔波,只要一碰到我们的知己好友,非但热诚地招待你,还百般地爱护你,好姆妈就是最显著的一个,她来信说,她"对你的热爱是无法形容的",她爱你的造诣,更爱你的品德。这次在港演出,都是她的关系,给你介绍沈:一个品质高尚难能可贵的知友。为你样样安排得谨密周详,无微不至,代替了我们应做的事,而且比我们做得更好。你真要当她母亲一般看待,这种至情至意,在世态炎凉的社会中,哪里找得到呢!好好爹爹也有信来,他与往年一样充满了热情,因为你说还常记得他,使他更喜欢得如醉若狂,都在字里行间奔放出来,怎不令人兴奋!我一面流泪一面看他们的信,是欢乐、是辛酸,我无法抑制我的感情。

弥拉最近又寄来了好几张凌霄的照片,孩子一天一天都在变,他的表情也越来越丰富,他的面相有时很像你,有时不十分像,似乎舅家的气息多起来了,眼睛像弥拉的成分多,你看对不对?

九月十二日夜

好容易等了三个月等到你的信,妈妈看完了叹一口气,说:"现在又不知要等多久才能收到下一封信了!"今后你外出演奏,想念凌霄的心情,准会使你更体会到我们怀念你的心情。八月中能抽空再游意大利,真替你高兴。

……最近正在看《卓别林自传》(一九六四年版),有意思极了,也凄凉极了。我一边读一边感慨万端。主要他是非常孤独的人,我也非常孤独:这个共同点使我对他感到特别亲切。我越来越觉得自己 detached from everything(脱离了一切),拼命工作其实只是由于机械式的习惯,生理心理的需要(不工作一颗心无处安放),而不是真有什么 conviction(信念)。至于嗜好,无论是碑帖、字画、小古董、种月季,尽管不时花费一些精神时间,却也常常暗笑自己,笑自己愚妄、虚空、自欺欺人地混日子!

卓别林的不少有关艺术的见解非常深刻、中肯;不随波逐流,永远保持独立精神和独立思考,原是一切第一流艺术家的标记。他写的五十五年前(我只二三岁)的纽约和他第一次到那儿的

一九六五年

感想,叫我回想起你第一次去纽约的感想——颇有大同小异的地方。他写的第一次大战前后的美国,对我是个新发现:我怎会想到一九一二年已经有了摩天大厦和 Coca-Cola(可口可乐)呢?资本主义社会已经发展到那个阶段呢?这个情形同我一九三〇年前后认识的欧洲就有很大差别。

九月二十三日 (母亲信)

亲爱的聪,弥拉:凌霄生日的照片收到了,给了我们不知多少欢喜,孩子一天一天地长大,我们虽远隔万里,可是也跟着你们一起生活,让我们多些幻想、梦境。恐怕孩子已开始学步,会叫爸爸妈妈了吧!你说他整天笑,多好玩!但是寄来的照片,笑的不多,给孩子照相,笑的镜头不易捉住。以后再寄时,遇到表情十足的,一定要放大,而且要重复几份,马伯伯他们不知要了多少回,可我们又不肯割爱,真叫为难。今天寄你的几张我们的照片,假期里发个狠,不管好坏,让你们看看比没有好。

凌霄的保姆走了,弥拉怎么忙得过来?我一点忙都帮不上,心里说不出的内疚。希望能早日找个新保姆,否则长期下来,我担心弥拉会吃不消的。你看怎么办呢?有没有临时工可找,至少

粗活可以分去一部分。有空多写信来，我们太孤独了，需要孩子的温暖！

十月四日

九月二十九日起眼睛忽然大花，专科医生查不出原因，只说目力疲劳过度，且休息一个时期再看。其实近来工作不多，不能说用眼过度，这几日停下来，连书都不能看，枯坐无聊，沉闷之极。但还想在你离英以前给你一信，也就勉强提起笔来。

两周前看完《卓别林自传》，对一九一〇至一九五四年间的美国有了一个初步认识。那种物质文明给人的影响，确非我意料所及。一般大富翁的穷奢极欲，我实在体会不出有什么乐趣而言。那种哄闹取乐的玩意儿，宛如五花八门、光怪陆离的万花筒，在书本上看看已经头晕目迷，更不用说亲身经历了。像我这样，简直一天都受不了；不仅心理上憎厌，生理上神经上也吃不消。东方人的气质和他们相差太大了。听说近来英国学术界也有一场论战，有人认为要消灭贫困必须工业高度发展，有的人说不是这么回事，记得一九三〇年代我在巴黎时，也有许多文章讨论过类似的题目。改善生活固大不容易；有了物质享受而不受物质奴役，

一九六五年

弄得身不由己，无穷无尽的追求奢侈，恐怕更不容易。过惯淡泊生活的东方旧知识分子，也难以想象二十世纪西方人对物质要求的胃口。其实人类是最会生活的动物，也是最不会生活的动物；我看关键是在于自我克制。以往总觉得奇怪，为什么结婚离婚在美国会那么随便。《卓别林自传》中提到他最后一个（也是至今和好的一个妻子乌娜时：有两句话：As I got to know Oona I was constantly surprised by her sense of humor and tolerance; she could always see the other person's point of view.（我认识乌娜后，我不断地被她的幽默和宽容所吸引，这件事常令我惊喜不已；她总是能为他人着想。）从反面一想，就知道一般美国女子的性格，就可部分地说明美国婚姻生活不稳固的原因。总的印象：美国的民族太年轻，年轻人的好处坏处全有；再加工业高度发展，个人受着整个社会机器的疯狂般的 tempo 推动，越发盲目，越发身不由已，越来越身心不平衡。这等人所要求的精神调剂，也只能是粗暴、猛烈、简单、原始的娱乐；长此以往，恐怕谈不上真正的文化了。

  二次大战前后卓别林在美的遭遇，以及那次大审案，都非我们所能想象。过去只听说法西斯蒂在美国抬头，到此才看到具体的事例。可见在那个国家，所谓言论自由、司法独立等等的好听话，全是骗骗人的。你在那边演出，说话还得谨慎小心，犯不上以一个青年艺术家而招来不必要的麻烦。于事无补，于己有害的一言一语,一举一动,都得避免。当然你早领会这些,不过你有时仍旧太天真,太轻信人(便是小城镇的记者或居民也难免没有 spy[密探]注意你),所以不能不再提醒你!

十一月二十六日 （母亲信）

前几天爸爸才有过信给你,本来不需要我马上动笔,可是有些心事已经考虑了几个月,但等你回伦敦商量。今年六月底爸爸工作时头脑发热,空洞好似一张白纸,觉得再硬撑下去有危险了,自动停止。八月初恢复工作,到九月底忽然眼睛发花,每分钟都有云雾在眼前飘动,不得不又放下工作。你知道爸爸是闲不住的人,要他不做事并且不能看书,真是难上又难,此次自动停止,我深深体会到问题严重。经过眼科医生检查,眼睛本身除了水晶体浑浊,无其他毛病,还是脑力视力用得太多,疲劳过度所致,但无什么特效药可治,只有彻底休息,不用目力,长期休养。现在一面休息,一面服中药,着重肝肾两补,把整个身体的健康恢复起来,据说慢慢可能复原。爸爸近年来体弱多病,像机器一样,各部分生锈不灵活,需要大大整修。可是爸爸为了将来生计,前途茫茫,不免焦急。专业作家不像大学教授,有固定薪金,体弱

一九六五年

或年迈时可享受退职退休待遇，他只能活一天做一天，为此不容易安心养病。回想今年五月初与你通话时，你再三问我要不要多汇些钱，我再三说不用，你已经为我们花费了不少，同时满以为爸爸这副老骨头还能工作，生活不成问题。谁料事隔数月，忽然大有变化，真叫人生什么事都不能单凭主观愿望。除了健康衰退，生产又少又慢之外，稿酬办法又有改变，版税只在初版时拿一次，再版稿酬全部取消，总的说来，不及过去的三分之一。爸爸以前每年可译二十万字，最近一年来只有十万字光景，要依靠稿费过活，的确很难。即使眼睛不出毛病，即使稿费维持老标准，因为体力脑力衰退而减产，收入也大受影响。何况现在各方面都有了问题。我们一九五八年以来的生活，都是靠当时在平明出版的书归入人民文学出版社时多得了一笔稿费，陆续贴补的。目前积存无几，更使我忧虑。故上月底爸爸排开重重顾虑，向中央做了汇报。本月下旬接"人文"来信，说经各方领导商榷后，今后决定由"人文"按月津贴固定生活费一百二十元。领导对爸爸如此关怀照顾，不用说我们都十分感激。不过事实上我们的房租五十五元，加上水电、电话、煤气以及工资已经要花到九十余元，吃用还不在内，如今又加上一笔长期的医药费。当然我们不愿意把这副重担加在你身上，你终年在外奔波，成家立业全靠千辛万苦的劳动得来，有了孩子，开支更大。怎么忍心再要你为父母多开几次音乐会呢?再说,暂时我们还不到山穷水尽的地步,手头的积存尚可逐月贴补。但若你能分去一部分,我们自己贴补的钱就好多拖一个时期。但我们对你的经济情况不了解,决不能,也不愿意,给你定什么具体的数目。希望你冷静地思考一下,不要单从感情出发,按照你的实际能力,每月酌汇多少(我看至多也不要超过"人文"的数字)。若有困难,再少些也行。只要我们少量的积存可以支持得更久一些,而且也可以作为应付万一的准备金,我们也就放心了!人老了,总不能不想到意外之事。孩子,你深知你父母的为人,不到万不得已决不肯在这方面开口的。这种矛盾的心理,想必你很理解。同时我们自己也想法节省用途,不过省了这样又多了那样(例如最近药费忽然增加),实在解决不了多少问题。

一九六六年

一九六六年

一月四日

为了急于要你知道收到你们俩来信的快乐,也为了要你去瑞典以前看到此信,故赶紧写此短札。昨天中午一连接到你、弥拉和你岳母的信,还有一包照片,好像你们特意约齐有心给我们大大快慰一下似的,更难得的是同一邮班送上门!你的信使我们非常感动,我们有你这样的儿子也不算白活一世,更不算过去的播种白费气力,我们的话,原来你并没当作耳边风,而是在适当的时间都能一一记起,跟你眼前的经验和感想做参证。凌霄一天天长大,你从他身上得到的教育只会一天天加多。人便是这样:活到老,学到老;学到老,学不了!可是你我都不会接下去想:学不了,不学了!相反,我们都是天生的求知欲强于一切。即如种月季,我也决不甘心以玩好为限,而是当作一门科学来研究;养病期间就做这方面的考据。

提到莫扎特,不禁想起你在李阿姨(蕙芳)处学到最后阶段时弹的 Romance(《浪漫曲》)和 Fantasy(《幻想曲》),谱子是我抄的,用中国式装裱;后来弹给百器听(第一次去见他),他说这是 artist(音乐家)弹的,不是小学生弹的。这些事,这些话,在我还恍如昨日,大概你也记得很清楚,是不是?

关于柏辽兹和李斯特,很有感想,只是今天眼睛脑子都已不大行,不写了。我每次听柏辽兹,总感到他比德彪西更男性,更雄强,更健康,应当是创作我们中国音乐的好范本。据罗曼·罗兰的看法,法国史上真正的天才(罗曼·罗兰在此对天才另有一个定义,大约是指天生的像潮水般涌出来的才能,而非后天刻苦用功来的)作曲家只有比才和他两个人。

……你们俩描写凌霄的行动笑貌,好玩极了。你小时也很少哭,一哭即停,嘴唇抖动未已,已经抑制下来:大概凌霄就像你。你说得对:天真纯洁的儿童反映父母的成分总是优点居多;教育主要在于留神他以后的发展,只要他有我们的缺点露出苗头来,就该想法防止。他躺在你琴底下的情景,真像小克利斯朵夫,你以前曾以克利斯朵夫自居,如今又出了一个小克利斯朵夫了,可是他比你幸运,因为有着一个更开明更慈爱的父亲!(你信上说他 completely transferred, dreaming〔像做梦似的完全

一九六六年

入神了],应该说 transported [万分激动];"transferred [转移]"一词只用于物,不用于人。我提醒你,免得平日说话时犯错误。)三月中你将在琴上指挥,我们听了和你一样 excited(激动)。望事前多做思想准备,万勿紧张!

二月十七日

要闲着一事不做,至少是不务正业,实在很不容易。尽管硬叫自己安心养病,耐性等待,可是总耐不住,定不下心。嘴里不说,精神上老觉得恍恍惚惚,心里虚忒忒的,好像虚度一日便对不起自己,对不起一切。生就的脾气如此难改,奈何奈何!目力在一月十六至二十七日间一度骤然下降,几乎每秒昏花;幸而不久又突然上升,回复到前数月的情形,暂时也还稳定,每次能看二十分钟左右书报。这两天因剧烈腹泻(近乎食物性中毒的大水泻),昏花又厉害起来,大概是一时现象。……今冬你们经常在严寒袭击之下,我们真担心你们一家的健康,孩子幼小,经得起这样的大冷吗?弥拉容易感冒,是否又闹了几次"流感"?前十日报上说英国盛传此病,加上你们电气煤气供应不足,想必狼狈得很了?

三月十五日后的法国演出,到底肯定了没有?务望详告!巴

黎大学的 Monsieuz Etiemble（埃蒂昂勃勒先生）一定要送票！他待我太好了，多年来为我费了多少心思搜求书籍……世局如此，美国侵越战争如此残暴，心里说不出有多少感慨和愤懑。你秋天去日本能否实现，也得由大势决定，是不是？

李兹的朔拿大练得成绩如何？望多谈谈你们的生活近况和你的艺术进度，以排遣我病中的愁闷！

四月十三日

一百多天不接来信，在你不出远门长期巡回演出的期间，这是很少有的情况。不知今年各处音乐会的成绩如何？李兹的朔拿大练出了没有？三月十八日自己指挥的效果满意不满意？一月底曾否特意去美和董氏合作？即使忙得定不下心来，单是报道一下具体事总不至于太费力吧？我们这多少年来和你争的主要是书信问题，我们并不苛求，能经常每隔两个月听到你的消息已经满足了。我总感觉为日无多，别说聚首，便是和你通讯的乐趣，尤其读你来信的快慰，也不知我还能享受多久。十二张唱片，收到将近一月，始终不敢试听。旧唱机唱针粗，唱头重，新近的片子录的纹特别细，只怕一唱即坏……

一九六六年

两目白内障依然如故,据说一般进展很慢,也有到了某个阶段就停滞的,也有进展慢得觉察不到的:但愿我能有此幸运。不然的话,几年以后等白内障硬化时动手术,但开刀后的视力万万不能与以前相比,无论看远看近,都要限制在一个严格而极小的范围之内。此外,从一月起又并发慢性结膜炎,医生说经常昏花即由结膜炎分泌物沾染水晶体之故。此病又是牵丝得厉害,有拖到几年之久的。大家劝我养身养心,无奈思想总不能空白,不空白,神经就不能安静,身体也好不起来!一闲下来更是上下古今的乱想,甚至置身于地球以外:不是陀思妥耶夫斯基式的胡思乱想,而是在无垠的时间与空间中凭一些历史知识发生许多幻想,许多感慨。总而言之是知识分子好高骛远的通病,用现代语说就是犯了客观主义,没有阶级观点……其实这类幻想中间,也掺杂不少人类的原始苦闷,对生老病死以及生命的目的等的感触与怀疑。我们从五四运动中成长起来的上辈,多少是怀疑主义者,正如文艺复兴时代和十八世纪法国大革命前的人一样,可是怀疑主义又是现社会的思想敌人,怪不得我无论怎样也改造不了多少。假定说中国的读书人自古以来就偏向于生死的慨叹,那又中了士大夫地主阶级的毒素(因为不劳而获才会有此空想的余暇)。说来说去自己的毛病全知道,而永远改不掉,难道真的是所谓"彻底检讨,坚决不改"吗?我想不是的。主要是我们的时间观念,或者

说 time sense（时间感）和 space sense（空间感）比别人强，人生一世不过如白驹过隙的话，在我们的确是极真切的感觉，所以把生命看得格外渺小，把有知觉的几十年看作电光一闪似的快而不足道，一切非现实的幻想都是从此来的，你说是不是？明知浮生如寄的念头是违反时代的，无奈越老越是不期然而然的有此想法。当然这类言论我从来不在人前流露，便在阿敏小蓉之前也绝口不提，一则年轻人自有一番志气和热情，我不该加以打击或者泄他们的气；二则任何不合时代的思想绝对不能影响下一代。因为你在国外，而且气质上与我有不少相似之处，故随便谈及。你要没有这一类的思想根源，恐怕对 Schubert 某些晚期的作品也不会有那么深的感受。

近一个多月妈妈常梦见你，有时在指挥，有时在弹 concerto（协奏曲）。也梦见弥拉和凌霄在我们家里。她每次醒来又喜欢又伤感。昨晚她说现在觉得睡眠是桩乐事，可以让自己化为两个人，过两种生活：每夜入睡前都有一个希望——不仅能与骨肉团聚，也能和一二十年隔绝的亲友会面。我也常梦见你，你琴上的音乐在梦中非常清楚。

从照片上看到你有一幅中国装裱的山水小中堂，是真迹还是复制品？是近人的抑古代的？

本月份只有两整天天晴，其余非阴即雨，江南的春天来得好不容易,花蕾结了三星期,仍如花生米大。身上丝棉袄也未脱下。

六月三日

国内"文化大革命"闹得轰轰烈烈,反党集团事谅你在英亦有所闻。我们在家也为之惊心动魄,万万想不到建国十七年,还有残余资产阶级混进党内的分子敢如此猖狂向党进攻。大概我们这般从旧社会来的人对阶级斗争太麻痹了。愈写眼愈花,下回再谈。一切保重!问弥拉好!妈妈正在为凌霄打毛线衣呢!

五月底来信及孩子照片都收到。你的心情我全体会到。工作不顺手是常事,顺手是例外,彼此都一样。我身心交瘁,工作的苦闷(过去)比你更厉害得多。

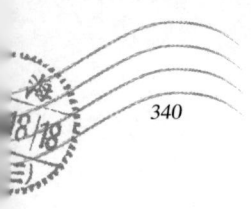

九月二日夜①

人秀：

尽管所谓反党罪证（一面小镜子和一张褪色的旧画报）②是在我们家里搜出的，百口莫辩的，可是我们至死也不承认是我们自己的东西（实系寄存箱内理出之物）。我们纵有千万罪行，却从来不曾有过变天思想。我们也知道搜出的罪证虽然有口难辩，在英明的共产党领导和伟大的毛主席领导之下的中华人民共和国，决不至因之而判重刑。只是含冤不白，无法洗刷的日子比坐牢还要难过。何况光是教育出一个叛徒傅聪来，在人民面前已经死有余辜了！更何况像我们这种来自旧社会的渣滓早应该自动退出历史舞台了！

因为你是梅馥的胞兄，因为我们别无至亲骨肉，善后事只能委托你了。如你以立场关系不便接受，则请向上级或法院请示后再行处理。

委托数事如下：

---

①此系傅雷夫妇留下的最后一封家信，也是一份遗书，写于一九六六年九月二日深夜。九月三日凌晨夫妇二人含恨弃世。遗书是写给傅聪舅舅朱人秀的。

②据傅雷之子傅敏说，小镜子后有蒋介石的头像，画报上登有宋美龄的照片，这些是傅敏的姨妈在解放前寄存在傅雷家的东西，但全家人对该物品从未动过。

一九六六年

一、代付九月份房租 55.29 元（附现款）。

二、武康大楼（淮海路底）606 室沈仲章托代修奥米茄自动男手表一只，请交还。

三、故老母余剩遗款，由人秀处理。

四、旧挂表（钢）一只，旧小女表一只，赠保姆周菊娣。

五、六百元存单一纸给周菊娣，作过渡时期生活费。她是劳动人民，一生孤苦，我们不愿她无故受累。

六、姑母傅仪寄存我们家存单一纸六百元，请交还。

七、姑母傅仪寄存之联义山庄墓地收据一纸，此次经过红卫兵搜查后遍觅不得，很抱歉。

八、姑母傅仪寄存我们家之饰物，与我们自有的同时被红卫兵取去没收，只能以存单三纸（共 370 元）又小额储蓄三张，作为赔偿。

九、三姐朱纯寄存我们家之饰物，亦被一并充公，请代道歉。她寄存衣箱贰只（三楼）暂时被封，瓷器木箱壹只，将来待公家启封后由你代领。尚有家具数件，问周菊娣便知。

十、旧自用奥米茄自动男手表一只，又旧男手表一只，本拟给敏儿与魏惜蓉，但恐妨碍他们的政治立场，故请人秀自由处理。

十一、现钞 53.30 元，作为我们火葬费。

十二、楼上宋家借用之家具，由陈叔陶按单收回。

十三、自有家具，由你处理。图书字画听候公家决定。

使你为我们受累，实在不安，但也别无他人可托，谅之谅之！

傅雷　梅馥
一九六六年九月二日夜